"互联网+"背景下的

汉语国际教育与文化传播

金 伟 苑 洋⊙著

人民东方出版传媒
People's Oriental Publishing & Media

东方出版社
The Oriental Press

图书在版编目（CIP）数据

"互联网+"背景下的汉语国际教育与文化传播 / 金
伟，苑洋著. —北京：东方出版社，2023.1
ISBN 978-7-5207-3037-2

Ⅰ.①互… Ⅱ.①金…②苑… Ⅲ.①汉语—对外汉
语教学—教学研究②中华文件—文化传播—研究 Ⅳ.
① H195.3 ② G125

中国版本图书馆 CIP 数据核字（2022）第 205126 号

"互联网+"背景下的汉语国际教育与文化传播
（ HULIANWANG+ BEIJING XIA DE HANYU GUOJI JIAOYU YU WENHUA CHUANBO ）

作　　者：金 伟 苑 洋
策划编辑：鲁艳芳
责任编辑：黄彩霞
出　　版：东方出版社
发　　行：人民东方出版传媒有限公司
地　　址：北京市东城区朝阳门内大街 166 号
邮政编码：100010
印　　刷：北京汇林印务有限公司
版　　次：2023 年 1 月第 1 版
印　　次：2023 年 1 月北京第 1 次印刷
开　　本：710 毫米 ×1000 毫米　1/16
印　　张：18.5
字　　数：247 千字
书　　号：ISBN 978-7-5207-3037-2
定　　价：79.00 元
发行电话：(010) 85924663 85924644 85924641

前言

　　"互联网+"指的是"互联网+传统行业",实现传统行业的线上发展。当然,这并不代表两者的简单相加,而是要借助互联网平台和网络信息技术,将传统行业与互联网深深地联系在一起。当然,在具体实施的过程中,因为实际情况的不同,会让人们产生不同的理解。在教育行业当中就有两种不同的观点:第一种观点是利用互联网环境当中的大数据技术推进教育发展,实现教育的全面创新,这一种情况主要是运用互联网思维来开展教育,实现教育的现代化发展。第二种观点是利用互联网环境下强大的技术,加强教师、家长和学生之间的联系,在满足个人需求的基础上实现教育的发展。由此可以发现,两者主要的区别就在于,是使用互联网思维推动教育行业的发展,还是利用互联网时代的相关技术推动教育行业的发展。"互联网+教育",就是"互联网+"在教育行业的应用,是一种互联网技术和教育进行结合的新型教育模式。这一模式的出现实现了线上线下教学的相互融合,并且对教学管理、教学环境、教师能力、学生学习等多个方面都提出了更高的要求。仅通过相关技术的支持,就可以在很大程度上满足学生的个性化学习需求,实现学生的个性化成长。"互联网+教育",能够从学生个人的差异和需求出发帮助学生有选择性地进行学习,最终实现个性化学习,这一全新的教育理念可以有效促进教育行业的发展。

　　汉语国际教育既是一门学科,也是一项事业,在汉语国际教育的发展

过程中，其学科定位和课程设置等，都变得越来越清晰，国家培养出的汉语国际教育工作人员也越来越多，这对我国汉语国际教育事业的发展起到了很大的促进作用。现如今，除了来国内的留学生，海外的汉语学习者也越来越多，汉语国际教育正在世界各地如火如荼地进行。尤其是国家汉办（国家汉语国际推广领导小组办公室）和孔子学院总部，每年都会为海外的孔子学院提供大量的汉语教师队伍和教学资源，能够满足越来越多学习者的需求。孔子学院作为汉语国际教育中的引领者，经过十几年的发展，已经取得了极大的成就，甚至已经在全世界形成了一股汉语热，但也有很多国家在这一过程中发出了质疑的声音，这些声音甚至导致一些国家的孔子学院被迫关闭。因此，我们有必要对当前进行汉语国际教育的推广策略进行一定的反思，针对其中存在的问题进行整改，确保汉语教学和中国文化的推广可以取得更好的教学效果。

本书从"互联网+"背景下汉语国际教育线上线下相结合教学、手机App在汉语国际教育中的应用、汉语国际教育文化传播模式与策略等方面，分析"互联网+"背景下的汉语国际教育和文化传播现状，探索互联网技术和汉语国际教育进行结合的新型教育模式以及文化传播推广新策略等。书中内容由四川大学博士生、三亚学院人文与传播学院教师金伟及陕西师范大学博士生、三亚学院人文与传播学院教师苑洋共同完成（金伟、苑洋按姓氏拼音首字母排序），具体分工为：金伟完成第一章、第二章、第三章和第七章；苑洋完成前言、第四章、第五章和第六章。通过对"互联网+"背景下汉语教学和文化传播方式的探索，满足汉语学习者的个性化学习需求，为更好地发展我国汉语国际教育与中国文化传播事业提供一些启示和参考。

目录

第三章

"互联网+"背景下汉语国际教育线上线下相结合教学

第四章

"互联网＋"背景下手机 App 在汉语国际教育中的应用

第五章

汉语国际教育文化传播的内容、原则及技巧

第六章

汉语国际教育文化传播模式、形式与长效机制

第七章

"互联网+"背景下的汉语国际教育文化传播策略——以孔子学院为例

第一章

相关概念解析

第一节
汉语国际教育

一、汉语国际教育概述

（一）汉语国际教育

汉语国际教育是在汉语国际化发展过程中进行对外汉语教学的发展和延伸，也是在全球化发展的大背景下，对汉语教育的全新认识。对外汉语教学通常可以用来指代对国内来华留学生进行的汉语教学，而汉语国际教育则是用来指代在海外进行的汉语教学。但是伴随着时代的发展，两者之间正在不断融合，汉语国际教育正在逐渐将国外的汉语教学和国内的汉语教学融合在一起。

我国的汉语教学开始转向国外主要是从 2004 年开始的，当时因为国家相关政策的调整和支持，孔子学院开始在全球范围内出现。伴随着海外汉语教学活动的开展，"对外汉语"这一说法已经无法适应全新的情况，所以汉语国际教育、汉语国际传播和国际汉语教育等说法开始出现，并且得到了越来越多人的认可。在 2012 年，对外汉语的本科专业名称也正式改为汉语国际教育，对外汉语教学的这一说法开始逐渐淡化，汉语国际教育的内涵也伴随着时代的发展而不断丰富。

汉语国际教育既是一门学科，也是一项事业，在汉语国际教育的发展过程中，其学科定位和课程设置等都变得越来越清晰，培养出的汉语国际教育工作人员也越来越多，这对我国的汉语国际教育事业的发展起到了很大的促进作用。现如今，除了来国内的留学生之外，海外的汉语学习者也越来越多，汉语国际教育正在世界各地如火如荼地进行。尤其是国家汉办和孔子学院总部，每年都会为海外的孔子学院提供大量的汉语教师队伍和教学资源，以满足越来越多学习者的需求。

孔子学院作为汉语国际教育中的引领者，经过十几年的发展，已经取得了极大的成就，甚至已经在全世界形成了一股汉语热，但也有很多国家在这一过程中提出了质疑的声音，这些声音甚至导致一些国家的孔子学院被迫关闭。因此，我们有必要对当前进行汉语国际教育的推广策略进行一定的反思，针对其中存在的问题进行整改，确保汉语教学和中国文化的推广可以取得更好的教学效果。

（二）汉语国际教育是一项传播活动

传播学最早诞生于 20 世纪四五十年代，威尔伯·施拉姆通过对前人的研究成果进行一定的综合归纳，最终创立了一个专业的学科——传播学。经过几十年的发展，传播学如今已经成为一门非常重要和非常成熟的学科，在学术界也具有非常重要的地位。但是在我国，传播学的起步相对较晚，虽然经过几十年的发展，已经取得了一定的成就，并且形成了自身独有的理论和科学体系，但是和发达国家相比仍然具有一定的差异。

在传播学当中，传播是一个基本的概念，简单地理解就是通过一定的媒介进行信息的交流。传播活动在人类所有活动当中都存在，而且只要有人就有传播行为的发生。就以我国为例，在漫长的历史发展当中，我国与其他国家有着非常密切的交流。尤其是在唐朝，日本和韩国就派遣了大量学者和僧侣来唐朝进行学习，彼此之间的频繁交流在一定程度上促进了语言和文化的传播。在当今社会，因为全球化进程的不断加深，国家与国家之间的交流越来越密切。在这样的国际形势下，每一个国家都在向其他国家进行本国文化的传播，试图不断提升自身的影响力，在国际社会上获得更大的话语权。我国更应当在这样的环境下进行汉语的推广，不断扩大汉语和中国文化的影响力。伴随着我国经济实力的不断发展，我国在国际社会当中的地位也在逐渐提升，各国学习汉语的需求也有了一定的增长。

其实在汉语国际教育当中，我国也付出了极大的努力，比如建设孔子学院、培养国际汉语教师、提供资金支持等。总之，在多方面的努力之下，汉语国际教育已经逐渐取得了一定的成就。从传播学的角度来看，汉语国际教育可以通过人际传播、组织传播和大众传播三种不同的方式进行传播。比如在孔子学院的教学课堂中进行传播就是人际传播和组织传播，大众传播则是利用教材、书籍以及汉语传播的相关网站进行传播。每一种传播方式都在汉语国际教育当中发挥着至关重要的作用。人际传播、组织传播和大众传播三种不同传播方式相互融合，共同构成了汉语国际教育的传播体系。在目前的汉语国际教育当中，虽然通过传统课堂进行教学仍然是主要的传播形式，但是我们不得不承认，其他传播手段也都得到了极大的发展，并且在不断扩大自身的影响力，并且凭借着自身的优势，取得了很好的传播效果。

二、汉语国际教育的理论基础

（一）语言经济学

语言经济学的创建者是美国经济学家雅各布·马尔沙克，他在对语言进行研究的过程中发现，语言不仅可以帮助人们进行信息的交流，同时语言还具有一定的经济学的本质属性，包括价值、效用、费用和效益等，他将语言和经济紧密地联系在一起。后来，加拿大蒙特利尔大学的经济学教授弗朗索瓦·维兰库尔特表示，语言其实就是人类本身所具有的一项资本，受教育者可以通过一定的学习让自身的这一项资本得到进一步的发展，从而更好地进行服务，并且不断提升这一服务的价值。

（二）"文化外交"理论

国家之间的外交活动主要包括文化外交、经济外交、政治外交和军事外交等几个不同层面的具体内容。其中文化外交一般都是一些自发性的活动，甚至来自民间，但是文化外交却在很大程度上促进不同国家之间的交流与合作。而且，文化外交具有广泛性，可以很好地避免一些敏感内容，是改善国际关系的重要"润滑剂"。文化外交其实就是利用文化的手段来达到相应政治目的的一种外交活动，也是推进不同国家相互交往的一种特殊手段，其产生的影响往往比政治外交更加深远。

文化和语言之间有着密不可分的关系，语言推广可以在很大程度上促进文化的传播。现如今，文化外交已经成为国家外交活动当中的一个重要组成部分。如果以语言和文化为主要内容进行传播和交流，可有效增进不同国家之间的相互了解。

（三）情感地缘政治学

"情感地缘政治学"是由法国著名学者多米尼克·莫伊西提出的政治思想。1993 年，塞缪尔·亨廷顿在他的《文明的冲突与世界秩序的重建》一书当中写道，导致冷战之后的世界冲突的主要原因并不是经济或政治层面的因素，而是文化方面的因素。莫伊西也在自己的著作《情感地缘政治学：恐惧、羞辱与希望的文化如何重塑我们的世界》当中写道，在

"9·11"事件之后，世界不同国家之间不只存在文化差异，而表现出更多的是文化层面的冲突。汉语国际教育正是当今时代会影响各国"情感地缘政治"的一个重要因素和力量。

三、现代教育基础上的汉语国际教育

（一）影响汉语国际教育中现代技术应用的因素分析

伴随着相关技术的不断成熟，国内的教育技术也越来越先进，并且在教育行业当中的应用逐渐加深。但是教育技术应用的整个开展过程并不顺利，目前，仍然有很多现代教育技术的作用没有充分地发挥出来，尤其是在汉语国际教育当中，很多技术的使用率仍然有待提升。当然，造成这一局面的因素也是多样化的，主要可以从技术层面、教师层面和推广层面三个角度进行分析。

1. 技术层面

现代教育基础上的汉语国际教育，必然会受到技术的影响，因为开展现代技术教育离不开技术；有了技术的支持，才能够更好地开展现代汉语国际教育。虽然近几年来我国的教育技术得到了很大的发展，但是和发达国家相比仍然比较落后。虽然汉语教育相关的人才比较多，但是熟练掌握相关计算机技术的教师却比较少。现如今，伴随着相关技术的高速发展，以及汉语国际教育在全世界的推广，汉语国际教育对于人才的要求也越来越高。但是因为专业人才的匮乏，导致我国的现代汉语国际教育发展缓慢。

为了能从技术层面推动汉语国际教育发展，早在 2009 年，北京语言大学语言信息处理研究所就成立了汉语国际教育研发中心，这一研发中心为汉语国际教育事业进行服务，取得了很多技术层面的突破，也提升了汉语国际教育中的技术贡献率。近几年来，通过相关人员的研究，该研发中心还在汉语国际教育当中的自然语言处理、计算机辅助语言教学等多方面实现了突破，研发了很多相关的教学软件和网络教学系统，为汉语国际教育的推广和发展提供了技术支持。

而且国家也认识到了进行汉语国际教育和中国文化推广的重要性，所以加大了这一方面的财政支持和政策支持，多角度鼓励汉语国际教育的发展。整体来看，国家每年对科学技术创新方面的财政支持都在增加，通过即时战略创新，让我国的科学技术事业得到了极大的发展。在推进技术发展的同时，政府部门还积极鼓励地方培养骨干教师，帮助教师进行计算机技术的学习和培训，从而形成扎实的教师资源。

总体来说，在汉语国际教育现代化发展的过程中，信息技术是一个非常关键的因素，对汉语国际教育发展有着重要的影响。因此，国家也加大了在技术方面的投入。

2. 教师层面

在进入信息社会之后，社会发展对人们的信息素养的要求越来越高。而且随着现代教育技术的不断成熟，信息技术在汉语国际教育当中的应用也越来越广泛。在现在的汉语国际教育当中，教学能否成功，很大程度上会取决于教师自身的能力，因此教师拥有更好的信息素养，教学效果会事半功倍。教育技术的高速发展对传统的教学模式造成了极大的影响，为了能够适应新时代的教学模式，教学方式和教学理念也必然进行相应的改变。所以为了能够顺应当前的教育发展趋势，并且不断提升教学效率，教师必须要树立终身学习的理念，让自己可以始终掌握先进的教学理念，不断提升自身的素养。如果在汉语国际教育当中没办法利用各种信息技术开展教学，那么技术教育的发展和投入就毫无意义。反之，如果教师具有扎实的信息技术基础，并且在教学的过程中能够根据教学内容合理使用不同的技术，那么教学会取得事半功倍的效果。因此，学校可以定期举办一些培训活动，组织教师进行信息技术的学习。

为了不断激发教师的积极性，学校还可以开展一些相关的比赛，通过奖励的方式带动教师。这些都是推动教育技术在汉语国际教育中普及的有效方法。虽然在教学的过程中使用信息技术备课所消耗的时间相对普通备课耗时较长，但是教学会取得更好的效果，因此，可以在开展汉语国际教育的过程中利用相关媒体技术。

3. 推广方面

任何一项技术从开始研发到最终投入使用，都离不开相应的推广，但是在推广的过程中，教育技术和商业技术存在本质上的区别。因为教育技术的受众只是部分群体，而且技术研发具有针对性，所以教育技术推广成本会相对更高，推广相对比较困难。在当前的教育行业中使用最为广泛的教育技术是多媒体设备和学习网站，主要有三个原因。第一个原因是政府的支持。很多国家都清楚技术在教育发展当中的作用，对教育技术的应用都非常重视，所以制定了很多相关的优惠政策，以鼓励相关教育技术的研发和应用。以韩国为例，韩国制定了宽带入户政策，通过资金支持的方式在很多学校修建了多媒体教室，并且积极地进行多媒体课件的制作，这为韩国进行教育技术的推广提供了良好的网络环境。第二个原因是使用学习资源非常方便。网络上有很多优秀的课件，只要有网络，学生和教师就可以免费下载，非常方便。第三个原因是广告效应。在当今社会，宣传方式越来越多样化，广告植入的方式也非常丰富，广告可以让教育技术的知名度得到极大的提升。

一般来说，人们在接受新事物时会相对比较被动，而且有很多软件在设计的时候非常烦琐，从根本上就制约了这些软件的应用。所以尽管汉语国际教育的相关信息技术非常多，但是能够得到广泛应用的却非常少。各种类型的汉语教学软件层出不穷，网络上的汉语教学资源也非常丰富，但是访问的人却非常少。这些情况都表明，在汉语国际教育中使用信息技术软件需要进行一定的推广。

（二）现代教育技术在汉语国际教育当中应用的基本趋势

通过对汉语教育的发展历史进行一定的研究可以发现，现代教育技术在汉语教学当中的应用经历了多个不同的发展阶段。20世纪60年代，广播事业得到了极大的发展，所以汉语节目开始在广播当中兴起，并且出现了汉语教学的潮流。进入80年代之后，录像录音设备开始发展起来，这些技术设备的应用让汉语教学得到了进一步发展，而且相关的资源也越来越丰富，汉语教学开始进入试听阶段。80年代后期，计算机技术也开始应用到教学当中。进入90年代之后，多媒体技术开始兴起，对传统教学模式造成了极大的冲击，传统教学模式当中的教学观念和教学思维不得不改变。90年代末期，网络技术的发展更加迅猛，汉语教学也因此正式进入多媒体教学和网络教学时代，网络技术开始被广泛地应用到了教学和管理当中。因为有了网络技术的支持，不论是国内的教学资源还是国外的教学资源都可以实现共享。现如今，相关的教育技术已经在教育的各个环节得到了应用和渗透，教育技术和汉语国际教育已经处在了共同进步和与时俱进的发展过程中。

1. 普遍性

现如今，信息技术的发展速度越来越快，教育事业也在不断发展，技术支持的现代教育在教学中的地位越来越重要。不论是教学大纲、教学资源，还是在具体实施教学的过程，都离不开信息技术的支持。当然，除了这几方面，人们还可以利用信息技术研发汉语学习交流平台、课件研发平台和学习监督平台。汉语教学过程中的各个环节都已经离不开技术的支撑。在传统教学模式当中，教师是主要的角色，包括整理教学资料、准备教案以及进行教学等多方面的工作都需要教师来完成。但是伴随着时代的进步和发展，学习者可以通过网络平台直接获取学习资源，并且随时随地进行学习，而教师很多的工作内容也可以通过教学平台完成，这就促进了教师与学生之间的沟通交流。因为相关教育技术的支持，整个教学活动变得更加轻松便捷。

在汉语国际教育当中，教育技术的应用也越来越广泛。开展汉语国际教育，很多时候教师面临的学生是来自全国各地的，某些原因使他们没办法聚集在一起学习，学生可以通过网络的方式进行学习。教师面对的学生如果来自世界各地，因为时差，同一时间，有的学生所在的地区是白天，有的学生所在的地区却是黑夜，这一情况也为汉语国际教育带来了一定的困难，而学生却可以通过网络解决这些问题。教师只需要将自己录制好的课程内容上传到网络上，海外的学生就可以随时进行观看学习。如果学生在学习的过程中遇到了问题，那么学生还可以随时、反复进行观看，这为学生学习带来了极大的便利。

2. 移动性

在技术的支持下，智能手机、平板电脑等移动终端越来越成熟，并且凭借其方便携带、功能强大等特点受到了大家的喜爱。现如今，这些设备不仅可以满足人们通信和娱乐方面的需求，同时还在学习方面发挥着越来越重要的作用。如今智能手机的功能越来越多，这为各种 App 的研发提供了很好的机会。汉语教师作为汉语国际教育当红的教学者，他们也享受到了教育技术发展带来的极大便利，他们在教学方式和教学观念方面的转变尤为明显。在教学过程中，教学地点不再受到时间和空间的限制，只需要在有网的地方教师就可以教学，而学生就可以学习。

伴随着智能手机和平板电脑的普及，进行移动化的汉语教学已经成为新时代汉语国际教育的一个重要创新。

3. 合作性

教育技术的研发是一项非常专业的工作，在进行相关软件研发的过程中，需要专业的技术作为支持，并且要大量的资金作为保证，只有这样教育技术的发展才有充足的动力。但是在互联网时代，竞争越来越激烈，即使是在汉语国际教育当中，也存在着行业内部的竞争，各个企业通过合作和竞争的方式来提升自身的实力。行业的竞争促进教育技术研发，进而在一定程度上促进了汉语国际教育事业的发展，现如今，汉语教育已经走向了世界。比如国家汉办和某品牌调味品的合作，促进了中国饮食文化的对外传播，而通过文化和商业的结合，丰富了中国文化对外传播的新途径。汉语国际教育是一项持续的工作，在这一过程中会面临各种困难。因此，需要政府、学校和企业之间的相互合作，并且调动各种力量，只有这样才能为汉语在全世界的推广提供充足的动力。

虽然从目前的情况来看，教育技术还没办法充分满足汉语国际教育的需求，但是其对汉语国际教育的推动作用非常明显。在教育技术的研发过程中，需要对自身有一个明确的认识，只有在竞争的过程中不断提升优化，才能促进汉语国际教育发展。

四、网络时代的教育技术形式

在进入 21 世纪之后，计算机技术得到了飞速发展，教育行业也实现了信息化和网络化。这些变化从客观上促进了汉语教育事业的发展，并且也在一定程度上丰富了教学资源，而教学方式也更灵活。网络时代的汉语教育技术形式，主要可以分为远程教学、教学资源网、在线汉语课程等。

（一）远程教学

远程教学是以互联网技术为基础发展起来的一种新型教学模式，在应用的过程中展现出了极大的优势，解决了传统教学过程中存在的时空限制问题。以汉语国际教育为例，开展汉语国际教育需要面对全球各个国家的学习者，学习者之间的空间跨度比较大，如果依然坚持使用传统的教学方式，那么国家每年都需要花费大量的成本向海外输送教师和教学资源。而使用远程教学，就可以实现线上教学，教师和学习者可线上交流与联系。远程教学模式克服了传统教学过程中的时空限制，具有极大的灵活性。

（二）教学资源网

伴随着网络技术的不断发展，我国出现了越来越多的教学资源网。在众多汉语国际教育相关的教学资源网当中，最具代表性、最权威的就是国家汉办的网络孔子学院。这一网站实现了信息技术和中国文化的相互融合，将汉语教学的内容传播到了世界各地。整个网站设置了 58 个不同的频道，包含中国文化、汉语学习、教学资源等多种不同的内容。最重要的是，为了能够满足不同国家学习者的需求，网站上还发布了十几种不同语种的相关学习内容。网站上大量的教学资源，为全球的汉语教师和汉语学习者提供了非常丰富的学习资源。当然，除了网络孔子学院，还有很多其他的网站，这些网站都在汉语国际教育当中发挥了重要作用，有效促进了汉语的传播和推广。

（三）在线汉语课程

网络技术的发展也为在线课程的发展提供了一定的技术条件，在社会发展趋势的带动下，有很多个人或者组织开始投入在线汉语课程的研发之中。比如国家汉办的长城汉语、北京语言大学的网上北语等都是典型的例子。当然，除了这些国家研发的在线课程，一些其他私人网站也开发了很多的在线课程，这些课程都可以帮助学习者进行学习。

第二节
互联网与"互联网+"

一、互联网与"互联网+"

互联网就是指国际网络，通过不同网络的相互连接最终形成一个巨大的网络，这些网络需要通过一定的通用协议才能相互连接。阿帕网是互联网的前身，最开始出现于美国的军事连接，后来在美国几所大学的合作之下成功将彼此的计算机连接了起来，再之后，开始联机。

"互联网+"的理念最早可以追溯到2012年，在易观第五届移动互联网博览会上，于扬最早提出了这一理念，并且认为"互联网+"将会在未来给人们提供更多的服务。2014年，李克强总理在首届世界互联网大会上指出，互联网是大众创业、万众创新的新工具。2015年，马化腾在全国两会上提出了以"互联网+"促进企业创新的议案。同年3月，李克强总理在政府工作报告中正式提出了"互联网+"的行动计划，并且对这一技术进行了深入解读。其实简单来讲，"互联网+"就是指"互联网+传统行业"，实现传统行业的线上发展。当然，这并不代表两者的简单相加，而是要借助互联网平台和网络信息技术，将传统行业与互联网深深地联系在一起。当然，在具体实施计划的过程中，因为实际情况的不同，人们对"互联网+"有不同的理解。在教育行业当中就有两种不同的观点：第一种观点是利用互联网环境中的大数据技术推进教育发展，实现教育的全面创新，这一种情况主要是运用互联网思维来开展教育，实现教育的现代化发展。第二种观点是利用互联网环境下强大的技术，加强教师、家长和学生之间的联系，在满足个人需求的基础上实现教育的发展。由此可以发现，两者主要的区别就在于，是使用互联网思维推动教育行业的发展，还是利用互联网时代的相关技术推动教育行业的发展。

"互联网＋教育"，就是"互联网＋"在教育行业的应用，是一种互联网技术和教育进行结合的新型教育模式。这一模式的出现实现了线上线下教学的相互融合，并且对教学管理、教学环境、教师能力、学生学习等多个方面都提出了更高的要求。因为相关技术的支持，"互联网＋教育"，能够从学生个人的差异和需求出发，帮助学生有选择性地进行学习，最终实现个性化学习，这一全新的教育理念可以有效促进教育行业的发展。

在"互联网＋"的环境下，教学方式发生了新的转变。因为对互联网技术的运用，教师开始从传授者转变为组织者和支持者。学生获取知识不会只依赖教师，也不是只能获取固定的内容。只要拥有网络，学生就可以主动查找自己喜欢的学习内容，学习变得更加自由。最重要的是，如果学习者遇到了难题，可以通过反复学习的方式达到融会贯通的目的。互联网环境下的全新学习环境，可以为学生提供更多优质的学习资源，提升学生的实际学习效率。最重要的是，互联网教育可以在一定程度上缩小边远地区和发达地区之间的资源差距。

教学管理方式也发生了极大的改变。教学管理是学校管理人员按照相关的要求对人力、物力及相关的教学资源进行合理的分配，从而保证教学工作可以稳定有效地开展和推进。在开展教学管理工作的过程中，管理者要以科学的理论为指导，制订合理的教学计划，并且保证教学计划的稳定实施。在这一过程中，还需要保证反馈工作和评估工作的有效进行，只有这样才能及时发现教学过程中存在的问题，并且及时进行调整，从而不断提升学校的教学质量。在学校的管理系统当中，教学管理起着核心的作用，而且是学校管理工作当中的重点，通过进行科学有效的管理，可以保证教学活动正常的开展。近几年来，教育管理体系的发展和建设越来越成熟，并且逐渐形成了包括教学计划管理、教学目标管理、教学过程管理、教师管理和学生管理等多个内容的庞大的管理体系。

二、"互联网 +"的主要特征

（一）跨界融合

"互联网 +"的第一个主要特征就是跨界，这一特征其实从"互联网 +"的概念当中就可以理解，因为"互联网 +"其实就是要实现互联网和其他行业之间的相互融合，通过与网络的快捷融合，实现自身的发展。通过跨界融合，每一个领域的发展路径可以变得更加智能，更加高效，吸引更多的人参与其中。

（二）创新驱动

在进入新时代之后，我国的传统产业发展越来越低效，粗放型的经济驱动发展方式无法适应当今时代的发展趋势。因此，必须要利用好互联网时代的网络优势，将互联网和企业发展融合，让企业不断实现创新，产生更大的发展动力。

（三）结构重组

伴随着信息技术和网络技术的不断发展，在"互联网 +"的发展驱使下，越来越多的企业打破了自身原有的结构和体系，权利结构、发展体系都发生了极大的变化。

（四）以人为本

"互联网＋"还有一个重要的特征就是以人为本。以教育行业为例，在传统的教育行业中，学生只能被动获取知识，自身的主动性受到了限制。但是通过与互联网之间的相互融合，学生的主动性得到了极大的提升。学生自己可以通过网络查找自己想要学习的内容，充分体现出了以人为本的特征。

第三节
文化传播

一、文化传播的界定

什么是文化？古往今来为文化进行定义的人非常多，但是却没有一个明确的标准答案。从广义的角度来说，文化可以指人类社会在发展的过程中创造的物质财富和精神财富的综合。从狭义的角度来说，文化也可以是知识、信仰、道德、行为习惯等多方面的内容；但是也有人认为文化是意识形态的内容，包括宗教信仰、风俗习惯、道德情操、学术思想等。从不同的角度对文化进行划分，也会有很多不同的划分方式，比如从实践的角度可以将文化分为传统文化和现代文化，从文化层次的角度可以将文化分为表层文化和深层文化，另外还可以将文化分为物质文化和精神文化，等等。因为关于文化的定义非常复杂，所以这也在一定程度上导致了汉语国际教育中中国文化传播的复杂性。

中西方对于文化的理解也是有差异的。早在2000多年前，《周易》一书中就已经出现了"文"和"化"联系起来使用的情况，虽然在当时"文"和"化"有着独立的含义，但是却为后来的"文化"概念的形成提供了一定的理论基础。后来，我国著名的语言学家、教育家和社会活动家许嘉璐通过对前人的观点进行一定的总结，认为文化就是人类创造的物质和精神的综合，并且认为文化包含物质文化、制度文化和哲学文化三个层次。

在西方，"文化"一词来源于拉丁文 Cultus，这一词语最初的含义只是指代与农耕文明相关的土壤改良和家畜养殖，即农耕培育，也包括人与自然之间的关系。但是后来伴随着人类社会的发展，"文化"这一词语所表示的含义也发生了一定的转变，并且逐渐被应用到了社会领域和精神领域当中。文化人类学之父爱德华·伯内特·泰勒还在自己的《原始文化》一书当中对"文化"进行了定义，他认为，文化是一个复合的整体，包括知识、信仰、艺术、道德、法律、风俗，以及人类在社会里所获得的一切能力与行为习惯。这一定义为后来的研究者提供了很好的参考。

在汉语国际教育中的中国文化传播主要包括汉语和中国文化。汉语是中国文化的载体，它作为一种特殊的传播工具将中国文化传播出去。中国文化则是包括中国人民创造的物质财富、文学艺术、民族风俗、意识形态等多方面内容在内的一个综合体。

对于"传播"这一概念，也有很多学者从多个角度进行了分析研究。通过考证，我国早在1400多年前的《北史·突厥传》当中就出现了"传播"一词，传播在当时的意思是广泛散布，虽然发展到今天，其指代的含义并没有发生太大的改变，但是现在传播主要会与信息、疾病和知识等内容联系在一起使用。西方社会当中的传播来源于拉丁语当中的 Communis，这一词语所指代的内容会比中国的传播所指代的内容更加广泛，而且具有双向传播的含义。

文化和传播之间具有密切的联系，两者相互影响。"文化是传播的文化，传播是文化的传播"这一句话就充分体现出了两者的关系。文化在传播的过程中，只有充分展现出自身的传播功能，才能对人们产生深刻的影响，并且对人们的思想、行为习惯以及人们的审美和价值观等产生一定的影响。也正是因为文化具有传播功能，所以才能够对社会实践和社会关系进行有效调控，并且不断超越自我，实现创新和发展。文化传播的过程，其实就是文化不断发展、不断创新、不断整合的过程。

文化传播是指人类特有的文化要素不断扩散、传递、转移的现象，不同的文化资源会在相应的空间中流变、共享、互动、重组，是传播者的编码和解读者的编码互动的一个过程。在不同的文化背景下，人类社会发展的产物会对人们的认知与理解产生一定影响，并且促进这些内容的改变。文化传播的发展无法脱离相应的传播媒介。

二、汉语国际教育本身就是一种文化传播

（一）文化影响语言

要对汉语国际教育当中的文化传播有一定的认识，就有必要对语言和文化之间的内在联系进行一定的分析和理解。不得不承认，语言会对人们的行为方式和思维习惯产生一定的影响，两个不同语言环境当中的人，他们自身的行为习惯是并不相同的。语言决定论和语言相对论是两种不同的观点，语言决定论认为，语言对这个世界的观点具有一定的决定作用；语言相对论则认为语言会对人们的思维产生一定的影响，这一情况就导致拥有不同语言的人也会有不同的世界观。两种不同的观点相比较，人们更加认可后语言相对论。只是在现实生活当中，是否应该将语言相对论当作一种完全可以接受的理论，仍然存在争议。通过实际的应用我们可以发现，文化影响着语言，语言会对文化产生非常直接的影响，语言和文化是密不可分的。

（二）语言教学体现文化传播

语言和文化关系非常密切。从历史发展的进程来看，一个民族对另一个民族的侵略就是要消除这个民族的文化，只有这样才是最终消灭了这个民族。在一个国家和民族的文化当中，语言是至关重要的一部分，如果禁止一个民族使用自己的语言，那无异于消灭了这一民族的文化。比如中国人说"快乐"和美国人说"happy"，虽然具有相同的含义，但是语音和语调却是各不相同。所以我们想要了解一个民族和国家的文化，一定要学习这个国家的语言。在学习一个国家的语言时，就会不可避免地接触到这个国家的文化。所以开展汉语国际教育，其实本身也是在进行文化传播。

语言当中的语音就体现出一个国家的文化，语音的发展和变化能够将一个国家的历史文化展现出来。比如法语具有音乐的节奏感，这也在一定程度上展现出了法国人的浪漫传统；我们可以从英语当中感受到灵活、快速、高效的特点，这些特点体现英国人的严谨、正式。另外，还有语言当中的语法，也能够在一定程度上体现出文化之间的不同。英语语法当中的缜密性特征充分展现出了英国人的保守。而汉语当中的押韵、对仗以及复杂的变化则充分体现出了我国不同朝代的发展历史和文化。

虽然以上内容并不能将不同语言之间的情况充分展现出来，但是我们仍然可以发现不同的国家和民族在语言方面是存在很大差异的。不同时代的语言也会发生相应的变化，这充分展现出了文化和语言之间的关系。

第二章

"互联网 +"背景下
在线汉语国际教育

第一节
在线汉语国际教育相关情况分析

伴随着网络技术的不断发展，在线教育平台越来越多，而进行汉语教学的在线平台也越来越多样化，比如孔子学院、网上北语课堂、TutorMing、Lingo Bus、长城汉语等。通过对线上线下的汉语国际教育教学情况进行比较可以发现，这些平台主要在教学设备、教学内容、教学技能、教学模式、教学方法、教学效果与教学评价等方面存在差异。

一、在线汉语教育平台建设

在线汉语教育平台主要是面对各国留学生建立的，来自全球范围内的中文爱好者都会借助这些平台进行汉语的学习。通过对相关数据的统计，当前中国的在线汉语教学网站已经有200多个，而这些汉语教学网站的主办单位及规模是各不相同的。通过总结，汉语教学网站主要分为三个不同的类型：第一个类型是政府教育机构创建的网站，最典型的就是孔子学院；第二个类型是中国高校自己创建的在线汉语教学平台，比如网上北语课堂，还有在疫情期间各个学校开展的在线课堂等；第三个类型是互联网教学平台，它们多是将不同的在线平台聚集在一起，比如长城汉语网站。不论是哪一种类型的在线平台，都不同程度地对汉语教育的发展起到了重要的推动作用。虽然很多在线教育平台在政府的支持下得到了极大的发展，但是平台的质量和内容却参差不齐。而且很多平台因为自身技术的限制,导致网络教学平台在多个不同的方面都无法满足用户的需求,比如网络设计、用户体验和互动等方面。

(一)在线孔子学院

2008年,网络孔子学院开始为全球的汉语学习者和文化爱好者提供在线服务。网络孔子学院是由国家开放大学建立的网络教育系统,并且由孔子学院总部赞助建立。建立这一网站的目标就是为中国学员以及全世界范围内的学生提供汉语教育,为他们提供充足的中国教育资源,为学生提供中国文化交流体验、网上即时互动和个性化服务等。孔子学院的网站上面总共设置了58个频道,包含中文学习、中国文化、教育资源、互动式社团和儒家文化五个不同的板块。在网络孔子学院,学习者可以使用10种不同的语言进行学习,包括中文、英语、德语、法语、俄语、阿拉伯语、韩语、日语、西班牙语等。在网络孔子学院有将近1000小时的音视频供学生学习,为学习者提供了大量内容。而且,为了帮助网络孔子学院的学习者更好地学习,平台还聘请了不同国家的老师进行教学。以上这些内容为中国文化的学习者提供了既便捷又高效的服务。总之,在线孔子学院为各阶层的学习者提供汉语教育;培训汉语教师,提供汉语教学资源;为教师提供相关资格考试服务;提供中国的经济、教育、文化等相关信息。

(二)北语在线课堂

北京语言大学远程教学平台经过了教育部的专门批准与授权,该平台可以为全世界的汉语爱好者提供在线汉语学习内容。北语在线课堂通过半年的筹备,便开设了高级专家讲授的28门网络中文课程。而且,后来伴随着研究工作的进一步开展,其他的学术课程和非学术课程也陆续开放。

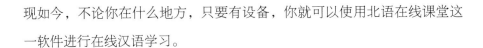

现如今，不论你在什么地方，只要有设备，你就可以使用北语在线课堂这一软件进行在线汉语学习。

（三）高校在线汉语教学课程

这一类型的在线教学主要是在疫情阶段开展的汉语教学课程。因为疫情的暴发，很多高校没办法开展线下教学，线上教学就成了一种主要的教学方式。因此，很多高校通过对自身情况进行综合考虑，调整了授课的时间和内容，并且针对网络教学制定了合理的方案，为疫情期间的正常教学提供了有效的保障。而且汉语教学课程的学习者很有可能来自全世界各地，考虑到时差和网络教学环境的差异，很多学校在进行直播教学的同时，还录制教学视频并上传网络平台。这样不仅可以让教师直播教学，同时还能够让学生反复观看课程，从而帮助学生及时解答疑惑。为了能够让在线的教学课程稳定开展，教师们还考虑到了各种可能存在的问题，比如如何进行平台下载、如何使用平台、如何观看直播、如何观看回放等，帮助学生提前解决这些问题。另外，为了能够保证网络的直播效果，不同的班级之间还建立了微信群，方便交流。班级之间还会在群里定期发布教学资料和教学难点，让学生提前准备，进而提高实际的教学效率。而且一般在教学之前，教师们都会试课，相互帮助，进行经验交流，最终克服各种存在的问题，让教师实现身份的转变。

（四）汉语在线教育网络平台

1. TutorMing

TutorMing 作为一个在线教育网络平台，为教师和学习者之间的交流与沟通提供了机会，当学生遇到问题的时候也可以及时与教师进行互动与交流。TutorMing 在 2008 年成立，可以 24 小时为学习者提供学习服务。它拥有非常严格专业的国际汉语教师，发展到今天，这一平台已经为 40 多个国家的外国学生提供汉语课程的学习。TutorMing 是麦奇教育科技（iTutorGroup）旗下的一个品牌，该公司旗下还有 TutorABC、TutorABCJr 等多个相关的品牌。TutorMing 作为一个在线教育平台，将学生的个人兴趣与汉语教学课程进行一定的结合，以取得更好的教学效果。学生除了进行汉语学习，还可以进行商业事务、文化等多方面内容的学习。学习者可以通过设备或者计算机直接进行学习。学习者还可以从自身出发为自己制订学习计划，然后借助网络平台当中的小程序进行学习。通过各种个性化的课程设置和学习工具，平台帮助学习者充分发挥他们的潜能，让他们随心所欲地学习，并且按照相关的规定来完成自己的作业。互联网不断发展，网络在线平台已经成了一种必然的发展趋势，可以将学习者和教师紧密联系在一起，并且将汉语推广到更多的地方。

2. Lingo Bus

Lingo Bus 和 TutorMing 的不同之处在于，Lingo Bus 主要是为全世界的儿童提供的中文线上教学平台。现如今，这一平台已经在全球范围内的 104 个国家和地区使用。中国在线教育和培训课程的成功案例越来越多，Lingo Bus 的最大特点就是将中国传统的教学方式和在线教学进行了一定的结合，从而帮助儿童更好地理解学习的内容，让他们加深对文化理解的同时获得更深的文化体验。除此之外，Lingo Bus 还使用情景体验和语言识别的方法来帮助学生学习，稳定有效地提升了学生的学习效果。Lingo Bus 可以通过脸部识别和语言识别的方式为学生设计针对性的语言提升方式。虽然 Lingo Bus 平台是借助网络的方式进行中文教学，但教师和教学大纲仍然是教学当中的关键要素，这两个关键要素可以保证教学计划稳定有效的开展和实施。Lingo Bus 还可以为不同的学习者提供不同的课程，从而满足学生的学习需求。该平台在选择教师的时候也有非常严格的挑选标准，一般来说，能够入选的教师比例甚至不足 4%，所有中国在线教师基本都有学士以上的学位，而且他们都是科班出身，具有非常高的专业水准，尤其是中文语言、文学汉语、国际教育等学科的教师，他们都需要具有普通话的等级证书。

3. ChineseBon

ChineseBon 在线平台将中国的教师和全球的学习者联系在了一起，同时还加深了中国学校以及其他教育机构之间的联系。这一平台借助互联网技术，为全球的学习者提供非常及时有效的教学，学习者可以在电脑、手机等多个终端进行学习。该平台还具有定位功能，如果学习者在学习的过程中遇到了学习难题，还可以通过定位功能去寻找附近的教师与其他学习者，与他们进行沟通与交流，最终解决自己的难题。该平台所具有的即时通信功能，让学生随时随地进行学习，也让教师随时随地为学生解决他们遇到的困难与问题。

4. 长城汉语

长城汉语是汉办总部直接运营管理的一个项目，这一项目是以网络多媒体技术为基础运营的一个全新汉语教学模式。在这一平台进行学习，学员能够充分提升自身的汉语沟通能力，学习者不论是在国内还是在国外，也不论在什么时间，都可以进行汉语学习，而且可以让自己的学习需求得到充分的满足。长城汉语的内容包括讲课、短期密集的教学模式、艺术教学模式、统一的大课程模式等。现如今，很多教师都可以将网络资源和现有的教育资源充分结合起来进行教学，使教学内容更丰富。目前国内外的长城汉语使用者越来越多，使用者来自 300 多个海外学院和多所国内的大学和中学。

（五）在线教学平台的差异

在 21 世纪，在线教学平台得到了不断的发展，尤其是在疫情出现之后，在线教学平台的作用和效果变得更加明显。在 2020 年疫情期间，各个高校的线上汉语教学课程开展得如火如荼。比如，上海师范大学主要是利用腾讯会议和 ZOOM 进行教学。腾讯会议、ZOOM 以及其他的在线汉语教学平台都是以多媒体为媒介，在电脑当中安装会议系统进行线上汉语教学，但这些平台也并不完全相同。用腾讯会议和 ZOOM 进行教学，优点是使用十分便捷，而且教师和学生都可以在需要的时候进行交流和互动，参与学习的人可以通过任何设备加入会议；缺点则是教学模式比较单一，学习者无法选择自身喜欢的内容进行学习。但是长城汉语、TutorMing 等在线教学平台却可以给学习者提供更加丰富的学习内容，也可以给学习者提供个性化的学习方案，让学习者得到针对性的提升。从页面设计这一方面来看，腾讯会议、ZOOM 的页面比较单一，缺乏个性化，但是长城汉语和北语在线课堂的页面可以充分激发学习者的学习兴趣。

对于教师来说，如果只是为了完成教学任务，则可以优先考虑腾讯会议、ZOOM 等平台。但是如果想要取得更好的教学效果，或者进行针对性的教学，则可以以专业的在线教学平台为主。不论是进行线上教学还是进行线下教学，教师都可以将现代技术应用到实际的教学当中，PPT 就是实用性很强的教学工具。另外，还可以使用投影仪和多媒体设备等进行课件展示，将教学内容展示给学生。

二、线上汉语国际教育中不同手段的融合

（一）传统教学和教学光盘的融合

教学光盘是指将教学内容通过视频的形式或多媒体课件的方式展现出来，为了满足教学需求，通常会针对教学内容设置配套的光盘影像。教学光盘的内容主要是通过视频、课件、影像以及图表等多种不同的方式呈现出来，而且还需要借助必要的播放载体进行知识传输。传统的对外汉语教学主要是借助教材进行教学，而且会受到时空的限制，所以传统的对外汉语教学并不便捷。但是通过使用光盘进行教学，学生则可以自由地对汉语知识进行学习。光盘还能够进行复制，可以让学生反复观看和学习，针对学习过程中遇到的困惑，进行重点解决。而那些网络欠发达的地区，学生进行直播课程的学习存在困难，使用光盘的方式正好可以解决因为网络问题而不能学习的问题。由此可见，和传统的教学方式相比，使用光盘会更加便捷、灵活，进而让学生在更加轻松的环境下学习。将汉语教学光盘与传统的教学课堂一定的结合，既能远程教学，又能够让学习者通过更加丰富的方式学习。

（二）传统教材和汉语学习网站的相互融合

在传统的对外汉语教学课堂当中，教材是非常重要的内容。教师需要围绕教学大纲进行教学，而教材的内容和质量，会对课程教学的质量产生很大的影响。所以，在选择教材的过程中，要根据学习者自身的水平进行选择，尽可能保证学习者对教材内容具有较高的兴趣，同时选择的教材又不会因为学习者自身水平有限而存在学习压力。新时代的教学过程中，教材非常重要，所以要不断促进网络技术和现代教育技术之间的相互融合。在这一形势的推动下，电子教材应运而生，学习者可以通过网络下载学习内容，甚至可以将下载的内容转化为音频格式，整个过程非常方便。而且和阅读教材相比，音频教材也更加方便，学习者只需要将电子教材下载到移动设备当中，就可以随时随地对教材知识进行学习。总体来说，电子教材比传统教材更加方便，能够满足大多数汉语学习者的学习需求。

（三）广播教学软件和现代电子移动设备的融合

线上汉语国际教育主要是利用网络进行教学，这一教学模式的优势在于网络上存在大量的学习资源和教学内容，这些为学习者提供了极大的便利。再加上当代人的生活节奏比较快，每天都处于忙碌的工作和学习当中，尤其是很多国外的学习者，他们甚至没有足够的时间进行线上学习，而那些网络欠发达的地区，人们要想通过网络方式进行远程学习就更是难上加难。在这样的形势下，要想让那些线上的汉语学习者学习知识，就必须要找到一种更加便捷的学习途径，只有这样才能尽可能满足更多学习者的学习需求。伴随着科学技术的不断发展和进步，越来越多的移动工具和电子设备开始出现，比如智能手机和平板电脑，这些设备不仅可以支持人们进行远距离的交流，同时还能够帮助他们下载学习资料。从目前来看，我们可以发现这些软件的功能越来越丰富，所起的作用也越来越大，而且非常方便，充分体现出了在线学习软件的优势。在研发广播教学软件时，需要对课件和内容的时效性、系统性给予关注，设计出一些综合性比较强的软件，这些软件的研发在一定程度上代表汉语线上教学的主要发展趋势，而且会在今后的教学当中发挥重要的作用。线上汉语教学软件的研发，要有相应的软件设备，只有这样才能充分发挥这些软件的作用，因此在研发线上汉语教学课程的过程中，还要对电子移动设备进行一定的研发，真正实现广播教学软件和现代电子移动设备的融合。

（四）网络课程和电子公告栏的融合

对于线上汉语教学来说，网络课程的开发至关重要。但是从目前线上汉语教学的实际情况来看，相关的教学网站中仍然存在很多问题，这些问题严重影响了线上汉语教学的实际效果。比如线上汉语教学的教学资源在供给和需求方面存在着严重的失衡，网络课程的教学内容还缺乏时代性，与现实生活相互脱节等。目前，相关教学者已经开始意识到汉语学习者对网络课程的需求量正在逐渐增加，他们开始加入到教学资源开发的行列当中。有一些教学者甚至将目光转移到了论坛和交流区等，将电子公告栏和网络课程相结合。在线上汉语教学当中，教师可以使用延时或者实时的方式进行教学。学生也可以根据自己的实际情况选择通过什么样的方式进行学习。比如网上北语，就将电子公告栏的教学手段和网络课程进行了一定的结合，在线上汉语教学的课堂中，教师不论通过直播或者录播的方式进行教学，都需要将音频资源、视频资源、文字资源等内容进行组织。在课后，学习者还可以通过虚拟社区进行互动交流，在社区当中发表自己的意见和心得。

目前，我国大多数对外汉语教学网站都是一些中小型的网站，这些网站的发展还有欠缺，尤其是在电子公告栏的建设方面，更需要进一步的创新。很多中小型网站在建设过程中都将目标人群定位在一些特定领域，而且课程开发比较固定，这样的情况显然缺乏创新。因此，网站建设者要突破现有的局限，将办学特色融入网站建设当中，并且积极与其他的办学机构和企业进行合作，通过多方交流，最终培育出多样化的教学形式。尤其是在论坛和公告栏当中，要进行大胆的创新，将一些时代的元素和特色内容融入其中，防止注册用户的流失。通过将网络汉语教学课程和电子公告栏相结合，并且研发一些汉语学习游戏和其他活动，实现线上汉语教学过程中的师生互动和生生互动，能够极大提升学习者的学习兴趣，这对于学习者汉语水平的提升也起到促进的作用。

总之，线上汉语教学的教学手段很丰富，但要保证教学手段和学习者、教师的特点相适应，保证教学手段的科学合理，促进不同教学手段之间的融合。在研发线上汉语国际教育教学方式和教学手段的过程中，还要考虑到实际的国情，针对不同国家和地区的情况进行研发。比如那些网络技术和现代教育技术比较落后的国家和地区，不能盲目地开展网络教学，而是要采取传统教学加线上教学相结合的方式，循序渐进地推进网络教学的开展。在必要的时候还可以采取光盘教学的方式，光盘也属于线上教学的一部分，在教学过程中可以充分满足网络不发达地区的线上教学需求。当然，教学手段的运用还需要考虑到学习者的学习习惯和学习兴趣等因素，在综合考量的基础上进行针对性的教学。学习者也要选择最适合自己的学习方式，这样才能在学习的过程中取得事半功倍的效果。

三、线上汉语国际教育和线下汉语国际教育的比较

（一）教学设备方面

共同之处。在多媒体使用方面，如果进行现代教学，那么不仅可以进行文字内容的教学，还可以进行图片视频等内容的教学。在教学的过程中，不论是线上教学还是线下教学，都有可能会使用到话筒这一设备。线下教学很多时候会使用大教室进行教学，这时教师就需要使用话筒，这样不仅可以取得良好的教学效果，还能保护好自己的嗓子。而在使用线上的方式进行汉语教学的时候，有些教师为了能够保证取得良好的教学效果，会选择使用三维麦克风来保证音频信号，从而使声音更加清晰地传播出

去。当然，也有只需要通过声音结合课件进行教学的时候，在这样的情况下，或许麦克风和相机就不再是必需的设备了。

不同之处。第一个方面，在线汉语教学最明显的特点就是在线，即通过电脑进行课程的教学，既可以实时播放课程，也可以播放录制课程。不论是进行实时课程教学还是进行录制课程教学，都需要通过音视频来呈现教学内容，这样的方式不仅可以让学生听清老师的声音，还可以让学生加深对教学内容的理解。而线下教学主要是在教室当中进行，教师在讲台上向学生进行汉语知识的传授，学生在讲台下记录教师教学的内容，这种模式就是线下教学模式当中使用最为广泛的一种方式。第二个方面，和线下教学方式相比，线上教学一般需要以下几种辅助设备：第一是利用手机或者平板安装相关的直播软件，进而通过信息采集的方式获取信息源，最后通过互联网的方式进行传播；第二是利用三维高清摄像机拍摄老师的授课画面、授课内容。以上两方面就是线上教学不同于线下教学之处。

（二）教学对象方面

近几年，学习汉语的人越来越多，这些学习者来自全球各个国家，他们有着年龄、性别、文化背景等多方面的差异。因为网络技术的支持，诞生了线上汉语教育模式，这种模式打破了传统教学的时空限制，全国各地甚至世界各地的学生可以同时进行汉语学习。在线教学是一种全新的教学模式，这对于教师和学生都是一个新的挑战。

线下的汉语教学对象主要包括四种。第一种是来自各个国家和地区的留学生，这些留学生一般都经历了专业的考试和面试，所以才获得了学习的资格，这些学生包括本科生、研究生等。第二种是对外培训机构的学习者，他们一般都是将汉语当成一种爱好，或者是想在短期内提升自己的汉语水平。这些在培训机构当中学习的学生也非常多样化，有学生也是商业人士等。尤其是在近几年，因为汉语学习者增加，培训机构数量也随之增加。第三种主要是在国际学校学习中文的学习者，比如上海协和双语学校的学习者，他们也是来自不同国家，在学习的过程中不仅要学习汉语，还需要进行数学以及其他课程的学习。第四种则是在孔子学院学习汉语的学习者，在这里学习的对象既可能是中小学生，也可能是大学生。

（三）教材和教学内容

从 20 世纪 50 年代开始，汉语就一直是我国教育体系当中的一部分，而且在汉语教科书编写方面取得了极大的成果，比如《风光汉语》《博雅汉语》等。汉语的教科书不仅在质量上有极大的发展，同时在数量方面也有很大的成就。虽然线上教学和线下教学的基本语言内容都是相同的，但是课本的形式和更新速度却并不相同。教科书的内容主要集中在语言结构，以及功能和文化的相互结合。在汉语教科书编写到使用的过程中，需要经过一系列的相关程序，包括批准、出版、分发等多个不同的工作步骤。中国在线教学使用的电子教科书在编写过程中，也需要注重教科书本身的功能和文化作用。在选择教材内容的过程中，需要考虑到学生的实际情况，保证教学内容与中国文化的实际情况相结合，只有这样才能让学习者更好地学习好汉语。根据不同的学习场合、不同的学习人数，教材和课本的选择也并不相同。即使同一个年级，面对不同的学生，在进行教学时也需要具有不同的教育观念。基于以上内容，在进行教材编写的时候，要尽可能保证课本设计的丰富性，并且保证教学内容和教学方式尽可能人性化，尤其是儿童的在线汉语课本，更应当具有趣味性，只有这样才能充分调动学生的学习兴趣。在相关的软件和媒体当中，我们都可以看到在线汉语教材，它的特点之一就是更新速度比较快，应用也比较迅速。当然，在线汉语教材也存在一定的缺点，那便是在教学过程中出现错误的可能性会

更高，所以教师在教学的过程中要注意这些问题。

在编写教材的过程中，需要保证选材尽可能地合理，因为只有这样才能保证取得更好的教学效果。尤其是教材当中的话题范围，选择是否恰当将会直接影响到汉语的表达是否符合习惯。当然，在教科书编写的过程中字迹的选择也具有严格的标准，但这不论是在线上教学还是在线下教学当中都是很难实现的。

在线教学和传统教学的对外汉语教材之间有一定的相似之处，但同时也有不同之处。比如，课程内容在编写的时候主要是以提高学生的听觉能力、写作能力、阅读能力等为主，所以需要将不同的教学内容进行一定的结合，让学生在实践的过程中得到提升。但是线上教学内容和线下教学内容在教学重点方面是有区别的，因为教师教学风格有差异，学生学习语言的能力也有差异。比如，一位年长的学习者学习汉语，很大程度上是因为他们对汉语感兴趣，而他们在上课的时候会选择那些比较简单易懂的句子，在一定程度上降低自己的标准。对于那些年幼的学习者来说，他们进行汉语学习很大程度上则是因为父母希望他们的中文水平能够得到提升，所以选择教学内容则是要以有趣的内容为主，最好可以与学习者自身的生活相关，因为这样更能调动学生的学习兴趣。根据学习者的不同需求，教师安排教学内容会有不同的侧重。

（四）教学技能方面

教学技能是指教师在自身现有知识体系和教学理论的基础上，通过不断练习，最终形成一种稳定的、熟练的教学能力。在进行线上教学时，语言技能是一个至关重要的因素，教师的语言要尽可能充满感染力，只有这样才能够充分调动学生的情绪，让学生觉得学习内容更容易理解和掌握，并且在学习的过程中可以举一反三。教师在教学过程中，不应当进行长篇大论，而要尽可能严谨和具有逻辑，只有这样才能让学生在学习的过程中得到更多的启发，对汉语有一个更深的认知，最终不断提升自身的思维能力。无论是线上教学还是线下教学，教师在教学过程中使用的口头语言，声音、语调等都要符合相应的逻辑和标准。

除了语言技能之外还有板书技能。信息技术的不断发展，使得教学可以全部在网络上进行教学，即使是一些线下的教学活动也实现了多媒体的普及。在进行线上教学时，教师可以通过电脑屏幕向学生展示教学内容，并且还可以根据教学节奏在屏幕上进行记录和重点标记，帮助学生更好地理解教学内容。在线下教学过程中，教师不仅可以使用多媒体进行教学，同时还可以在黑板上进行板书，这也是传统汉语教学的特色所在。

拥有良好的教态是教师的一项非常重要的技能，也是教师素养的一个重要组成部分。但是线上教学和线下教学能够展现汉语教师教态的程度并不相同。在线上教学过程中，因为现实环境的局限性，教师无法充分展现自身的教态变化，而且还可能因为网络等问题造成卡顿的情况，进行教态展现反而不一定可以取得更好的效果。所以，在线上汉语教学中利用教态进行教学的难度相对较高。相比之下，线下的教师具有更大的发挥空间。学生可以直接观看到教师的教学全过程，所以教师也可以更加直接地利用教态向学生进行教学内容的传达，从而加强自己与学生之间的连接。

最后还有组织技能。组织技能主要是指教师对班级的组织管理。在线下教学过程中，教师可以利用语言和行为两种方式去对班级进行组织管理，教师也可以在教室当中随意走动，对学生的实际学习状态进行调查和考量。但是在线上教学过程中，教师无法通过行动对学生的实际情况进行了解，只能通过语言的方式对学生进行组织管理。当然，在一些在线平台当中也可以通过在线打卡的方式来对学生的学习情况进行管理。

（五）教学模式与教学方法

教学模式和教学方法是指教师在上课时使用的手段。两者都具有一致的目标，那便是完成相应的教学任务。在很大程度上，教学模式与教学方法具有一定的相似之处，但是两者并不相同，准确来说，教学方法是教学模式的重要组成部分。在汉语国际教学领域当中，线上教学和线下教学具有极大的差异。传统的线下教学模式非常单一，主要就是以课堂授课这一模式为主。不得不承认，这种授课模式作为一直以来的线下授课模式，在教学中取得了非常好的成绩。因为在这样的模式下进行教学，教师能够时时刻刻关注学生的一举一动，学习状态能够被教师更加直观地感受到，甚至学生的一个神情都能够看到。对于学生来说，如果在学习过程中遇到了问题，也可以更快解决。但是线上教学则不同，教学模式比较多样化。比如上文中提到的孔子学院、TutorMing、长城汉语等对外汉语教学平台，也包括一些线下课堂的同步线上课堂等，在这些平台当中进行学习，学习者能够根据自身的需求自主选择教学模式，甚至不必局限于一种，这样能够极大地满足学生的需求，更好地提升学习者的自主性。从以上内容可以发现，不论是线上教学还是线下教学，在教学模式方面都具有一定的优势，而且具有互补的特征。

当前在线教学的教学模式主要包括直播教学和录播教学两种，但不论是哪种教学模式，都需要借助网络进行。首先是直播模式。直播是教师和学生在同一时间进行汉语教学和学习活动的一种模式，是通过远程对外教学平台开展的专业教学。教师和学生借助网络进入一个虚拟的教室当中进行交流互动。由此可见，直播和现实课堂之间的差异就在于空间距离不同。而线上同步进行对外汉语教学的方式又包括两种：一种是教师和学生无法看到对方，最典型的就是慕课和微课等 App 的线上教学。另一种就是教师和学生都可以看到对方，而这种形式主要是指一对一或者一对多的在线课程。

其次是录播模式。录播模式是不同步的线上汉语教学模式，即教师的汉语教学和学习者的学习不在同一时间发生。比如在那些网络环境较差的国家和地区，因为受到网络的限制，无法通过直播的方式参与国际的学习，所以只能选择录播课程的方式进行学习。教师可以为学生提前准备好需要学习的资料，包括文本资料和音视频等，之后再将这些资料发布到网络上，学生可以借助不同的渠道，下载保存这些课程学习资料，不会受到时间和空间的限制。尤其是随着科学技术的发展，智能终端越来越丰富，平板电脑、智能手机、电脑等都可以进行录播课程的学习，这为学习者提供了极大的便利。有些线上教学平台上，学习者还可以下载录播课程，在遇到问题时还可以反复观看，直到解决这些疑惑。

对于线下的汉语国际教育来说，在开展教学时主要是以线下的授课为主的，而且授课形式也是以教师和学生面对面为主。在传统的线下汉语教学课堂中，教师只能借助黑板和粉笔等传统教学工具进行教学，在一些条件较好的学校当中，教师可以使用多媒体进行教学。为了能够在传统的教学模式当中取得更好的教学效果，教师往往会从实际教学情况出发，选择一些针对性的教学方法，最典型的便是根据实际的教学内容设置相应的教学情境，以此来吸引学生的学习兴趣，充分调动学生的积极性，从而帮助学生加深对所学知识的理解。

（六）教学测试方面

在进行线上汉语国际教育时，也需要设置专业的测试模块。因为通过测试模块可以对学生的实际学习情况进行有效检验，从而判断学生的知识掌握和个人素质是否达到了理想的目标。另外，通过必要的测试还可以为进一步的教学提供有效的参考。伴随着在线教学平台的不断发展，我们可以发现目前的在线教学当中已经具有越来越丰富的线上测评方式，而且师生之间的互动也越来越丰富。

知识点测试是线上测试当中最为普遍的一种测试方式。线上教学的知识点测试和线下教学的课堂测试非常相似，在线上教学中进行知识点测试设置时，可以使用随机出题和弹幕互动等不同的形式。这两种形式能够对学生的随机应变能力和知识点掌握能力进行有效的测试，而且能够及时得到学生的反馈。除了知识点测试，还有过程测试，其与线下教学当中的周测验比较相似。在这一个测试板块当中可以设置一些难度较大的题目以及一些主观题。在进行主观题测试时，可以采取网络互评的方式进行评价，同学之间的相互评价，不仅可以让学生相互吸收对方的经验，还能够发现自己的不足，从而实现学生的共同成长。另外，还有形成性测试。形成性测试与线下教学当中的月考和期中考试相似，主要是针对某一个板块的教学内容进行教学检验，通过在线的方式让学生完成，可以定期帮助学生进行学习总结，而且这种测试最好可以每月举行一次。还可以进行总结性考试，也就是期末考试，在进行总结性考试的时候可以是有多种不同的方式。最常见的就是闭卷考试，通过在线方式进行总结性考试时，需要让学生把摄像头打开，保证教师可以对学生的考试状态进行随时掌握。而那些年龄比较小的学生，则可以让家长在一旁进行监考。当然也可以使用重点划分的考试方式，即在考试之前告诉学生考核的范围，然后让学生提前进行复习，之后再进行考试。在进行在线汉语国际教育的过程中，通过以上多种测试方式，学生可以更好地掌握不同的知识点。

（七）教学评价方面

1. 语言交际能力

在人们交往的过程中，语言交际是一种非常重要的方式，也是一种必备的能力。语言交际能力对于我们塑造自身的形象以及维护社会稳定有序发展有着非常重要的作用。在线下教学过程中，教师与学生、学生与学生之间都可以面对面地进行交流，学生的语言交际能力可以得到有效的提升。随着技术的发展，线上教学已经逐渐成为教育教学当中的一个重要组成部分，师生之间、生生之间不需要通过面对面的方式就可以进行教学与学习交流。虽然在虚拟的教学环境当中也存在交流与互动，但是虚拟空间当中的会话模式与现实当中的会话模式完全不同。我们或许可以通过虚拟环境当中的会话对一个人的说话风格有所了解，但是这并不足以帮助我们认识一个人。

2. 非语言交际能力

通过在线平台进行汉语国际教育，学习者一般只能通过视频看到老师的样子，而视频的局限性导致学习者一般只能看到老师的头部和肩部。这时候，非语言性的信息就显得尤为重要，比如手势和眼神等，都会在线上教育过程中发挥重要的作用。教师可以在线上教学的过程中通过一些非语言性的善意行为来向大家示好，比如在上课之前，教师可以通过微笑的方式向学生传递友好，学生与学生之间也可以保持微笑，促进彼此的交流与交往。

第二节
在线汉语国际教育学习体验实际调查

　　本节内容主要是针对当前在线汉语国际教育的相关学习体验所进行的调查及梳理。调查的内容包括对在线教育教师的调查以及对学习者的调查。调查方式主要包括问卷调查和访谈两种。根据实际的调查情况和相关数据，可以对在线汉语教学的优点和缺点进行总结。

一、教学方面的调查

　　对在线汉语教学的调查，主要包括调查目的、调查方式、调查对象、调查结果几个部分内容。调查内容主要包括五个不同的方面，即基本操作技能、线上汉语教学效果和线下汉语教学效果的差异、在线测评方式、疫情期间的在线汉语教学以及教师对于线上线下汉语教学的态度，这五个方面的内容可以让大家对在线汉语教育有一个更加清晰的认识。

（一）问卷调查

1. 调查目的

　　问卷调查主要包括四个方面的内容和目的。第一个方面主要是调查教师的基本信息，通过调查可以对教师的教龄、教师的操作能力、教师的籍贯、当地的网络环境等有所了解。如果当地的网络环境比较差，还能够针对具体情况进行一定的补救。第二个方面主要是调查在线汉语教师对相关技术设备、测评方式、突发事件等的掌握和应对能力。通过这一方面的调查，针对教师的不同情况提出相应的意见和解决方案。同时通过了解线上汉语教学以及传统汉语教学之间的差异，教师可以更好地运用在线教学方式。在了解在线汉语教学的基础上，教师还要掌握汉语教学的测评方式，因为只有这样才能更好地利用在线测评的方式对学生进行考核。另外，疫情的发生在一定程度上推动了在线汉语教学的发展，对这种突发事件基础上发展而来的在线汉语教学也需要进行一定的调查，尤其是要找到其中的不足之处，从而更好地进行下一步的部署，保证在线汉语教学可以逐渐走向常态化。此外，还可以对教师的认知进行一定调查，通过了解教师对在线教学系统的认知，可以感受到教师对在线汉语教学的态度。第三个方面主要是调查线上汉语教学的影响因素、优缺点等内容，从而提出一些针对性的意见，让线上教学更加成熟地发展。第四个方面则是调查一些开放性的问题，可以了解教师在教学过程中如何解决自己面临的问题。

通过问卷调查，能够对线上汉语教学有一个充分的了解，并且认识到疫情情况下汉语教学如何发展。最重要的是，要对教师的态度和当前在线教学过程中面临的问题进行全面的认识，这样才能为后续的发展提供解决方法，进而促进线上汉语教学的进一步发展。

2. 调查方式

问卷调查的题型主要包括选择题和填空题两种，调查的过程中可以结合网络，通过微信、微博、朋友圈等方式收回调查问卷。

3. 调查对象

以调查 48 名教师的线上汉语教学情况为例。借助网络向 48 名教师发出调查问卷，收回 48 份有效问卷，其中 40 份调查问卷的对象是女性，8

份调查问卷的对象是男性。在年龄方面，29 岁以下的教师有 36 名，30 岁到 39 岁之间的教师有 7 名，40 岁及以上的教师有 5 名。在学历方面，有 4 名教师的学历是本科，有 41 名教师的学历是硕士，另外还有 3 名教师的学历是博士。这些教师全部都是科班出身，而且所学专业大多也是中文和语言学相关的专业，也有一些教师学的是汉语国际教育专业。在疫情期间，通过高校在线汉语教学平台教学的教师有 20 名，在社会上的培训机构工作的教师有 8 名，在国际学校教学的教师有 3 人，另外还有 17 名教师在其他的单位教学。在使用的教学软件上，有 20 名教师使用了 ZOOM，有 20 名教师使用了腾讯会议，有 4 名教师使用了钉钉，还有 4 名教师使用了其他的在线汉语教学平台。教龄方面，教师之间的教龄参差不齐，其中教龄不足 1 年的教师有 12 名，2 年到 4 年教龄的教师有 16 名，5 年到 8 年教龄的教师有 10 名，8 年以上教龄的教师有 10 名。以上便是调查对象的基本信息，后文的调查分析会以这些调查问卷的数据为基础进行。

4. 调查结果分析

在上文提到的问卷调查结果当中，共有 48 份有效的调查问卷，其中有 22 名教师表示在之前就接触过线上汉语教学的模式，占总数的 45.8%；另外 26 名教师表示在之前的教学过程中没有接触过线上汉语教学的模式，占有效调查问卷总数的 54.2%。从这一项数据来看，在之前教学过程中接触过线上汉语教学的教师数量和之前没有接触过汉语教学的教师数量之间并没有太大的差异，但是没有接触过的教师仍然超过了半数，这表明，今后有必要组织教师进行必要的岗前培训。调查结果分析有五个方面。

第一方面，主要是信息操作技能方面。

首先是信息设备的使用情况。进行线上汉语教学，需要借助必要的信息设备。上文的调查数据显示,有超过一半的教师在教学过程中会选择使用电脑进行教学,另外还有较少的教师会选择使用手机及平板电脑进行授课,当然,也有一部分教师会选择同时使用多种工具进行授课(见表2-1)。从电脑、手机和平板几种不同的信息设备来看,我们可以发现智能手机和平板电脑体积相对较小,使用起来也会更加便捷,但是在一些在线教学平台当中,我们可以发现手机和平板电脑当中的版本,与电脑当中的版本相比,在功能方面是有些欠缺的。大多数软件在电脑的版本当中功能更加全面。比如腾讯会议,如果教师想要在线上的汉语课堂给学生分享一些视频,在手机上视频的声音将无法播放出来,这就会导致学生学习的时候无法听到视频的声音;但是如果是在电脑上播放视频,学生则可以在学习的时候听到声音。由此可见,电脑在操作端会具有更好的效果,因为电脑的操作性更强,功能也更多。还有一部分教师在教学的时候会选择使用多种设备,因为在教学过程中,很多班级都会建立班级微信群,方便随时发送信息和通知,所以如果使用多种不同的设备将会更加方便。如果有一个设备出现卡顿,也可以及时更换设备。总之,多种设备同时使用也非常方便。

表 2-1　48 名教师教学过程中使用设备情况

使用设备	电脑	手机	平板	多种设备共同使用
人数（人）	25	5	3	15
比例	52.1%	10.4%	6.3%	31.2%

其次是网络条件。从表 2-2 我们可以发现,大多数教师在线上教学的过程中都拥有良好的网络环境,网络条件非常好、网络环境较好的教师比例达到了总数的 2/3 左右,网络环境一般和网络环境非常差的教师接近总数的 1/3。从这一项数据,我们可以发现大多数教师在开展线上汉语教学

的时候并不会受到网络环境的影响，但是仍然有一少部分的教师在教学过程中会受到网络环境的影响。基于这一情况，相关的机构和学校有必要为他们提供良好的建议和解决方法。比如当教师在上课的时候可以选择信号比较好的区域，学校也可以为教师提供必要的资金支持，让教师可以拥有专业的在线教学设备，从而更好地进行教学。

表 2-2 教师网络环境基本情况

网络条件	网络条件非常好	网络环境较好	网络环境一般	网络环境非常差
人数（人）	10	24	10	4
比例	20.8%	50.0%	20.8%	8.4%

最后是操作技能方面。如表 2-3 所示，我们可以发现在调查的 48 名教师当中，没有教师完全不会操作信息技术，甚至大多数教师对信息技术的操作都非常熟练，只有一少部分的教师操作不是太熟练。在进行在线汉语教学的教师当中，熟练的信息操作也是非常必要的。如果可以熟练掌握这些操作技能，教师则可以在教学的过程中取得事半功倍的效果。基于这一情况，学校和相关部门有必要对教师进行专业的线上培训，在培训过程中要从多方面入手，比如对信息技术和相关软件的操作，在出现紧急情况时如何进行紧急处理等。当掌握了这些技能之后，教师才可以顺利地进行教学，而不至于因为自身能力有限影响教学进程和效果。

表 2-3 教师对设备的掌握情况

操作情况	操作非常熟练	操作比较熟练	操作一般	完全不会操作
人数（人）	11	26	11	0
比例	22.9%	54.2%	22.9%	0%

第二方面，是线上汉语教学和线下汉语教学之间的区别。

问卷调查结果显示，教师认为使用线上汉语教学时，学生的出勤率明显不如线下的汉语教学课堂。但是也有一半左右的教师认为线上课堂的学生出勤率和线下课堂的学生出勤率相差并不多，甚至有更好的情况。另外，还有一半左右的教师认为学生在线上课堂的发言频率比较低，作业完成率也比较低。这项数据表明，在使用线上汉语教学的过程中，学生的积极性和认真程度较低，这是需要教师重点考虑的一个问题。如果教师不重视，学生的学习质量会在很大程度上受到影响，具体情况如下：

首先，在课堂互动的过程中，教师在线上教学时比较喜欢使用开麦的方式与学生互动，因为这种互动方式更加直接，而且非常高效。但是也有教师认为评论留言的方式更好，还有一些教师会使用微信沟通的方式进行互动，另外也有教师认为多种方式共同使用也很不错（见表2-4）。由此可见，虽然大部分教师在线上教学的过程中更加青睐开麦的方式，但是他们可能并不会局限于使用这一种方式，也有可能会使用其他的互动方式，或者多种方式共同使用。如果在教学过程中同时使用多种不同的方式，就可以有效提升学生的参与度和积极性。

表2-4 教师使用互动方式基本情况

互动方式	开麦互动	评论互动	微信沟通	多种方式并存
人数（人）	36	13	17	20
比例	75.0%	27.1%	35.4%	41.7%

通过线上教学的方式进行汉语教学，是否能够取得理想的教学效果，仍然需要进行更深层次的研究。如表2-5所示，48名教师当中有3名教师认为当前的在线汉语教学课堂可以达到预期的教学效果，占教师总数的6.3%；有34名教师认为几乎可以达到预期的教学效果，占调查总数

的 70.8%；还有 11 名教师认为无法达到预期的教学效果，占教师总数的 22.9%。从这一项调查数据来看，在线教学的质量至关重要，教师不仅要在线上的教学过程当中对学生进行更多的关注，还要在课下对学生进行关注，及时帮助学生解决他们在学习当中遇到的问题，充分提升学生的积极性。教师需要对学生的学习状态、课堂表现等方面多进行关注。只有对学生的基本情况有一个全面的了解，并且在教学中因材施教，才能更有针对性地开展教学，不断提升实际的教学效果。

表 2-5　在线教学效果的基本情况

在线教学效果情况	可以达到预期	几乎可以达到预期	无法达到预期
人数（人）	3	34	11
比例	6.3%	70.8%	22.9%

从问卷调查的相关数据，我们可以发现，有超过一半的教师认为，在线进行汉语教学的工作量会更大，因为线下的汉语教学内容比较简单，需要准备的内容也不复杂；但是线上汉语教学的内容复杂，需要准备的内容很多，工作量自然很大。只有一少部分的教师认为在线教学的工作量和线下教学的工作量差不多，甚至是更少。从这一项数据我们可以发现，针对那些进行线上汉语教学或者即将进行汉语教学的教师，不仅需要帮助他们做好心理准备，同时还需要对他们的工作内容进行一定的调整，从而保证他们可以合理安排线上的教学工作。

在 48 份有效调查问卷当中，有一半以上的教师认为当前的在线教学平台的系统比较完善，能够满足当前的教学和学习需求；只有 4 名教师认为当前的在线教学系统非常完善，占教师总数的 8.3%；另外还有 17 名教师认为当前的在线教学系统并不完善，占教师总数的 35.4%（见表 2-6）。从这一项调查数据，我们可以发现在线教学系统仍然需要不断进行完善，只有这样才能不断满足教师的教学需求，并且为汉语教学提供有效的保障。

表 2-6 教学系统是否完善的基本情况

教学系统完善情况	非常完善	比较完善	并不完善
人数（人）	4	27	17
比例	8.3%	56.3%	35.4%

在线上教学的过程中，大部分教师会使用直播加录播的方式进行授课，即首先进行直播，然后在直播的同时进行视频录制，在直播结束后，学生仍然可以对直播录像进行观看。当然，除了这种方式之外，也有教师会单独使用直播或者录播的方式进行授课。但是两者在教学过程中都存在一定的缺陷，在使用直播的方式授课时，教师可以与学生进行实时的交流与互动，但是如果网络环境不好，教学过程很容易中断。而用录播的方式进行教学，虽然可以避免因为网络问题而导致教学中断的情况，但是无法为师生的及时互动提供保证。由此可见，使用直播与录播相结合的方式进行授课是一种更加科学的线上授课方式。

第三方面，是在线测评方面。

在线上测评方面的调查情况当中，大多数教师都比较认同闭卷的考试方式，对于开卷考试以及上交课程论文两种测评方式的支持度并不高。从这一项调查可以发现，大部分教师认为闭卷考试的测评方式具有更好的效果，其次才是开卷考试和课程论文的方式（见表 2-7）。

表 2-7 教师对在线测评方式的青睐情况

测评方式	闭卷考试	开卷考试	课程论文测评
人数（人）	29	10	9
比例	60.4%	20.8%	18.8%

第四方面，是疫情下的应急在线汉语教学。

从 2020 年开始，中国乃至全世界范围内都暴发新冠肺炎疫情，疫情的出现对全世界各国人民的生命安全产生了威胁。为了能够保证学习者的生命安全，疫情严重的国家停止了到校上课的方式，开始进行线上教学方式的探索。当然，汉语国际教学也不例外，为了能够满足全球各地汉语学习者的需求，不论是高校的留学生，还是在孔子学院的学生，或者是一些汉语的爱好者，他们都可以从传统的线下汉语学习转变为线上学习。而且为了能够在这一过程中取得更好的教学效果，提升线上汉语国际教学的成效，教师可以在教学过程中将线上的教学内容与线下的内容进行一定的衔接。疫情下的线上汉语教学和常态化的线上汉语教学并不相同，在疫情环境下进行汉语教学只是一种紧急性的措施。但是应急在线教育和在线教育都需要借助信息技术和网络环境才可以进行。我们应当对应急在线教育有一个更加明确客观的认识，在遇到紧急情况的时候可以采取必要措施，比如出现洪涝、地震、疫情等情况时，人们的日常生活和学习受到了严重的影响，学习方面就需要通过在线教学的方式进行汉语学习。从这个角度来说，进行应急在线汉语教学情况的调查，对于针对性的教学具有重要意义。

在问卷调查当中显示，有超过一半的教师在教学过程中没有经历过应急在线教育，而经历过应急在线教育的教师只有 17 名，在这 17 名教师当中，有 3 名教师表示非常适应应急在线教育，14 名教师则表示对于应急在线教育不太适应或者不适应（见表 2-8）。而且因为疫情的突发性，在线教学开展得比较匆忙，造成了教学资源短缺的情况，甚至有的地方存在严重不足的情况，只有 4 名教师表明在疫情下的应急在线教学当中教学资源比较丰富（见表 2-9）。在此基础上，还对教师是否愿意在之后的教学当中接受这种线上教学模式进行调查，结果显示，大部分教师都表示非常愿意。有超过一半的教师认为这次应急在线汉语教学对传统的汉语教学方式产生了非常大的影响；另外不足一半的教师认为，本次疫情环境下的应急在线汉语教学对传统汉语教学没有影响，或者说影响比较小。在本次 48 份有效的问卷调查当中，有 38 名教师认为在之后的教学当中，线上教学与线下教学结合是效果最好的教学模式，单一的线上教学模式或者单一的线下教学模式都不会被大家所接受。

表 2-8　是否适应应急在线教育

应急在线教育适应情况	非常适应	不适应
人数（人）	3	14
比例	17.6%	82.4%

表 2-9　应急在线教育教学资源情况

教学资源情况	丰富	短缺
人数（人）	4	13
比例	23.5%	76.5%

第五方面，教师对于线上汉语教学和线下汉语教学的态度。

在教师对于线上汉语教学和线下汉语教学的态度的这一项调查当中，每一个题目都有几个代表不同程度的答案，以此来表现教师对于不同问题的不同态度。首先，对影响线上汉语教学效果的因素调查可以发现，有超过一半的教师认为，在线上汉语教学当中，教师和学生之间无法进行有效的沟通，再加上因为网络的问题无法对学生进行直接的监督，学生的注意力无法集中，教学效果容易受到影响。其次，针对教学课程的建设这一项调查，大多数教师都保持中立的态度，只有少部分的教师认为当前在线汉语教学课程建设较好或者不好。由此，我们可以发现线上汉语教学面临的问题包括网络环境、学生注意力、沟通情况以及课程建设等。所以要想在线上教学当中取得良好的教学效果，有必要在之后的教学当中逐步解决以上问题。

不得不承认，线上汉语教学在我国发展的历史比较短，目前仍然处于发展的初级阶段，但是线下汉语教学却非常成熟。所以针对线上汉语教学和线下汉语教学，教师必然也持有不同的态度，我们对这一内容也进行了专门的调查。线上汉语教学的开展不会受到时间、空间等因素的限制，而且网络技术可以保证在线教学资源实现共享。大多数教师都认为，在线汉语教学的学习时间和学习地点都比较灵活，这是在线汉语教学的一个重要优势。另外，还对线上汉语教学是否节约成本、能否丰富学习方式进行了调查，结果显示，线上教学的形式似乎在减少开销方面并没有太好的效果；线上汉语教学的教学方式和教学内容也应当多样化，只有这样才能进一步丰富学生的学习内容。在教师与学生交流方面，有很多教师认为，因为在线汉语教学的方式无法让教师与学生进行面对面的交流，同学与同学之间的团体活动也变得越来越少，这一情况不利于学生之间、学生与教师之间的情感交流，所以很多教师认为线上汉语教学增加了管理学生的难度。利用线上教学的方式进行汉语教学，只能做到言传，无法进行身教。而且在线汉语教学这种教学模式对于教师的信息技术运用能力有着很高的要求，仅仅是教学和作业的形式就非常多。

（二）与在线汉语教师之间的访谈

除了对 48 名教师进行问卷调查，还对部分教师进行了访谈。因为在收回的调查问卷当中女教师较多，另外 2 年到 4 年教龄的教师也偏多，所以访谈对象选择了 1 名具有 3 年教龄的女教师。一般来说，当教师具有两三年的教龄之后，他们一般都可以对信息技术进行相对熟练的运用，所以选择这一名教师相对科学。

1. 访谈的主要内容

在本次访谈过程中，访谈的主要问题及内容如下。

作者：在本次新冠肺炎疫情暴发之后，在线汉语教学得到了极大的发展，你怎样看待教学方式的转变？

教师：本次疫情暴发之后，汉语教学的阵地纷纷从线下转移到了线上，这一转变既是一个发展趋势，同时也是一个重要的实验。从中国当前的教育体系来看，不仅仅是汉语国际教育，很多其他的学科教学也已经从传统教学转变为了在线教学，在线教学成了当前教育体系当中一种非常重要的教学模式。因此我认为，我们应当正确看待线上教学模式，并且对其所具有的价值进行深度思考。

作者：在疫情期间的线上教学当中，我们可以发现，在线教育为汉语教学带来了便利，但同时也暴露出了一定的缺点和问题，比如教师对学生的监管不足、学生注意力不集中等。因此在之后的教学当中如何发挥在线教育的优点，又应该如何避免在线教育当中存在的缺陷呢？

教师：如果要对在线汉语教学模式进行合理的应用，并且要尽可能避免其中存在的缺陷和问题，就应当打破线上教学和线下教学的对立情况。在线上教学过程中对相关的技术进行深入了解，明白如何利用技术进行教学，并且以一个开放的态度迎接新型教育形式的出现。伴随着相关技术的成熟发展，现如今在线教育已经成了一个越来越成熟的概念。所以在之后的教学当中，我们应当科学地看待在线教学，并且不断尝试线上教学和线下教学的相互融合。

作者：受疫情影响而出现的本次应急在线教学，你在教学过程中遇到

了哪些问题，针对这些问题你采取了什么样的补救措施？

教师：在线上教学的过程中会遇到一个重要问题就是，学生的注意力无法有效集中，而且在线汉语课程缺乏足够的课堂活动，所以无法有效激发学生的学习兴趣，这一情况导致学生不能在学习的过程中及时参与到课堂的学习当中。因此，我在线上教学的过程中会尽可能提升教学的趣味性，比如在教学的过程中更加关注学生的学习情况。如果遇到网络问题的时候则会让他们进行习题练习，在网络恢复正常之后对他们进行提问，这样一来还可以给他们一定的压力，从而让他们集中注意力。有时候在线教学平台和相关的 App 也会出现不稳定的情况，这时我就会用微信、ZOOM等平台进行教学。其实我一开始接触线上汉语教学的时候有排斥心理，再加上自己对于信息技术的操作并不熟练，所以教学效果并不好。在空闲时间我不断进行操作练习，最终对相关软件越来越熟悉。最后的一个小建议就是，在线上教学的过程中，尽量少打开一些网页，否则会对网络造成一定的不利影响。

作者：线上课程教学能否满足实际的教学需求？

教师：其实客观地说，线上课程教学并不能完全满足教学需求。因为线上教学课程和线下教学课程并不相同，无法进行面对面的交流，尤其是汉语国际教学中的一些书法类型的实践课，如果使用线上教学的方式是无法满足这种课程需求的，只能让学生在课下的时间自己进行体验，但是很显然，学生自己体验的效果并不好。

2.访谈结果

通过访谈我们可以发现，教师对线上汉语教学有一个比较深刻的认识，而且认为在之后的教学过程中，线上教学还会有更深的影响。教师在线上教学过程中出现了问题，但是教师也在不断进行探索，极力补救和解决。

对于一些特殊的课程，线上教学无法有效地开展，需要教师在之后的教学过程中不断探索与实践，不断提升实践类课程的在线教学效果。

（三）调查总结

本次问卷调查的结果显示，大多数教师在教学的过程中会选择多种在线汉语教学方式同时使用，很多教师建立了班级微信群，在线上授课的同时，可以及时通过微信的方式发布相关的通知和信息。而且在线上教学的过程中，我们无法保证网络始终畅通，一旦出现电脑卡顿的情况，无法及时恢复网络时，我们就可以利用另外的方式进行连接，这一过程可以节省很多时间。

在操作技能上，我们可以发现，当前大多数教师认为目前的网络条件可以满足在线教学的需求。只有一小部分的教师在操作技能上有一定的困难，而且对线上教学的积极性不高，所以这一部分教师应当进行重点关注。在教师进行线上教学之前，学校需要对教师进行专业的培训，帮助教师熟练掌握教学内容、信息技术操作等，同时还需要对教师进行心理疏导，让他们可以积极接受线上教学。

在课堂互动的过程中，大多数教师表示会使用连麦的方式与学生进行交流与互动，但是更愿意综合开麦、评论和微信沟通等几种不同的互动方式进行交流，因为这样一来就可以同时满足多种不同的互动需求。而且线上教学需要依赖网络条件，在教学过程中，如果班级的人数比较少，网络环境也比较好，教师就可以在视频教学的同时与学生进行良好的沟通。但是如果在班级内上课的学生比较多，同时打开视频就会对网络的稳定性造成一定的影响，如果这时还有同学进行连麦互动，很有可能会造成网络卡顿以致影响到最终的教学效果。

总之，从问卷调查结果来看，有超过半数的教师认为，线上汉语教学

的工作量要比线下汉语教学的工作量更多，而且需要准备的教学内容也更加复杂。所以在汉语教学的工作安排当中，学校以及相关机构需要对线上教学和线下教学进行合理的分配，适当地减少线上汉语教学教师的工作压力，提升实际的教学效率。调查数据显示，大多数教师在线上教学的过程中选择直播与录播相结合的方式，因为这样的教学方式更加全面，能够将两种不同教学方式的优点进行一定结合。在线上考核的调查中，有超过一半的教师认为，应当以闭卷的考试方式为准，因为这样更能检验学生的实际学习情况。在对于哪种测试方式更加有效的调查中，大部分教师仍然非常支持闭卷考试的测试方式。伴随着线上汉语教育的发展，大部分的汉语教师已经开始逐渐接受了线上教学的模式，并且非常支持这种教学模式。在疫情出现之后，应急在线汉语教学成了特殊时期的特殊教育模式，这一情况的出现对传统的汉语教学造成了极大的影响。在教师对线上汉语教学的态度这一方面，教师也呈现出比较积极的态度和状态。从当前的线上汉语教学实际情况来看，线上汉语教学仍然存在各种各样的问题，所以教师在教学的时候应当根据实际情况进行一定的调整，并且针对线上教学存在困难的课程，进行不断的探索，最终找到合适的教学方式，提升汉语教学效果。

二、汉语学习方面的调查

这一部分内容主要是对学习者进行调查，主要包括调查目的、调查方式、调查对象、调查结果分析等几个部分。调查内容涉及学习者的学习环境、线上汉语学习效率和线下汉语学习效率的对比、在线测试方式、应急在线汉语学习、对线上线下汉语学习的态度等几个方面。

（一）问卷调查

1. 调查目的

对在线汉语学习者的调查主要包括三个方面。第一个方面的调查主要是为了研究线上汉语学习者的基本情况，比如学生的籍贯、年龄、性别等内容。第二个方面的调查主要是对学习者的线上上课条件进行了解，同时还包括学习者对线上汉语学习及线下汉语学习的态度。除此之外，还要了解学生的线上学习效率，以及在线上测试过程中学生对哪种测试方式更加感兴趣。在疫情大环境下出现的应急在线汉语学习，也要从学生的角度进行一定分析，进而了解学生的学习应变能力。从学生的角度对应急在线汉语教学进行一定的分析，还能够看出教师的教学情况。第三个方面的调查主要是了解学生的线上汉语学习态度，并且客观分析出学生在学习过程中将会遇到的各种问题。对学习者进行的问卷调查，能够帮助我们对学生的线上汉语学习情况有一个相对全面的了解，从而帮助学生解决问题，最终提升学生的学习动力，这样教师和学生可以同时成长。

2. 调查方式

和对教师的问卷调查非常类似，主要是包括选择题和一少部分填空题。在本次问卷调查的发放过程中主要是用了微信转发的方式，最终收回有效问卷调查 93 份。

3. 调查对象

在本次问卷调查过程中，共有 96 人填写了汉语学习者的调查问卷，实际有效的调查问卷有 93 份，在调查的对象当中有 69 名男生和 24 名女生。而学习者的年龄从 15 岁到 59 岁。之所以最低年龄是在 15 岁，是因为年龄更低的学生不一定有手机，或者他们可以参与问卷的填写，也不一定能够客观地进行表达。15岁到20岁的学生共有18名，20岁到29岁的学生共有50名，30到39岁的学生有12名，40到49岁的学生有9名，50岁及以上的学生有4名。参与调查的这些学生，有的来自中国、日本、泰国、韩国、新加坡等亚洲国家，有的来自英国、美国、法国、德国等西方国家，还有的来自非洲国家。在这些学习汉语的学生当中，学习时间在一年以下的有24人，学习时间在一年以上的学生有48人，学习时间超过了三年的有21人。另外，在93名调查对象当中，有48名本科生和45名研究生。

4.调查结果分析

第一个方面是网络学习环境。

据本次问卷调查，有接近80%的学习者所在的地区是市区，只有少部分的学生是在郊区或者偏远的乡村进行学习。在参与调查的所有学生当中，大多数学生都认为自己的学习环境比较好，也有少部分的学生认为自己的学习环境比较差或者一般。由此可以发现学习环境和网络环境之间具有一定的联系，市区学生的网络环境相对较好，但是在郊区或者乡村的学生，网络环境则相对较差。针对这一情况，学校和相关的部门可以采取一定措施，对郊区和乡村的线上汉语学习者提供一定的帮助，比如给予设备和资金支持。通过相关的数据，我们还可以发现一半的学习者在学习的时候，也会像教师一样选择同时使用多个设备（见表2-10）。

表2-10　学习者在线汉语学习设备使用情况

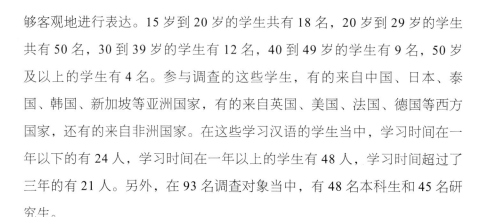

设备使用情况	多个设备一起使用	电脑	手机	平板
人数（人）	47	29	13	4
比例	50.5%	31.2%	14.0%	4.3%

调查的结果显示，大多数学习者都认为自己可以按时参加在线汉语课堂的学习，只有偶尔会出现迟到的现象。也有学生表示自己会经常迟到，虽然在这一项调查当中，经常迟到的学生为 10.8%（见表 2-11），人数并不多，但是迟到这一问题仍然不容忽视。如果学生上课迟到，那么他们要融入课堂就需要花费更多的时间，学生的学习状态必然会受到影响。针对这一情况，教师应当在教学的过程中采取一些必要的措施，比如建立课堂打卡制度，如果学生迟到，给予一定的惩罚，迟到一定次数取消其最终的考试资格等。

表 2-11　学习者在线汉语课堂学习迟到情况

迟到情况	按时上课	偶尔迟到	经常迟到
人数（人）	60	23	10
比例	64.5%	24.7%	10.8%

第二个方面是线上汉语学习效果和线下汉语学习效果的对比。

关于教学方法的调查（见表 2-12），有一半左右的学生非常喜欢情景导入法的学习方法，教师根据教学内容描述的场景，设计相应的图像，通过这样的方式可以吸引学生的注意力，能够进一步调动学生的课堂参与热情。总体来说，情景导入法非常适用于线上汉语教学课堂。除了这一教学方法，直观教学法也比较受欢迎，即在教学时，教师将事物或者图片等内容直接展示给学生，学生能够非常清晰地了解相应的内容。另外，在进行线上汉语教学时，还可以开展一些智力游戏，通过游戏的方式进行教学，不仅可以对学生的大脑进行开发，同时还能提升教学效果，这一方法也非常受学生喜欢。当然，除了这几种主要的方法，还有一些其他的方法会在线上汉语教学过程中使用。在教学过程中，教学方法是一个非常重要的部分。在实际的教学过程中，教师可以根据实际的教学对象，结合教材内容组织开展具有针对性的教学，而且还可以根据课堂上的实际情况，选择一种或者多种教学方法进行教学。如果在教学过程中选择合适的教学方法进行教学，则可以取得事半功倍的效果，最重要的是能够充分调动学生的积极性，解决学生注意力不集中的问题。

表 2-12　线上汉语学习教学方法使用情况

教学方法	情景导入法	直观教学法	智力游戏法	其他方法
人数（人）	47	24	16	6
比例	50.5%	25.8%	17.2%	6.5%

在课堂积极性的调查当中，有一半左右的学生认为自己在线上汉语学习的过程中始终可以保持着非常积极的状态，另外还有一半左右的学生表示自己的学习状态其实并不好，这个调查结果暴露出一些问题。在线上学习的过程中，教师和学生无法进行面对面的交流，即使可以进行互动，但是互动也仍然停留在屏幕之间，不能像线下的交流一样可以及时观察到学生的状况。所以在线上学习的过程中，学生往往很容易分心，出现注意力不集中、上课不认真的情况，这些情况都代表着学生的学习积极性并不高。

当然，也有很多学生认为，通过线上汉语学习，他们能够在教学过程中取得比线下学习更好的成绩。但是，目前线上汉语教学的普及性仍然较差，加之各个方面的准备工作不够完善，导致线上汉语教学面临的问题仍然很多。尤其是在中国，传统汉语教学根深蒂固，线上汉语的发展仍然不够成熟，进行线上汉语教学仍然需要不断努力。问卷调查的结果显示，有超过一半的学生认为传统的线下汉语教学更有利于提升实际的教学效果，也有 1/3 左右的学生认为可以在学习的过程中选择线上汉语教学和线下汉语教学相互结合的方式，而单纯使用线上教学的方式仍然需要进一步的研究和证明。

第三个方面是在线汉语测试方式。

如表2-13所示，在线上汉语测试方式的调查当中，超过半数的学生支持开卷的方式，这一方式与教师的态度截然相反。除了支持开卷考试之外，也有一部分学生支持闭卷考试和提交论文的方式。

表2-13　学习者对线上测试方式的喜爱情况

测试方式	开卷考试	闭卷考试	提交论文	其他
人数（人）	52	15	14	12
比例	55.9%	16.1%	15.1%	12.9%

除了线上测试方式之外，问卷调查还对学生的课后复习情况进行了一定的调查。调查结果显示，只有1/3左右的学生会在课程结束之后进行复习，大部分学生都表示自己在课程之后并不会认真地进行复习。因此，在线上汉语课程结束之后，教师应当对学生进行一定的监督，保证学生可以经常进行复习，同时还要通过在线系统对学生的作业完成情况进行检查，教师可以要求学生在完成作业之后及时通过平台进行打卡。

表2-14　学习者课后复习情况

课后复习情况	每次都会复习	经常复习	偶尔复习	不复习
人数（人）	47	28	14	4
比例	50.5%	30.1%	15.1%	4.3%

第四个方面是疫情时期的应急在线汉语教学。

在疫情出现之后，在线汉语教学成为特殊时代的特殊举措。通过进行相应的调查，可以发现在线上汉语教学的课堂内容中，有超过七成的学生

认为教师们已经准备了非常丰富的教学内容，这一调查结果也在一定程度上表明，应急线上汉语教学已经得到了大多数学生的认可；有少部分学生认为教师准备的教学内容并不够充分，无法满足当前的学习需求（见表2-15）。在线上教学的过程中，教师如果准备了丰富的教学内容，则可以在教学过程中满足学生的学习需求，取得事半功倍的教学效果。在线上汉语教学的过程中，认为线上学习资源非常丰富和比较丰富的学生超过了80%（见表2-16）。线上汉语学习资源不仅包括文本资源，同时还包括音频、视频、动漫等多种形式的资源，这些丰富的教学资源能够充分满足学习者的学习需求。但是仍然有少部分的学习者认为当前的线上汉语学习资源比较匮乏，所以学校以及教师需要对学生的学习需求进行进一步的了解，进而在教学过程中不断进行教学资源的拓展，更好地满足学生的学习需求。

表2-15　教师线上汉语教学准备情况

教师准备内容情况	教师准备的内容丰富	教师准备的内容正常	教师准备的内容不足
人数（人）	66	21	6
比例	71.0%	22.6%	6.4%

表2-16　线上学习资源情况

学习资源情况	学习资源非常丰富	学习资源比较丰富	学习资源不丰富
人数（人）	47	30	16
比例	50.5%	32.3%	17.2%

在新冠肺炎疫情出现之前，很多学生并没有线上汉语学习的经验，只有少部分学生有过线上学习的经验。所以进行信息技术的培训不仅仅要对线上汉语教学的教师开展，也需要对学习者进行必要的培训。在疫情期

间，表示自己每天可以学习 2 小时以下的学习者有 27 人，学习时间在 2 小时到 4 小时的学习者有 31 人，学习时间在 4 小时到 6 小时的有 29 人，学习汉语时间在 6 小时以上的有 6 人（见表 2-17）。从这一项数据我们可以发现，大多数学习者每天学习的时间都在 2 小时到 6 小时之间。学习时间过短无法取得实质性的进步，不利于学生养成良好的学习习惯，而学习时间过长，又容易让学生产生厌烦的情绪，并不利于学生的长期发展。

表 2-17 学生线上汉语学习时长

学习时长	2 小时以下	2 小时到 4 小时	4 小时到 6 小时	6 小时以上
人数（人）	27	31	29	6
比例	29.0%	33.3%	31.2%	6.5%

另外，在疫情期间的线上汉语学习当中，有超过一半的学生认为可以取得预期的学习效果，只有 1/10 多一点的学生认为完全达到了理想的学习效果，还有少部分的学生认为没有达到理想的学习效果（见表 2-18）。但是总体来说，大部分学生对线上汉语学习非常认可，也愿意接受这种学习方式。

表 2-18 学生线上学习的学习效果

学习效果	完全达到了理想效果	基本达到了理想效果	没有达到理想效果
人数（人）	10	70	13
学生	10.8%	75.2%	14.0%

第五个方面是学生对线上汉语学习和线下汉语学习的态度调查。

本次的问卷主要针对学习者在学习过程中的感受进行调查，并且通过对线上汉语学习和线下汉语学习两种方式进行评价，进而展示出学生对于这两种不同学习方式的态度。调查结果显示，在很多学习者看来，线上汉语学习不受时间、空间等因素的影响，在学习的时候非常方便，而且网络上还具有非常丰富的教学资源，能够借助网络实现资源共享。由此可见，线上汉语学习的一个最大特点就是灵活，学生可以在任何时间任何地点进行汉语学习。同时，线上汉语学习还能够帮助学生减少一定的成本花销。而且在线上汉语学习过程中，学习方式、练习方式也更加多样化，可以在一定程度上提升学生的学习积极性。但是线上汉语学习也有其局限性，学生无法组织一些线下的团体活动，学生之间的交流互动就会受到影响，学生与老师之间的交流也会变少，不仅会影响师生之间的情感，在学生遇到困难的时候也无法得到及时解决。另外，进行线上汉语学习，对于学生的信息技术操作能力具有一定的要求，那些信息技术操作不熟练的学生在学习过程中就会遇到一定的困难，针对这一问题，学校和教师需要对学生进行必要的辅导和帮助。总体而言，从线上汉语学习的基本功能来看，学生对于线上汉语学习的接受程度比较高。

伴随着线上汉语教学的不断开展，越来越多的学生表示自己可以逐渐跟上学习进程，并且会在这一过程中进行自主学习，这说明学习者大多具有良好的学习态度，而且学习比较积极。那些对线上教学比较感兴趣的学生会在汉语学习过程中更加主动，但是那些对线上学习兴趣不大和抱有无所谓态度的学生，则只会根据教师的要求进行学习，甚至会在学习的过程中玩手机，虽然这一部分学生的数量比较少，但是仍然表明了当前线上汉语教学过程中存在的问题。还有学习者表示，因为网络环境和硬件设施的水平较低，所以在线上学习的过程中会受到一定的影响，比如说影响师生互动。

因为疫情的暴发比较突然，很多教师和学生都没有提前做好准备工作，所以在教学和学习的过程中出现了网络信号差、设备差等问题，这些问题也在一定程度上制约了线上汉语教学的开展。但是从实际情况来看，大部分学生在学习的过程中仍然可以顺利学习。而那些遇到困难的学生大多会采取向教师求助、上网查资料、与同学讨论等方法，自己解决问题。最后，学习者还对线上汉语教学提出了一定的建议，有很多学生认为教师在上课之前应当准备好上课需要的教具，并且在上课之前对课堂的要求进行明确规定。教师在教学时，还需要使用简练的语言，准备好教学课件，只有这样才能充分吸引学生的注意力。即使是线上汉语教学，教师也要积极与学生进行互动，建立良好的课堂秩序和课堂氛围，不定时对学生的学习情况进行检查，准确地了解学生的实际学习情况。

（二）对线上汉语学习者的访谈

本次研究不仅进行了问卷调查，还对学习者进行了访谈。在本次访谈的过程中，随机选择了几位学生作为访谈对象。因为本次调查的对象大多都是本科生和研究生，所以可以随机选择。从上面的问卷调查可以发现，大多数学生都有了 2 年以上的学习经历，所以可以认为他们具有相对较好的语言交流能力。

1. 访谈内容

本次访谈主要设置了几个问题，通过这几个问题了解学习者的基本学习情况。

·从最开始到现在已经学习汉语多久，是否通过了 HSK（Hanyu Shuiping Kaoshi，简称 HSK，汉语水平考试）？

·除了基本的汉语课程之外，你平常还会通过什么样的方式进行汉语学习？

·你认为在汉语学习过程中，汉语听力、汉语阅读、汉语写作哪一部分的内容最难？

·你如何解决在学习过程中遇到的困难？

·在线上学习汉语的过程中，你认为哪种类型的课程比较适合线上的教学方式？

·你认为哪几种教学方式比较适合在线上教学过程中运用？

2. 访谈结果

以下便是访谈的主要内容。

作者：从最开始到现在已经学习汉语多久，是否通过了 HSK？

学习者：我从最开始学习汉语到现在差不多6年了，也已经通过了 HSK 6 级。

作者：除了基本的汉语课程之外，你平常还会通过什么样的方式进行汉语学习？

学习者：在学习汉语的过程中，除了参加基本的汉语课程之外，我还非常喜欢看一些中国电影和电视剧，在平常和朋友们交往的过程中也会使用汉语，尤其是和中国朋友交流，我认为这是提升汉语最有效的一种方式。

作者：你认为在汉语学习过程中，哪一部分的内容最难？

学习者：在最开始学习的时候，我认为汉字是最难的一部分，因为我感觉，每一个汉字都很复杂，是由一些很特别的东西构成的，不像英文单词，就是由字母组成。我在 HSK 的时候认为 1 级到 5 级的阅读难度都不是很高，但是在考 6 级的时候却觉得阅读难度比较大，其中也有很多不认识的词语和不了解的中国文化。

作者：你如何解决在学习过程中遇到的困难？

学习者：遇到困难的时候，我首先会自己尝试对整个文章进行阅读，尽可能搞清楚文章的整体意思，然后再做题。在做题过程中，如果遇到了不懂的地方先做好标记，然后再去看文章，想办法找到答案。如果是在平常的学习当中，我则会将那些不懂的内容做好标记，之后再进行学习。

作者：那你在学习汉字的时候有什么特殊的方法吗？

学习者：我会多写，我认为写得多了，练得多了，自然而然就会掌握这些字，其实我也没有什么特别好的办法。

从这一段对话当中可以发现，在日常学习汉语的过程中，其他国家的学生都希望可以找到一些中国的朋友，这样一来，他们就会在与中国朋友交往的过程中得到足够的锻炼机会。而在学习过程中，学生表示，在学习的开始阶段，写汉字是最难的，但是随着学习的不断深入，阅读的难度也会逐渐凸显出来，尤其是在考级的时候，阅读的难度会不断增加。当学生在学习过程中遇到困难时，自身的主动性会对困难的解决起到一定的促进作用。

作者：在线上学习汉语的过程中，你认为哪种类型的课程比较适合线上的教学方式？

学习者：我认为在学习汉语的过程中，口语课和阅读课比较适合线上教学。

作者：你认为哪几种教学方式比较适合在线上教学过程中运用？

学习者：从我自身的学习经历来看，我认为情境教学法和直观教学法在线上教学过程中更加适用。

在线上汉语教学中进行口语教学，教师主要是通过与学生相互交流完成的，在这一过程中，语言既是一种学习工具，同时也是学习的主要内容。就像访谈者提到的，情景教学法和直观教学法都可以在汉语教学过程中发挥良好的作用。利用情景教学法进行教学，教师可以直接设计好教学方案，进而在教学的过程中合理利用相关元素，调动学生的学习热情。教师还可以在这一过程中利用音视频等，向学生展示学习内容，让学生更愿

意学习。

（三）问卷调查总结

通过本次的问卷调查可以发现，学习者自身的学习环境和网络环境具有直接的联系。相比之下，在市区学习的学生会具有更好的网络条件，但是在郊区以及乡村学习的学生的网络环境则比较差。所以针对网络环境差的问题，学校以及相关的机构则可以采取一定的必要措施，帮助郊区和乡村的学生创造一个更好的学习环境。在教学设备方面，很多学习者在学习的时候都希望可以同时使用多个不同的设备。但是在线上汉语教学的过程中，有很多学生会经常出现迟到的情况，因此教师需要建立严格的打卡制度，并对迟到特别是经常迟到的学生进行一定的惩罚，尽可能从根源上解决学生迟到早退的问题。在教学资源方面，有一少部分学生还认为当前线上汉语学习资源比较匮乏，所以学校和教师要对学生的需求有所了解，并且对当前教学资源进行不断的拓展，尽可能满足更多学生的需要。在每天的学习过程中，一天学习 2 小时到 6 小时是最好的，学习时间过少不利于学生学习成果的巩固，但是如果学习时间过长又可能会给学生造成较大的压力。在疫情期间，网络环境、设备等问题并没有成为制约线上学习的因素，因为大家都非常支持学生进行线上学习。学生在学习的过程中，其实对教师具有很高的期待，所以教师需要尽可能在上课前做好充分的准备，将教学内容生动地传授给学生。

面对线上汉语教学，大多数学习者都表现出了非常积极的态度，但是因为线上汉语教学目前在中国并没有得到十分广泛的传播和发展，所以大多数学生认为，最好可以进行线上线下相结合的方式进行教学。目前线上汉语教学仍然面临着很多问题，这些问题的存在影响了线上汉语教学的实际效果。

三、在线汉语国际教育的优缺点

（一）在线汉语国际教育的优点

1. 脱离了时间和空间的限制

在线汉语国际教育充分利用了网络的特性，让教师和学生通过网络进行教学和学习，这种方式突破了传统汉语教学过程中时间和空间的局限性。通过相关的调查可以发现，大多数学习者表示，在线汉语学习能够让自己非常直接地获得自己想要获取的知识。学习者不论是在国内还是在国外，也不论学习者是什么样的身份，即使存在时差，也可以随时进行交流与互动。在课堂学习过程中，如果学生遇到的问题没有解决，那么在课后学生之间仍然可以相互交流。当学生在学习过程中遇到了一些可以促进学习的信息和内容时，他们还可以通过网络与他人进行共享。在线汉语学习的模式充分满足了那些想利用碎片时间进行汉语学习的人的需求，能够满足那些想学习但是又没有足够时间的人的学习需求，他们可以在家里、在学校、在咖啡厅等任何地方进行学习。还有那些零基础的学习者，这一方式能够帮助他们打好基础，为之后的汉语学习做好准备。

2. 教学模式越来越丰富

在本次调查当中我们还发现，网络教学平台具有灵活多样的特点，教师和学生在教学的过程中不仅可以使用线下的方式进行学习，同时还可以体验线上的学习模式。很多学生因为长期在传统的学习模式下学习，所以对教材产生了非常强烈的抵触心理，当教师在教学过程中提出一些问题时，学生的反应速度非常慢，而且很容易走神，这都是长期使用传统教学模式时容易出现的问题。而在网络平台当中，学生可以使用的教材非常丰富，能够满足学生的学习需求，还能充分调动学生的积极性，最终提升实际的学习效果。而且通过网络的方式进行在线教学，还能够加强教师和学生之间的交流，为师生提供更加多样化的交流机会，比如学生可以通过各种平台发表自己的意见，由教师进行引导，并对学生的个人意见和思想进行一定的评价。互动的过程拉近了教师和学生之间的距离，也有可能会在这一过程中提升学生自身的学习意识。总之，有效的互动能够让汉语学习的课堂氛围得到极大的改善。在线汉语教学改变了传统教学模式，让学生的主动性得到了一定的提升。在线汉语教学模式，需要教师充分利用好网络，将网络的作用充分发挥出来。汉语教学作为一门语言类课程，在教学的时候可以与教学情景进行一定结合，比如在学习长城、故宫等代表性的词语时，可以利用互联网技术让学生对这些内容有一个深刻的体验，营造出一种身临其境的感觉，只有这样才能让学生对中国文化有一个更加深入的了解，并且在学习的过程中不断进行实践与互动，最终提升自己的汉语交际能力。

3. 有利于节省教学资源

网络教育平台的出现让汉语教学变得更加便捷，而且从教师和学生对线上汉语教学的态度这一项调查当中就可以发现，不论是教师还是学生，他们都非常肯定线上汉语教学。比如在进行微课教学的过程中，学习者可以根据自身的学习能力调整学习速度，随时选择倍速播放或者慢速播放，当自己遇到了一些困惑时还可以反复观看课程内容。在学习的过程中，学生还可以通过网络与教师积极进行实时互动，并且在这一过程中向教师提问。当学生需要找资料时，不需要到图书馆，也不需要上网，可以在相关的平台上直接进行资料的查找，这一方式充分节省了学生进一步查找资料的时间。学习者不论在什么时候遇到学习问题，都可以自己在平台上查找资料、寻求解决方法,在这个过程中,学生自身的能力也得到了提升。最重要的是,线上学习不仅成本低,而且非常高效,可以促进学生自身的全面成长。

(二)在线汉语国际教育的缺点

1.学生缺乏自律

在传统的汉语教学课堂上,教师和学生直接面对面地进行交流,教师也能够在这一过程中观察到每一位学生的学习状况,如果有学生出现学习状态不好的情况,教师就可以及时发现和提醒。但是在网络教学过程中,当学生出现学习状况不佳的情况时,教师没办法及时发现,甚至有的学生因为教师不在面前,公然开小差,这样的情况屡见不鲜。尤其是那些自律性比较差的学生,他们在学习的时候经常会分心,老师没办法及时发现和提醒,最终就会导致学生的学习效果受到影响。而且和传统的汉语教学相比,线上的汉语教学无法支持教师和学生进行及时的面对面的交流,这样一来,课堂上,教师就只能不断进行知识的输出,有时甚至会因为知识输出过多而导致学生无法有效吸收。

2.缺乏情感交流

线上教学过程中还会出现一个重要的问题,那就是情感交流严重不足。调查结果显示,大多数学生都表示线上汉语教学无法像线下教学一样实现教师与学生之间的面对面交流,在这一过程中,学生的社会团体活动会减少,同学之间的情感会逐渐淡化,学生和教师之间的交流会受到影响。因为缺乏情感层面的交流,教师无法对学生进行科学管理,学生在遇到一些问题时也会因为无法及时得到解决而被积压。但是反观线下汉语教学,学生在学习的过程中可以与教师面对面及时交流,这可以增进教师与学生相

互之间的感情。教师在教学的过程中使用一些有趣的教学方式，增加互动，不仅可以提升学生的学习兴趣，甚至还能让学生对老师产生崇拜感。教师在与学生交流，并且帮助学生解决问题的时候，都会感染学生。线上汉语教学则与线下汉语教学形成了强烈的反差，在进行线上汉语学习的过程中，教师和学生面对的都是没有情感的机器设备，学生要从这一个没有感情的设备当中体会教师的情感是非常困难的。

3. 不利于开展合作学习

对于学习者来说，长期通过线上方式进行汉语学习会产生一系列的相关问题，如果在进行汉语教学时只借助网络的方式进行教学，人与人之间的直接接触减少，学生与教师、其他同学无法面对面交流，最直接的问题就是遇到的学习问题无法及时得到解决，更深层次的问题还包括学生无法提升自身的合作意识和团队协作能力。而且从对教师的访谈当中我们可以发现，汉语教学和其他的课程并不相同，不仅仅包括理论课程，而且还需要开展书法、剪纸等实践类型的课程，如果只是进行网络教学，教师和学生身处不同的时空，这些实践课程就没办法真实有效地开展，学生在学习的过程中无法掌握这方面的要领，最终无法达到线下教学的效果。虽然线上汉语教学的效果也不错，而且网络上拥有非常丰富的学习资源，但网络仍然是虚拟的存在，无法完全代替现实课堂。因此在之后的汉语教学当中，最好可以不断促进线上教学和线下教学的相互结合，充分利用好两者的优势，防止单纯使用线上汉语教学而导致学生逐渐脱离社会群体。

4. 网络环境不稳定

因为汉语国际教育这门课程的特殊性，它面临的教学对象可能是来自全球各个国家，这就会出现时差问题。不仅仅是教学方面，在课堂练习、综合考试过程中，也会因为时差的问题而面临一定的困难，这些都是无法避免的。虽然在实际的问卷调查当中，大多数教师和学生表示，在教学的过程中并没有网络环境方面的问题，但仍有少部分人因疫情、设备、所处地区等因素而面临无法正常线上学习的现实问题。开展国际教育课程的工作，网络和基础设施是一个非常重要的影响因素。不论是教师还是学生，只要在教学过程中有一方的网络环境出现问题，整个教学课堂都会出现卡顿、掉线的情况，不仅无法保证正常的上课秩序，甚至出现文件无法上传和登录的问题。因此，如何解决线上汉语教学过程中的网络问题，是在线汉语国际教学面临的一个重要难题。

5. 无法有效开展测试

通过线上教学的方式进行汉语学习，教师和学生处于两个不同的地方，教师没办法对学生直接进行监督，只能通过电脑画面进行知识传播，这样的教学过程在一定程度上削弱了监督效果，所以有些同学会在测试的时候抱有侥幸心理。因此开展线上测试，可以只针对那些比较自律的学生，对于不自律的学生来说，只会增长他们作弊的习惯和风气。而且在线上进行测试，题目大多都是选择题，无法让学生进行深度思考，久而久之就会让他们的思考能力下降。而长期使用线上测试的方式进行考核，会导致学生缺乏提笔实践的机会，尤其是文科专业的学生，他们的表达能力和实践能力也会因此下降。针对这一情况，在开展测试的时候也要将线上测试和线下测试结合起来。

第三节
在线汉语国际教育发展建议

本节内容主要是针对上文调查结果当中体现出来的问题，提出针对性的建议，建议主要包括四个方面的内容：对教师的建议、对在线汉语教育平台的建议、对授课实践的建议以及对网络环境的建议。在对教师的建议当中，主要可以从教学方式和队伍建设两方面展开。

一、在线汉语国际教育过程中对教师的建议

（一）教学方式

我们可以在整个教学过程中发现，教学方式并不是越多越好，而是要根据实际的教学内容选择合适的教学方式，只有这样才能让教学内容更加合理地展现出来，最终提升实际的教学成效。比如，在教学过程中，有一部分教师会使用单一的直播或者录播的方式，我们并不能因此直接判断哪一种方式更好，因为两者都有自身的优势和劣势。因此，在选择教学方式的时候，最好可以选择直播与录播相结合的方式。

虽然线下教学具有很大的优势，能够帮助教师与学生实现面对面的交流，并且教师可以及时帮助学生解决他们在学习过程中遇到的问题。伴随着科学技术的发展，开展线上汉语教学已经成了一个必然的趋势。科学技术构建的虚拟教室，可以为师生提供一个非常逼真的教学场景。同时科学

技术还为教学提供了非常丰富的实用功能，比如协同作业、共享文档等，都是网络环境下可以实现的。在课堂互动方面，线上汉语教学可以支持教师开麦与学生进行沟通，学生也可以通过发布弹幕、评论区留言等方式与教师和其他同学进行交流。相关数据显示，现如今有越来越多的教师会在教学过程中与学生开麦互动，教师也愿意在评论区回复学生。在教学过程中，大多数教师会优先选择多设备同时使用的方式进行授课。但是并不一定所有的教师都拥有良好的教学条件，因此学校及相关机构要加大在教学设备方面的投资，为教师提供一个良好的网络环境和硬件设施环境。这样便可以让教师在使用电脑教学过程中遇到问题时，及时通过其他的设备与学生进行联系，防止因为教学过程中断而影响上课进度。因为电脑一般在出现卡顿的情况时是无法很快重新连接的，所以多一台教学设备就会多一重保障。

在线上教学过程中，最常使用的一种教学策略就是抛锚式教学，即在教学过程中教师和学生通过合作的方式共同发现问题，并且进行解决。这一点也体现出线上教学独有的交互性特征。因此，我们有必要对线上汉语教学有一个客观的认识。线上汉语教学并不是单纯的教和学，而是要在教学过程中侧重于使用讨论的方法。简单来说，就是从一个学习问题出发，由教师进行引导，教师和学生共同讨论，最终帮助学生学会新知识。在汉语教学的过程中，无论是线上教学还是线下教学，都需要尽可能为学生营造一个活跃的课堂氛围。而在这个过程中，教师使用最多的方法就是游戏教学法。在线下教学过程中，教师能够直接接触到学生，所以对于课堂的把控程度更高。在选择游戏时，可以选择的游戏种类也比较多，比如成语接龙、谁是卧底等，而且这些游戏容易操作，也不需要什么开销。但是线上课堂则有所不同，因为会受到时空的限制，再加上技术条件本身的制约，课堂中很多游戏的开展非常不方便，因此教师只能选择一些基础性的活动来提升课堂教学的趣味性，比如下棋、填字小游戏等。

（二）教师队伍建设

线上汉语教师具有多种不同的身份，他们不仅要进行汉语的传播，同时还需要进行文化的建设。尤其是在对国外学生进行汉语教学的过程中，教师直接代表着我们的国家。所以在线上汉语教学过程中，拥有高质量的教师团队是非常重要的。但就实际情况而言，目前我国线上汉语教师的职业素养参差不齐。所以应当加强教师队伍的建设，组建一支专业的、高质量的教师团队，从而促进汉语国际教育的发展。

在具体实施的过程中，首先，可以对线上教学教师进行一定的培训，保证他们的专业能力。除了进行岗前培训之外，还应当定期对教师进行在职培训。在职培训不仅可以帮助教师相互交流，解决他们在教学过程中遇到的各种问题，而且还能够帮助教师掌握所教授知识和教学工具的更新动态。时代在不断发展，知识在不断更新，相关的教学技术也在不断进步，所以不定期的培训可以帮助教师不断充实自己。其次，学校还需要建立完善的教学考核标准，防止教师在教学的过程中出现消极情绪，最终影响教学效果。对于教师来说，他们不仅需要考虑如何进行教学，还需要考虑学习者对教师的要求。比如在前文的问卷调查当中，很多学生希望教师在上课之前可以准备好教学工具，并且对教学课堂有一个明确的要求。教师在上课前还要准备好相关的课件，做到口齿清晰等。在课堂上，教师应当与学生进行良好的互动，保证整个课堂有良好的学习氛围。教师还要及时对学生进行抽查，对学生的学习情况有一个充分的了解。

除了课堂上，教师在课程结束之后还需要对学生进行监督，保证学生可以按时进行复习。另外还要检查学生的课后作业，让学生按时打卡，保证每一位学生都能够跟得上进度。为了能够保证教学质量，学校和相关的教育机构还需要对教师的教学进行考核和质量监管，如果发现教师存在消极教学的情况，或者教学不达标，可以对其进行一定的惩罚，情节严重的还可以直接开除，以保证实际的教学质量。考核内容主要包括师德考核、教学技能考核、成绩考核等方面。

为了能够充实线上汉语教学的教师队伍，学校和相关的机构还需要不断进行人才招聘，保证可以有稳定的教师输入。各大高校也要加强人才培养，为汉语国际教育提供大量优秀的人才，最终提升线上汉语教育的教师队伍质量。

二、积极进行在线教育平台的完善

为了能够保证线上汉语教学质量，拥有完善的在线教学平台也是一个重要的因素。而完整的在线教学平台包括四个部分，分别是在线教学支持系统、在线教学管理系统、在线教学工具、在线教学资源管理系统。在在线汉语教学过程中，每一个环节的内容都需要进行准确的定位和对接，保证不同环节之间可以形成配合，最终构成一个完整的产业链，也只有这样才能不断提升教学质量，并且同时保证平台的运营效率。

目前，我国线上汉语教学平台的功能已经越来越完善，甚至可以满足很多人的学习需求。教师在教学过程中遇到的一些问题，也可以通过相关的平台得到解决。但是在调查的过程中发现，仍然有一部分学生认为当前的教学资源比较匮乏，所以学校为了尽可能满足学生的学习需求，需要在现有平台的基础上不断完善，拓展教学资源，将更加个性化的学习内容传递给学生，让学生可以在课上、课后进行资料查找和学习。线上汉语教学平台的不断完善和发展，可以推进教师的教学工作开展。在线上教学过程中，教师也会使用一些特殊的教学工具来吸引学生，还可以通过使用教学工具与学生进行互动。但是伴随着线上教育平台的不断发展，这种方式所取得的效果正在逐渐降低，而且越来越缺乏新意。所以在进行教学平台创新发展的过程中，还可以参考教师与学生的建议，从教师和学生的角度进行开发，促进平台功能的不断完善。

三、合理安排教学时间

线上汉语教学和传统的教学课堂并不相同，就实际的教学情况而言，教师在线上教学的过程中需要面对来自不同国家和地区的学生，课堂更加复杂，教学难度更高。在前文的调查中可以发现，大多数学生每天的学习时间在 2 小时到 6 小时之间，如果学生每天的学习时间太短，不利于他们养成良好的学习习惯；如果每天的学习时间太长，又很容易让他们产生厌烦的心理，不利于提升学生的学习兴趣。所以教师在安排教学时间时，也要参考这一时长。针对不同年龄和不同级别的学生，在进行教学安排时也要有所区分，因为不同年龄的学习者自律能力不同，比如未成年人，在学习过程中很难始终保持精神的高度集中，所以在对这些学生教学时，就要安排几个不同时间段的课时。一般 7 岁到 10 岁的儿童可以保持注意力的时间是 20 分钟，但是 10 岁到 12 岁的儿童则可以保持注意力的时间是 25 分钟左右，那些 12 岁到 17 岁的学习者可以保持注意力的时间为 30 分钟到 40 分钟。所以从这些数据来看，每一节课的时长都不应当长于 45 分钟。为了能够充分保证学生在学习的时候尽可能集中自己的注意力，教师在教学的时候还需要积极与学生进行互动。

四、进行网络环境建设

在开展线上汉语教学的过程中，互联网技术发挥了至关重要的作用，一个稳定的网络环境是线上汉语教学稳定开展的重要保障。而且从实际的教学情况来看，一旦网络出现故障，教学进度就会受到影响，最终导致学习者无法获得良好的体验感。因此，学校应当加强网络技术管理，为开展线上汉语教学提供一个稳定的保障。虽然在调查当中，大多数教师表示自己在授课的时候并不会受到网络波动的影响，但是仍然有少部分教师会在这一过程中遇到问题。因此，学校和相关的机构要针对具体的问题找到解决办法。比如在教师上课时为教师安排网络信号比较好的教学区域，学校或相关机构加大在网络设备方面的资金支持等，为教学活动的正常开展提供一个稳定有效的网络保障。

学校和相关教育机构也要招聘一些专业的计算机工作人员，定期对网络和教学设备进行检查，在发现问题的时候及时进行维修和保护。要加强技术人员和检修人员之间的相互配合，保证在发现问题之后，技术人员可以及时给出解决方案，并且及时进行维修，最终不影响课堂的教学进度。在对汉语教师进行培训的时候，也需要让他们掌握一定的基本网络维护方法，从而保证他们可以在教学过程中遇到问题时做到随机应变。而且从实际的教学情况可知，当班级人数比较少的时候，网络教学环境一般都比较好。所以，可以将学习者划分为多个班级，以保证学生在学习的时候拥有较好的网络环境。在教学过程中，师生互动是一个必要的部分，但同时也是最容易导致网络卡顿的部分，所以教师要在教学的时候做到心里有数，做到未雨绸缪，当网络出现问题的时候以最高效的方式进行解决，从而减少网络对教学的影响。

五、促进线上汉语国际教育的宏观策略与实施建议

我国的线上汉语国际教育一直处于一个发展的过程。在这一过程中，线上汉语国际教育暴露出了很多问题，这些问题值得我们进行深入思考。只有不断发现问题，并且不断解决问题，才能让线上汉语国际教育的发展之路越走越好。

（一）宏观策略

1. 拓展资金来源渠道

要推动线上汉语国际教育的发展，离不开资金和精力的共同投入。近几年来，国家以及相关的教育机构对线上汉语国际教育的重视程度越来越高，也投入了很多的资金支持，但是和电子商务方面的投入相比，这些投入仍然非常欠缺。整体来看主要存在两方面不足：一方面是整体投入不足，另一方面则是在办学单位中存在重复投入，导致一些投入浪费，这样一来，就有很多资金无法用在最关键的地方，无法发挥应有的作用和效益。所以要想解决资金问题，就需要开展多方面的合作，大力支持校企合作、中外合作等，在此基础上，还要制定合理的收费标准，促进收费教育和免费教育的相互激励和相互促进。

2. 培养复合型教学人才

虽然我国的对外汉语教学机构具有相对丰富的教学经验，但是大部分汉语国际教育的工作人员对于线上教学的特点却存在认识不足的情况，尤其是他们对于那些远程控制的相关技术缺乏了解。在线上教学的过程中，教师如果遇到教学困难，很难快速有效地解决，这样一来必然影响到教学的效果。另外，如果教师不具备对外汉语教学的各种能力，必然会在教学

过程中遇到各种困难和问题，进而影响教学工作的顺利开展。在目前线上汉语国际教育的过程中，就存在着授课教师和设备控制人员同时在线的情况，造成了严重的人力资源浪费。

基于以上这一问题，如何利用现有的资源对师资力量进行培养就成了一个重要的问题。要搞好远程汉语教育，需要培养出一大批汉语教育的专业人才，培养那些既懂得汉语教育又掌握网络技术，并且能够在教学过程中合理运用教学资源和教学手段的人才，只有这样才能在教学的过程中充分发挥线上汉语教师的作用。

3. 合理分配教学资源

线上汉语教学有一个重要的问题，学生都是分散在世界各地的，所以对学生进行管理并不容易，这就需要对教学过程中的组织管理问题进行进一步的探讨。比如在日常的教学过程中如何进行管理、如何进行教学课件的传送、如何进行教学评估和反馈等，这些问题都需要进行考虑。只有线上汉语教学的教师不断进行探索，并且加强相关部门之间、部门与教师之间探讨和交流，才能够逐步解决这些问题。如果在教学过程中，分工协作的问题无法得到有效解决，必然会造成人力、物力的浪费。所以，需要不断探索，在招生宣传、课程设置、课件标准、教师培训等多个方面建立科学完善的管理机制。

就目前情况而言，互联网技术正在不断发展，汉语国际教育事业也在不断壮大，有越来越多的人加入到了线上汉语国际教育的行列，这就容易出现盲目建设、平台分布不平衡的问题，因此需要管理部门进行科学的统筹和规划。

4. 解决线上教学软件兼容性问题

互联网是以英语为基础语言的，所以在进行汉语教学过程中就存在一

个进行中英文转换的问题，但是就目前情况而言，进行中英文转换的代码并不统一，在转换过程中，如果存在距离过远的情况，就很容易出现代码混乱。在很多时候汉语国际教学的对象都是国外的学习者，他们在学习的时候也需要使用自己的母语，所以要解决代码转换的问题，防止代码混乱。如果解决不了这些问题，就无法吸引更多的学习者进行学习，最终影响汉语学习者学习的积极性。因此，应当集中人力、物力，开发出与其他外语相互兼容的代码转换系统，提供给国外的学习者。总之，当前线上汉语国际教育存在很多传输的问题，这些问题需要逐一解决，只有这样，以后的线上汉语教学才能取得更好的效果。

（二）具体实施建议

1. 制作具有拓展性的新媒体课件

在线上进行汉语教育，必然需要使用多媒体课件。而在使用课件进行教学时，如果教师将教学的内容全部罗列在课件当中，课堂上照本宣科地朗读课件内容，这样一来，教师就不是课堂的讲解者以及知识内容的传播者了，也失去了进行多媒体教学的意义。教师通过网络进行授课时，不能跟着课件的节奏走，而是要主动掌握课件，对课件的内容进行灵活设计，做到即使没有课件的存在，仍然可以进行教学。新媒体课件的一个最大特点就是形象性，但是这始终都只是一种辅助性的手段，并不能完全代替老师的存在。因此教师在教学的时候需要对课件进行合理的设计，做到适当留白，给学生保留一定的想象空间，让学生能够在学习的过程中不断拓展。这样一来，不仅能够帮助学生掌握课堂的知识，还能够使学生受到启发，进行进一步的思考。线上汉语教学的一个重要特点就是灵活性强，所以教师在教学的过程中可以结合教学特点对教学内容进行及时调整，充分发挥学生的主体性作用。比如在讲到中国的旅游胜地时，教师可以准备一些图片和视频,让学生对我国的名胜古迹和景点相关历史故事有一个充分的了解,这样就可以让学生在学习的时候更加积极。同时,教师还要与学生积极进行互动,通过调动学生的兴趣来拉近彼此之间的距离,最终发挥课件的作用,提升课件授课的效果。

2. 开展互动性教学

为了能够保证线上教学取得较好的教学质量,有必要在教学过程中提升学习者的积极性和主动性。通过教师与学生之间的互动,充分调动学生的注意力,最终引导学生对问题进行深度思考,提升教学效果。比如在线上教学的过程中,教师可以主动对学生进行提问,也可以通过创建情境的方式加强师生之间的互动。在教学过程中,通过教师提问、学生回答的方式,学生能够加深对一些知识的理解,课堂教学氛围也会变得更加融洽,最终提升教学质量。另外,教师还可以与学生互换角色,学生进行提问,教师进行回答,让学生在线上教学体系当中也可以拥有主体地位,进而从被动学习转变为主动思考。通过提升线上教学课堂的互动性,学习者逐渐养成一个发现问题—分析问题—解决问题—发现新问题的好习惯和思维能力。在线上汉语国际教育的过程中,创设情境也是常用的方式,设定好情境,然后让学生练习这一情境下的口语句型,从而提升学习效果。创设情境的教学方式还能够促进学生之间的互动。

比如在《汉语口语速成》基础篇第七章的"旅行计划"教学过程中,要积极进行师生互动和生生互动,并且增加一些必要的影像——影像也能促进师生之间的互动。通过设置的情境进行对话练习,充分激发学生的想象力,进而与同学进行讨论,充分提升学生自身的口语能力。

3. 借助一些可操作的模式开展教学

在线上汉语国际教育课程结束之后,教师还需要给学生布置作业,帮助学生将所学知识进行系统化的归纳整理，从而巩固知识点。比如可以布置文字作业、录像作业、录音作业等，让学生通过多种不同的方式完成练习和测试。教师也可以开设个人微博或者个人网站，针对学习者存在的问题及时给予反馈和回复，教师对学生的学习情况也能有更进一步的了解。并且在每次上课之后进行重点内容的考核，以此检验学生的学习效果。

第三章

"互联网 +" 背景下
汉语国际教育线上
线下相结合教学

第一节
线上线下相结合教学的优越性

伴随着互联网技术的普及，网络与教育的融合已经成了教育行业发展的一个趋势。但是单一的线上教学和单一的线下教学都存在一定的问题，在教学过程中无法很好地发挥应有的教学效果。因此，可以将线上教学方式和线下教学方式进行一定的融合，将两者的优势进行互补，最终提升教学效果。在汉语国际教育中也要实现线上教学和线下教学的相互融合，弥补彼此存在的不足，尽可能在汉语教学和文化传播的过程中取得更加理想的效果。

一、与传统线下教学相比的优越性

传统的线下教学模式是应用非常广泛，而且应用时间最长的一种教学模式。现如今，这一教学模式仍然是教学模式当中一个不可或缺的部分。但是互联网的出现让教学模式得到了进一步的丰富，互联网凭借其本身的技术优势让汉语行业得到了进一步的发展。通过对比可以发现，和传统的单一线下教学模式相比，线上线下相结合的教学模式具有以下几方面的优越性。

（一）迅速进行资源整合

现如今，全世界进行汉语学习的人数越来越多，如果仅仅通过线下的方式进行教学，会很快暴露出教学资源有限、优质资源无法共享等多方面的问题。但是线上线下相结合的混合教学模式却能够对网络上的多样化资源进行有效结合，并且满足大量汉语学习者的需求。通过网络平台，可以对不同的教学资源进行一定的对比，从而找出那些质量相对较低的教学资源，并且对它们进行一定的优化整合，逐渐解决教学资源不足和教学资源有限的问题。在传统单一的线下教学模式当中，教学资源主要是以纸质的形式存在，这一形式的教学资源在传播速度上也存在明显的缺陷。在线教学资源则不同，同一种资料可以满足很多人同时进行观看的需求，学习资源的形式越来越多样化。教学资源从原来的纸质文本转变为电子文本，甚至可以通过视频、音频等多样化的形式呈现出来。我们从传统的教学课堂当中可以发现，因为受到时间、空间等因素的制约，很多地区的学习者根本没有很好的机会接触到这些学习资源，地区之间的差异异常明显，偏远地区的学生根本无法享受到更多更丰富的教育资源。但是线上线下相结合的方式不仅能够对这些教学内容进行一定的整合，还能够通过线上的方式传播到全球有网络覆盖的地方，突破了传统教学模式中存在的时空限制，有利于更好地实现区域间的教育公平。参与汉语国际教育的学习者，因为他们的年龄、背景、需求都各不相同，这种线上线下相结合的方式正好也可以满足学习者的多样化需求。

而且线上线下相结合的模式中，课程的质量也能够得到很好的保障。大多数线上课程都是由具有丰富经验的优秀教师录制，他们在录制完成之后再通过专业的软件添加字幕和特效，最终上传到网络。当然，在上传这些教学视频之前，还需要相应的领导进行审核，在审核通过之后才能上传，这也在一定程度上保证了线上教学资源的质量。在教学资源研发的过程中，如果能够实现优质资源的共享，则可以极大地提升资源利用率。在整个教学过程中，无论是教师的教学还是学生的学习，教学资源都是一个至关重要的部分。充足的、高质量的教学资源，可以为教师提供更好的教学思路，从而在教学时取得更好的教学效果。传统的线下教学因为受到地域的限制，教师和学生无法进行高效的交流与沟通，同学之间也没办法进行沟通，课程资源也无法共享。但是网络有开放性和共享性的特征，通过线上教学和线下教学相结合的方式，师生、生生间沟通会更高效，课程资源得到更好的利用。

通过对以上内容进行总结可以发现，线上线下相结合的教学模式在教学资源整合和传播方面具有更大的优势，尤其是和传统的传播模式相比，在进行教学时非常便利。

（二）教学方式更加优质

在使用传统的教学方式进行教学时，一般需要按照年龄、知识水平和学习目标等因素将学生划分为不同的班级，根据不同班级的实际情况传授不同的学习内容，在这一过程中，线下教学方式主要是以传统的课堂教学方式为主。通过线上教学和线下教学相结合的模式进行教学，打破了传统教学对时间和空间的限制。学生如果选择线上的方式进行学习，就可以根据自己的实际情况选择学习时间和地点，非常灵活，可以节省大量的时间，让学习者可以利用这些时间进行更多内容的学习。通过传统的方式进行教学，主要是以教师讲授内容为主，方式比较单一，学生总是被动地接受知识，无法主动进行思考，进而也无法得到根本性的提升。但是通过线上线下相结合的方式进行教学，则可以让学习者的身份发生一定的变化，一般来说，学习者的主动性会得到进一步的提升。当学习者成为主导者的时候，他们就会更加积极主动地参与到学习当中，遇到难题也会主动思考和探索。这样的教学方式符合当今汉语国际教育的要求，能够充分展现出主动性教学和创造性教学的原则。

（三）学习更高效

线上线下相结合的教学模式是以学生为中心的，使用这种方式进行汉语国际教育，需要学生从自身的情况出发为自己制定学习目标，并且主动投入到学习当中。这样的教学方式可以让学习者有计划地完成自己的学习目标，在学习的过程中逐渐获得满足感，还会产生成就感，从而更进一步地进行学习。学习者通过线上的方式进行自主学习，可以根据实际情况自由地选择时间和地点，并且根据自己的学习进度随时调整学习内容。如果在学习的过程中遇到了困难和问题，也可以反复观看相应的内容，寻求解决方案。通过灵活地学习，学习者可以避免内容的机械化重复。而且因为有了相关技术的支持，整个学习变得更加高效。最重要的是，线上线下相结合的方式还可以让学习者进行深度学习。我们的生活和工作当中充满了碎片化的信息和内容，学习所得通常是浅层次的，然而通过线上自主学习的方式就不会因为时间的限制而被迫中断学习，就可以持续进行内容的深度学习。

二、与单一的线上教学相比的优越性

慕课和微课是目前线上教学中使用最为广泛的两个线上课堂，并且已经在很多高校当中被广泛使用。但是如果在教学的过程中只有线上教学课堂，没有线下的教学课堂作为支撑，那么学生的学习效率就无法得到有效的保证，传统的教学模式的一些优势是线上教学当中没有的。所以如果能在教学的过程中将线上教学和线下教学进行一定的融合和优势互补，整个教学过程将变得更加完善，教学体系也变得更加完整。通过比较可以发现，线上线下相结合的教学方式优于单一的线上教学模式，主要体现在以下几个方面。

（一）对学习者的行为进行密切关注

单一的线上教学能够给学习者提供丰富的教学资源，并且让学生的学习更加方便，但是通过这种方式进行教学也存在一定的问题，那便是无法对学习者的行为习惯进行有效监测。如果学生可以拥有一个良好的学习习惯，不仅能够让学生在学习的时候取得事半功倍的效果，而且能够帮助学生实现更加长远的发展。单一的线上教学方式无法让教师对学生进行监管，一些学生在使用线上的方式学习时容易开小差、不认真学习，这就违背了教学的初心。早在两千多年前，孔子就已经提出了因材施教的教学理念，但是即使在当今社会仍然没有完全实现这一目标。要想实现这一目标，就需要在教学的过程中对学生有充分的了解。如果长时间使用线上教学的方式，教师就没办法对每一位学生的实际行为习惯进行了解，教学安排也会有些盲目。但是如果能够在教学的过程中使用线上线下相结合的教学模式，那么教师不仅可以通过线下教学的方式对学生进行观察分析，还能够通过线上教学的方式利用大数据技术对学生的学习习惯进行一定的分析，线上和线下的相互结合，让老师对学生的行为习惯有一个全面的了解。当教师对学生的学习习惯、学习需求和面临的困难有了一定的了解之后，教师就可以更快地进行教学内容的调整和优化。针对那些在线下教学过程中表现比较差的学生，教师可以与他们进行面对面的交流和指导，引导他们培养正确的行为习惯，从而更好地投入之后的学习中。如果在教学的过程中使用单一的线上教学，还有可能出现学习者上课率较低、网课代刷的情况。之所以通过线上线下相结合的方式进行教学，就是为了对学生的学习情况进行有效的监督，从而保证教学质量稳定提升。

（二）更加了解学生的潜力

在开展汉语国际教育的过程中，学习者是来自全球各地的，每一位学生的文化背景、学习能力和出发点都是不同的，如果在教学的时候对这些学生一概而论，那么对于某些有潜力的学习者来说，他们就无法有效挖掘和提升自身的能力。因此，应当在开展汉语国际教育的过程中对不同学生的特点进行一定的了解，从而在教学的过程中充分激发学生的潜力，不断提升教学效果。比如学生的年龄不同，他们的学习能力、记忆能力就会具有很大的差异。之所以要在开展汉语教学的过程中使用线上线下相结合的方式，其目的就是能够加深对学生的了解，并且能够从学生的资质出发，充分挖掘他们学习的潜力，帮助他们取得更好的学习效果。比如针对记忆能力强的同学，教师帮助他们充分发挥自身的优势，找到最适合他们的学习方法；而对于那些模仿能力强的学生，则应该发挥他们模仿能力强的优势，做到扬长避短。

在学习的过程中，学生的智力、学习方式、认知能力等都会对学生的外语学习造成非常直接的影响。在这些因素当中，虽然智力因素并不是决定性因素，但是也不可或缺，因此教师应当对那些智力有问题的学生进行一定的引导，并且鼓励他们学习，增强他们的信心。不同的学习者对于某一事物会有不同的认知，在认知不同的基础上，学生的判断和选择的学习方式就会出现差异。但是如果在教学的过程中只是使用单一的线上教学，那么学生之间存在的个体差异就无法被教师及时发现，也就没办法在之后的教学过程中有针对性地安排教学内容。线上线下相结合的教学方式，能够突出学习者的主体地位，还能够让教师根据学生的实际学习情况，去制定不同的教学制度和组织形式，帮助每一位学生挖掘自身的潜力，为学生带来更好的学习体验。

（三）满足学生的个性化学习需求

如果在教学的过程中只是让学生被动地学习，那么学生的学习效果会非常差。尤其是在汉语国际教育的过程中，学习者是来自全球各个国家和地区的人，他们有着不同的年龄和职业、不同的文化背景，这些不同的因素都直接导致学生的学习需求的差异性。在开展线上线下相结合的教学模式时，如果能够对不同学习者的学习需求进行了解，从学生的不同需求出发安排教学，那么就可以帮助不同的学生完成自己的学习计划。

因为成长环境和文化背景的差异，不同的学生在学习的过程中也会有不同的动机，所以教师在布置教学任务的时候也要从学生的动机出发。但是如果在教学的过程中只是选择单一的线上教学模式，那么教师是无法及时了解学生学习动机的，这样一来，学生的学习兴趣就会削弱。如果教学内容与学生的动机不相符，那么学生就没有足够的动力来支撑他们进行持久的学习。比如那些因为工作需要而进行汉语学习的人，如果在教学的过程中传授的内容都是和他们工作无关的，这势必会影响他们学习的动力。因此，线上线下相结合的方式，正是为了能够在教学的过程中根据学习者的需求进行课堂活动的设计，从学生的兴趣点出发进行教学内容的选择，最终满足不同学习者的学习需求。

（四）增强不同主体之间的情感体验

和单一的线上教学方式相比，通过线上线下相结合的方式进行教学，更能在这一过程中促进师生和生生之间的互动，进而增进教师与学生以及学生之间的情感。首先，在线下的教学当中，教师、学生相互之间都可以进行面对面的交流，在遇到了问题之后还能够及时进行反馈，所以线下的教学模式能够弥补线上教学过程中师生情感缺失的问题。在教师和学生互动的过程中，如果教师能够对学生进行鼓励和肯定，学生便会在之后的学习过程中更加充满信心。但是这些效果都是单一的线上教学无法实现的。如果在教学过程中，学生遇到的学习问题无法及时解决，那么学生的学习兴趣就会受到影响。在汉语国际教育的过程中，因为教师和学生来自不同的国家，所以建立健康良好的师生关系就显得更加重要。如果教师和学生之间拥有良好的情感关系，那么在教学的过程中，学生的学习就会事半功倍。其次，线上线下相结合的方式还为不同的学生提供了交流的机会和平台。语言的学习需要通过不断的训练和交际才能进行量化。但是单一的线上教学无异于闭门造车，学生即使学习了一些内容也无法实践验证，学习效果就会大打折扣。线上线下相结合的教学的方式为学生提供了一个良好的沟通交流环境，学生发现问题就能及时解决，这对于学生的长期发展来说是非常有利的。

（五）方便教师及时指导

单一的线上教学如果没有线下教学课堂的支持，就会出现班级松散、难以管理的情况。学生也会因为得不到教师的帮助和指导而逐渐降低自己对这一门课程的兴趣，甚至最终会放弃这一门课程。如果能在教学的过程中选择线上线下相结合的教学方式，不仅可以通过线上教学的方式满足学生多样化的学习需求，还能够通过线下的方式及时发现学生在学习过程中遇到的问题，从而及时对学生进行引导，帮助学生解决他们的问题，帮助学生提升学习效果。尤其是进行语言学习，如果学生在学习发音的过程中没有教师进行监督和指导，学生出现的错误就会逐渐形成一种习惯，久而久之就更难进行改正。

对于不同的学习者来说，他们遇到学习难题的时候，选择的解决方法也不同。比如那些外向的学生会积极主动地找同学进行帮忙，或者找老师寻求帮助；但是内向的人不善于社交，也不会主动向教师和同学寻求帮助，所以在这时候通常会选择自己解决。然而学生自身的知识储备有限，在自己寻求解决办法的时候，往往会因为自身的局限性而得出错误的答案却不自知。所以，如果这时候有教师能够对他们进行指导，不仅可以帮助学生节省时间，还能够保证学习的准确度。

第二节
线上线下相结合的教学方式之实现途径

与单一的线上教育模式和单一的线下教育模式相比，线上线下相结合的混合教学模式更加适合汉语国际教育。这种教学模式突出线上教学的特征，可以对目前教学资源进行一定的整合，能满足学生多样化的学习需求，保证实际的教学效果。在进行课程设置时，线上教学和线下教学教授的内容也应该有所不同。线上教学的内容应当以基础内容为主，基础内容是每个学生都需要学习的必需内容，在进行这一方面的内容设置时要尽可能保证内容的广度。线下教学的内容设置则要从每一位学生的需求出发，根据学生不同的特点安排适合的教学内容，这一部分内容则是要保证学习的深度。

一、进行线上教学设计

在进行线上教学设计时，首先需要选择合适的教学内容和教学形式，教学过程中的每一个环节都是至关重要的，都会对课程的最终效果带来一定的影响。因为线上教学的方式缺乏足够的沟通交流，无法对学生进行科学的管理，所以在教学的时候要特别注意这个问题，尽可能将师生互动这一环节的力度加大，通过教师和学生的互动来调整学生的学习状态。当然还要在这一基础上设立全面的评价机制，从而保证线上教学的实际效果。

（一）教学设计

是否拥有一个优质的教学设计将会对课程的最终效果产生非常关键的影响，所以在进行教学设计的时候应当充分考虑线上教学和线下教学之间的衔接问题，而不是简单地通过网络进行线上教学和简单地进行线下的课堂教学。伴随着网络技术的发展和推广，互联网已经成为我们生活当中非常普遍的事物，学生对于互联网的接受度也比较高，所以在教学的过程中开展线上线下相结合的方式是可行的。在汉语国际教育当中，学习者来自不同的国家和地区，而且每一位学生的汉语水平、学习能力和思维方式都不同，所以在进行线上教学设计的时候要尽可能考虑到学生之间的差异，只有这样才能保证设计出的内容可以满足不同学习者的需求。比如可以让学生自主选择学习课程，也可以为学生提供丰富的体验活动，让他们选择自己喜欢的活动。

在开始进行课程教学之前，学校还需要对难度较高的课程设置一定的准入标准，当学习者达到了一定的水平，或者在测试合格之后才可以进行更高难度的课程学习。通过这样的方式可以保证学生都学习到适合自己的学习内容，也避免有些学生因学习了不适合自己的内容而畏难并丧失学习兴趣的情况。在进行教学内容设计的时候，需要保证不同等级内容可以相互衔接，满足不同学生的学习需求。

（二）整合教学资源

教学资源是保证教学活动稳定开展的重要基础，主要的教学资源包括纸质版教材、学习资料、电子书、音视频资源等，当然，教师本身也是一种教学资源。互联网具有开放性和共享性，通过互联网进行教学，可以让各行各业的学习者都能够随时随地进行学习，并且学习者也可以主动分享自己的学习资源。但是网络上复杂的教学资源并不一定适合所有的学生，所以教师应当对网络上的教学资源进行一定的整合，进而根据不同学生的实际情况，进行学习资源的筛选。教师在向学生传递教学资源的过程中，可以通过钉钉、腾讯会议等多种在线平台进行教学资源的传播，让每一位学生都可以在这一过程中接收到优质的教学资源。当然，为了能够保证教学资源满足学生的学习需求，教师还可以自己录制教学视频并提供给学生。线上教学的教学资源丰富多样，学生可以自由选择，自主学习。另外，教师还应当及时向学生提供一些测试题目，让学生对自己的学习成果进行检验。

（三）线上授课模式

线上汉语教学主要是以录播的模式为主。因为在开展汉语国际教育的过程中，教学对象是来自不同国家和地区的，学生之间的观念差异比较大，通过录播的方式进行教学能够尽可能避免不同学习者的文化差异和学习时间差异，从而满足学生的多样化学习需求。而且在进行课程录制的时候，需要划分的时间更多，所以制作出的视频也更加精细，最终呈现出的教学效果也更好，学生在学习的过程中可以获得更好的学习体验。在线上教学的过程中，学生通过自主学习，完成教师发布的教学任务，个人能力也得到了极大的提升。当然，直播和录播都是线上教学的授课模式，而且都具有一定的优点和缺点，所以在教学的过程中要根据实际情况进行选择，通过直播与录播相互结合的方式，可以取得更好的教学效果。但无论使用哪种教学方式，都需要教师进行一定的引导，只有这样才能让学生在自主学习的过程中更加高效。

（四）加强师生互动

相比之下，师生互动在传统的教学课堂中会更加直观，主要是通过教师提出问题和学生分小组合作讨论的形式开展。但是线上教学的师生互动则有所不同，线上教学的互动主要是直播过程中的师生互动，以及评论区的互动。但是线上的互动效果不像线下的师生互动那样直接，所以教师很可能没办法及时回应或者深入交流。因此在开展线上教学的过程中，需要对师生互动进行一定的强化，加深教师与学生之间的交流。伴随着科学技术的发展，进行汉语教学也需要利用好网络的优势，比如通过各种平台建立线上的班级群和讨论组，保证教师与学生、学生与学生之间可以进行及时有效的交流与讨论。通过在线平台的支持，教师与学生之间的交流可以借助文字、语音、视频等多种手段。在有的平台上，还可以通过教师提问和教师进行作业点评的方式进行互动。总体来说，互联网技术的发展为师生互动提供了非常丰富的方式，可以在开展教学的过程中帮助教师及时了解学生的情况。

从一些直播的线上教学当中我们可以发现，教师在教学的过程中会经常对学生说："同意的学生扣 1，不同意的学生扣 2。"意思就是，如果学生同意教师的说法，就通过弹幕的方式发送 1；如果学生不同意教师的说法，就通过弹幕的方式发送 2。虽然这样的方式也实现了教师与学生之间的互动，但是很难让学生进行深度思考，只能让学生机械化地与教师进行互动，这样的互动从根本上来说意义不大。通过线上线下相结合的方式进行教学，教师要通过互动来调动学生的学习积极性，从而在学习的过程中进行深度思考。在师生互动和生生互动当中，平等的关系是基础，只有教师和学生关系平等，才能在交流的过程中畅所欲言，针对疑难问题进行深入的讨论和分析。所以在互动时教师要以一个组织者的身份存在，与学生建立良好的关系。

（五）建立评价机制

在教学过程中的评价机制一般是通过测试或者问卷的方式对学生进行一定的评价，从而了解学生的学习情况和学习效果。在传统的教学过程中，主要的评价方式是教师对学生的阶段性学习情况进行一定的评价，但是在这一过程中却忽略了学生对教师的评价。因此在线上教学和线下教学相结合的过程中，需要使用更加多样化的评价方式进行评价，尽可能保证评价的准确性。从教学评价的作用这一角度来进行划分，可以将评价机制分为以下三种。

第一种是诊断性评价。诊断性评价一般是在教学之前对学生进行一定的评价，从而了解学生自身的知识水平和学习准备情况，为之后的教学做好准备。在线上线下相结合的教学模式当中，教师可以通过诊断性评价提前了解学生的情况，然后根据学生的不同水平对学生进行分班，这样一来就可以在教学的过程中避免学生因为学习到不适合自己水平的内容而感到挫败，也可以保证汉语水平较高的学生的学习效率。

第二种是形成性评价。形成性评价是指在教学的过程中通过书面或者口头的方式对学生的学习情况进行一定的检测，而且通过这种检测方式还能够帮助学生了解学习重点，并且主动向教师反馈教学情况。使用线上线下相结合的教学模式，需要保证形成性评价贯穿于整个教学过程中，比如在作业完成情况、学习效果反馈等多个方面都可以使用。

第三种是总结性评价。总结性评价一般需要在一个学习阶段结束或者一门课程的教学结束之后进行。总结性评价内容包括课程完成情况、在线作业提交情况、阶段性测试等多方面的内容，通过进行总结性评价，可以对某一阶段内学生的学习情况有一个基本的了解，并且为后续的学习提供参考。

一般来说，合理的评价机制能够充分展现出学生的主体地位，并且能够根据实际的教学情况随时进行修改和调整，而教师也能更好地进行教学。所以在线上线下相结合的教学模式当中，应当加强诊断性评价、形成性评价和总结性评价的建设。

二、进行线下课堂的设计

在汉语国际教育当中进行线下课堂的设计，我们需要通过线下讨论和体验活动等多种不同的形式为学习者提供一个充足的交流机会。为了能够保证线下交流的实际效果，教师需要在线下的课堂上发挥好自己的引导作用，合理把控课堂进度，充分利用线上线下相结合教学模式当中的优势，利用充足的教学资源开展个性化教学。

（一）加强师资建设

在进行线下课堂建设的过程中，需要加强师资力量的建设，因为师资力量是线下教学过程中一个非常关键的因素。作为整个教学活动的主导者，教师自身的知识水平和道德素养不仅会直接影响到学生的学习效果，同时还会关系到学生未来的发展。线上线下相结合的教学模式是一种新兴的教学模式，它能够充分将线上教学和线下教学两者的优势结合在一起，进而提升教学效果。但是因为这一种模式目前还没有得到广泛的应用，没有有效的案例作为参考，所以在实施的过程中还具有一定的难度。用这种新型的模式进行教学，对于教师来说也有一定的难度，因为教师不仅要进行线下活动的设计，同时还需要兼顾线上教学和线上交流。因此，在线上线下相结合的教学过程中，要加强师资力量建设，只有这样才能保证线下活动稳定有序的开展。

这种新的教学模式对教师的要求非常高，需要教师在知识储备、组织管理能力和现代教育等多个方面有较高的能力。在线下教学的过程中，教师要充分发挥面对面教学过程中自身的优势，弥补线上自助教学过程中存在的问题。首先，教师要对线下教学资源进行一定的筛查，选择适合线下教学模式的教学内容，并且进行一定的修改和补充，保证教学资源可以满足当前的教学需求。与此同时，在线上线下相结合的教学过程中，学生通过自主学习可能了解到了更加广泛的内容，那么学生对教师提出的问题可能就更加具有挑战性，如果教师自身的能力不足，就没办法帮助学生解决问题。其次，教师最好能够在线下积极开展一些活动，合理安排活动时间，保证学生能够充分参与其中。通过线下活动，对学生的思维进行一定的启发，帮助学生培养立体化的思维模式。在开展线下教学和线下活动的时候，教师要维护好课堂纪律和活动秩序，对于学生那些扰乱课堂秩序的行为要及时制止，在必要的情况下可以采取一定的强制措施。再次，在线下的课堂当中，教师和学生之间要相互信任，只有这样才能形成良好的师生关系，进而让整个教学课堂变得更加和谐。最后，需要教师注意的就是，在线下教学的过程中仍然不能忽略了互联网技术的使用，借助互联网技术进行线下教学，能够使线下教学取得更好的效果。随着现代互联网技术在教育行业当中的不断应用，教师自身也需要做到与时俱进，积极进行网络技术的学习，熟练地掌握各种互联网教学平台的操作步骤，并且应用到实际的教学过程中，利用互联网技术的优势促进教学效果的提升。

通过对以上内容进行总结可以发现，师资力量在线下课堂中是一个非常重要的因素，尤其是在线上线下相结合的教学模式当中，教师更应当发挥自己的作用，不断提升自身的能力，在线下课堂中才能取得更好的教学效果。因此，相应的学校应当通过职前培训、入职培训、在职培训等对教师的知识储备和管理能力进行强化训练，教师自身也需要不断反思和总结，保证自身能力可以不断提升，最终更加高效地完成相应的教学工作。

（二）实现线上资源和线下资源的结合

教学资源具有多样性、动态性等特征，通过将线上教学资源和线下教学资源进行一定的整合，可以在教学的过程中提升资源的使用效率。一般来说，可以将教学资源分为显性教学资源和隐性教学资源两个主要的类型。最常见的教学资源就是教材、多媒体设备等，这些肉眼看得见的都是显性的教学资源。除了这些，还有很多资源是我们肉眼看不见的，比如教师的教学经验、班级学习氛围等。线上教学资源和线下教学资源的相互结合，首先体现在现有教学资料进行结合，在教学的过程中，教师要从自身教学经验出发，并且结合实际的教学情况，选择贴近生活的相关素材，最终为学习者提供优质的学习资源。其实每一位学生个人的经历，也是线下教学中可参考的资源。在线下的课堂中，教师为了尽可能满足学生的学习需求，需要对每一位学生的学习特点进行了解，并且按照不同的兴趣对学生进行分组，组织小组学生积极讨论，让学生有更多的收获。

（三）创新教学方法

在线上线下相结合的教学模式中，教学方法发生了极大的改变，主要体现在知识获取方式、打破时空限制和测试方式三个方面。第一个方面是获取知识的方式。在传统的线下教学课堂中，学生获取知识主要是通过教师的教学。但是在线上线下相结合的教学模式中，则鼓励学生主动进行知识的探索，教师也从传统教学模式当中的主导者转为引导者，在整个教学过程中，教师不仅要引导学生自己发现问题，还要引导学生进行自主学习，让学生不断提升学习的积极性和创造性。第二个方面是突破了时间和空间的限制。在传统的教学课堂上，教师和学生要在班级中共同完成教学活动，但是在线上线下的教学模式当中，教师和学生不一定处在同一时空中，教师传授的内容也不一定会在第一时间就被学生接收。学生可以自由地安排学习时间和学习内容，并且根据自身的情况合理安排学习计划，线上学习时可以随时调整学习进度，甚至可以改变视频的播放速度。线上线下教学的模式已经打破了传统的时空限制，给更多的学习者提供了丰富的资源，充分调动学生的积极性。第三个方面是测试方式。在传统的教学过程中，教师主要是通过发放纸质试卷的方式进行测试，学生在完成试卷之后再由教师进行阅卷。在线上线下相结合的教学模式中，学生可以直接通过线上的方式进行测试，这可以在一定程度上减轻教师的工作量。

（四）丰富教学组织形式

使用线上线下相结合的教学模式进行教学时，教学组织形式也会因为教学方式的变化而发生相应的改变。在传统的教学模式中，集体授课是一种非常常见的教学组织形式，教师和学生会在同一个教室当中共同完成学习任务。然而在线上线下相结合的教学的模式中，可以借助钉钉、腾讯会议等平台进行教学，教师可以通过这些线上的平台直接发布教学资料和教学任务，并且在平台上帮助学生解决疑问。在线上直播教学的过程中，教师和学生可以随时进行交流，增强学生的集体归属感，弥补单一网络教学中存在的学生纪律松散的情况。学习者拥有线上自主学习的基础后，教师在构建线下课堂的过程中，可以通过设定相应的问题来组织教学活动，并且从问题出发设定问题情境，引导学生进行思考。通过设定相应的问题和情境，教师与学生进行合作，对问题进行讨论，这种方式可以更好地激发学生的学习兴趣，给学生带来更好的学习体验感。

（五）个性化设计的体现

因为环境和其他因素之间的差异，不同的学习者在成长的过程中，会在身心发展等多方面存在一定的差异，所以教师在教学过程中需要做到因材施教。线上线下相结合的教学模式打破了传统教学当中的集体化教学模式，让教学设计变得更加个性化，具体体现在学习者可以自主选择、分组教学、体验式教学和学习情况自评等几个方面。第一方面，在线上线下相结合的教学模式中，学习者不像线下教学课堂上一样只能被动学习，而是可以自由地选择课程内容，从自身的兴趣出发进行学习内容的选择，进而充分发挥自身的主动性。当然，如果有学习者选择了相同内容，那么他们在学习的时候也可以相互进行交流，共同讨论。这样灵活的教学形式尽可能满足学习者在学习内容、学习时间等多方面的个性化需求。第二方面，在分组的时候，教师还能根据不同学习者的兴趣和学习水平对他们进行划分，之后再针对不同的学习小组设计不同教学内容，这样能针对性地解决不同学生的问题，更有利于实现因材施教的目标。第三方面，在单一的线上教学课堂中，主要是进行理论内容的灌输，缺乏实践环节，在一定程度上制约了学习者能力的提升，也没有为学习者提供一个良好的实践平台。在进行汉语国际教育的过程中，类似于那些文化习俗和实践性的传统文化艺术，都可以通过文化体验活动的方式进行教学。学生可以亲身体验，并且进行实践，进而激发自己对中国文化的兴趣。而且通过体验式的活动，教师也可以更加深刻地感受到中华文化本身所具有的魅力。这样的体验式活动，还能够促进教师和学生之间的情感互动，能够在交流过程中提升学生的表达能力和交际能力。第四方面，在课程教学结束之后，还需要进行必要的自评，通过学生自评和教师对学生的评价，形成一个立体化的教学评价体系。但是教师对学生的评价和学生对自己的评价是具有不同作用的。学生进行自评的作用主要是让学生进行自我反思，在反思的过程中不仅能发现自己的不足，同时还能认识到自己的收获。不同的学习者拥有不同的学习习惯，所以让学生进行自我评价是非常有必要的，这样学习者对于自身的认识才会更加清晰，也能实现自我成长。

三、学习效果的提升

线上教学课程在发展的过程中遇到了很多问题，但是就目前情况而言，最突出的问题仍然是如何保证学习者的学习效果。因此在使用线上线下相结合的模式进行教学的过程中，我们仍然需要关注学习者的学习效果。

（一）跟进学习者的学习效果

在线上线下相结合的教学模式当中，教师可以在不同的阶段设置线上测试环节，如果学习者在某一阶段的学习当中没有通过测试，那么就没办法进入下一阶段的学习。这样的设置可以在一定程度上保证学习者的学习效果，而且还可以在一定程度上避免学生为了完成学习任务而敷衍的情况。另外，为了保证学习效果还可以在班级当中设立助教制度，让助教时刻对学生进行监督，保证教学进度的稳步进行。同时，助教还需要进行线上学习指导和平台维护，通过多样化的工作来保证学生可以按时完成学习任务。虽然线上线下相结合的教学模式一直强调学生是主体，并且在整个过程中充分调动学生的主体性，但是我们并不能因此忽略教师的作用，因为教师不仅要对学生进行监督，教授学生知识，同时还需要根据学生的反馈及时进行教学内容的调整。在教学过程中如果能够让助教对学生的学习情况进行跟进，那么便可以在一定程度上保证实际的教学效果。此外，还需要建立一定的奖励机制，恰当地使用奖励可以更好地激励学习者，让学习者在之后的学习过程中更加充满动力。

（二）进行阶段性测试

在线上线下相结合教学模式当中，设置阶段性的测试，其目的在于帮助学习者及时对自己学习的内容进行反思和复习。在线上线下相结合的教学模式中，学习者在完成每一阶段的学习之后都需要进行一定的测试，对这一阶段的学习内容进行及时巩固。测试也可以通过线上和线下两种方式进行，最后还能够根据测试结果进行进一步的教学安排。

第三节
线上线下相结合的教学设计

在文化传播的过程中，语言是一种特殊的载体。当然，进行语言的教学也离不开文化内容的教学，所以在汉语国际教育当中，汉语教学和中国文化的教学都是非常重要的部分。北京大学张英教授将文化分为表层文化和深层文化两种类型。在使用线上线下相结合的教学模式进行文化教学和传播的过程中，在线上教学内容要以表层文化为主，尽可能保证文化内容的广度；而线下教学内容则要以深层文化为主，在教学的过程中通过教师引导和学生体验，让学生了解文化的深层内涵。因此在教学的过程中选择线上线下相结合的教学模式是可行的，而且也是适合汉语国际教育的。

一、线上线下相结合教学的课前分析

之所以要在教学的过程中进行课前分析，就是为了能够让教师对自己的教学工作有一个尽可能明确的认识，找到工作重点，进而更好地进行教学内容的准备。课件分析的内容主要包括教学对象、教学内容、教学目标、教学重点、教师自身这几个方面。

（一）教学对象

因为在汉语国际教育当中，教学对象存在差异，没办法针对不同的群体分别进行教学设计和分析，所以本节主要针对那些汉语水平相对较高的外国留学生进行分析和设计。在线上线下相结合的教学模式当中，因为需要学生进行自主学习，对学生自身的主观能动性有着更高的要求。因为汉语水平相对高的留学生具有非常好的汉语基础，所以在教学的过程中能更好地保证教学效果。因为他们可以更好地运用汉语进行日常的交流，而且很多学生对了解中国文化的积极性非常高，他们能够更加顺利地进入到学习过程中。总之，在进行教学课程设计的时候需要充分考虑到这些留学生的实际情况，只有这样才能保证实际的教学效果。

（二）教学内容

通过线上线下相结合的方式进行汉语国际教育，还需要进行教学内容的选择和设计。因为我国具有非常悠久的历史，在这一过程中逐渐形成了非常丰富的传统文化。我国的传统节日文化就是中国传统文化当中的一个重要组成部分，而且每一个传统节日都有着一定的文化内涵。比如我国的端午节，甚至在2009年9月被联合国教科文组织批准，列入了《人类非物质文化遗产代表作名录》中，这也是我国第一个进入世界非遗的节日。在进行教学设计时不妨以端午节为例，通过线上教学和线下教学相结合的模式，让国外的汉语学习者对我国的传统节日文化进行了解，并且引导学生进行相关文化民俗活动的体验，感受中国传统文化的内涵。

（三）教学目标

在教学过程中进行端午节相关内容的教学，主要有三个不同的教学目标：第一个目标是基本的教学目标，即通过相应内容的教学让学习者可以对端午节的来历、相关习俗和习惯、文化内涵进行一定的了解。第二个目标是技能目标，举办一系列的体验活动，让学生在这些过程中了解一些节日习俗，比如包粽子、编五彩绳等。第三个目标是价值观层面的目标，通过理论教学和相关的体验活动，提升学生对端午节等中国传统节日的热爱。

（四）教学重点

在课前分析阶段，教师需要根据具体的教学内容提前分析重难点，只有这样才能在教学的过程中进行重点讲解，防止学生难以掌握。以端午节的讲解为例，教学重点是端午节的起源、发展历史、风俗习惯、文化内涵等内容；难点则在于如何举办系列的文化活动，让学生感受到中国文化的魅力，并且最终激发学生的学习兴趣。

（五）教师自身

在传统的教学过程中，教师主要是进行理论知识的讲解，教师的身份就是传播者和主导者。但是在线上线下相结合的教学模式当中，教师的身份发生了极大的转变，从传播者和主导者转变为引导者和组织者。在开展线上教学活动的时候，教师要从实际情况出发，对学习资源进行筛选和整合，最终通过成熟的课堂教学和体验活动，将知识传递给学生。在这一过程中，教师要深刻地认识到自身的引导和组织的作用。

二、线上线下相结合教学的过程

通过线上线下相结合的教学模式进行中国文化的教学，教师一般需要从线上的自主学习和线下的教学活动两个方面进行设计，只有这样才能充分发挥线上线下教学的优势。在进行线上教学内容设计时，需要教师对网络教学资源进行搜集整理，进而从学生自身情况出发进行内容选择，尽可能保证选择的教学内容能够满足学生的学习需求，并且适合相应阶段学生的学习。在学生自主学习时，教师也可以通过线上教学的方式对学生进行一定的指导和引导，保证学生的学习效果。在进行线下教学设计时，主要是以体验式活动为主，让学生在体验和实践中进行学习，从而获得更深的感受。

（一）线上自主学习设计

在进行线上自主学习内容设计时，首先，教师需要在互联网上搜集整理教学资源，并且利用教学资源进行视频资源的制作，学生在学习的过程中可以自由选择观看视频的时间和地点。而且为了能够取得更好的效果，教师还可以在教学之前提出一些问题，让学生带着问题去学习。

其次，教师要引导学生观看视频资源。当然，在这之前，教师需要先发布相应的教学视频和问题，比如每年端午节的时间是什么、端午节的由来是什么、端午节常见的风俗习惯有什么等。学生在自主学习的过程中可以先记着这些问题，然后观看相应的视频。学生看完视频之后要正确回答这些问题，这样的方式可以在一定程度上加深学生对不同内容的理解和记忆。

再次，当学生对端午节有了一定的理解之后，还需要开展进一步的教学，让学生可以对端午节内容进行更深入的学习。这一部分的视频内容需要将端午节的起源和发展、端午节相关的典故和诗词包含在内。学生在通过自主学习的方式观看视频内容之后，还需要进行相应的测试。

最后，进行线上辅导。在线上自主学习的过程中，因为国外的学生对汉语的掌握水平有限，所以他们在了解中国文化的时候也会因为语言的局限性而受到一定的影响。因此，教师需要在一段时间之后对学生进行辅导，及时询问学生的学习情况，如果学生遇到了问题，教师则需要帮助学生解决。这时则可以使用钉钉、腾讯会议等软件，与学生及时进行沟通。对于那些比较内向的学生和对知识掌握不牢固的学生，教师还可以私下单独对他们进行辅导，确保学生学习效果。

（二）线下体验活动的设计

学生通过线上自主学习的方式，对端午节的基本内容有了一定的了解。

这时，可以通过线下的体验实践活动开展教学，让学生参加包粽子和编五彩绳的活动。进行线下体验活动设计的具体内容如下：

第一项体验活动是编五彩绳，这一活动主要包括五个不同的环节。

教学环节	设计意义	具体内容
第一环节：组织教学	能够让学生可以在参与的过程中掌握学习内容，还能活跃整个课堂的学习氛围。	首先，教师在组织活动之前与学生进行一定的交流，拉近师生感情。其次，教师要对学生的线上学习情况进行一定的检查。 这一环节主要是对学生的反应能力进行检测。教师先将班级里的同学分为几个不同的小组，在开展活动的过程中随机提供卡片，然后让学生抽取卡片进行抢答。有些卡片上写的是端午节的习俗和相关内容，有一些卡片写的则不是端午节的习俗和相关内容，学生抽到卡片要迅速判断是否端午节相关内容。当抢答的学生回答正确之后，他所在的小组就可以加一分；如果回答错误，则其他的小组加一分。
第二环节：导入环节	导入环节主要是通过展示实物的方式让学生参与体验活动，最终激发学生参与活动的积极性。	教师拿出实物让学生进行辨认，比如拿出五彩绳展示给学生，并询问学生实物是什么。当学生回答出来之后，还可以询问学生五彩绳的含义以及相关的习俗，甚至可以从五彩绳延伸至端午节的相关内容。
第三环节：体验环节	体验环节主要是让学生亲自尝试五彩绳的编织。学生在亲自实践的过程中不仅能学会编织的方法，能感受到端午节的特色，并且通过不同学生的合作与互助，还能增进同学之间的情感。	这一环节的体验活动开始之前，需要教师为学生讲解编织方法和注意事项，并提醒学生在体验活动的时候注意安全。体验活动具体过程如下： 首先，教师为学生发放编织五彩绳的相关材料，包括彩线和剪刀，让学生在编织的过程中与其他的同学相互帮助。 其次，按照正确的方法进行五彩绳的编织。 最后，不同小组的同学展示自己编织完成的五彩绳，并且不同小组的成员可以互相评价对方作品，找出彼此的优势和不足。

续表

教学环节	设计意义	具体内容
第四环节：布置作业	在线上教学和线下体验活动结束之后，教师还需要通过作业的方式帮助学生巩固教学内容，帮助学生更加熟练地编织五彩绳。	在活动结束之后，教师让学生查找资料或者进行实践，寻找编织五彩绳的新方法，并且在完成编织之后分享给其他的学生，让教师和学生共同学习和讨论。
第五环节：教学反思	通过反思，教师可以意识到本次活动设计存在的问题，并在之后的活动设计中加以注意，避免再次出现相关的问题。	进行体验活动的设计主要是对学生的观察力、耐心进行一定的检验。在这个环节中，教师还需要对那些编织比较慢的学生进行一定的鼓励，增强他们的信心，让他们在之后的学习和实践过程中更好地完成任务。当然，在体验的过程中，教师没办法向学生介绍五彩绳所有的编织方法，可以在教学反思的过程中讲解其他的方法。教师在讲解之前，需要查阅大量的资料，保证自己讲解的内容真实可靠，只有这样才能帮助学生更好地掌握体验内容。

第二项体验活动是包粽子，这一项活动也包括五个不同的环节。

教学环节	设计意义	具体内容
第一环节：组织教学	对学生的基本情况进行了解，相互问候，增进师生间的情感。	教师在活动开展之前先进行点名，并且进行一定程度的交流问候。
第二环节：导入环节	选择实物或者图片进行展示，进而引出体验活动的主题。	在这一环节，教师可以先通过展示图片来让大家判断是哪个节日出现的东西，然后再拿出粽子让大家欣赏和品尝，最后引出主要体验活动就是包粽子。

111

续表

教学 环节	设计意义	具体内容
第三 环节： 体验 活动	通过参与包粽子的整个实践过程，学生可以基本了解粽子的由来和用料，并且知道粽子的制作过程。 通过分组竞赛的方式激发学生参与活动的积极性，从而取得更好的教学效果。 在活动当中教师对学生进行一定的引导，使学生可以不断丰富自我，实现自我的成长，也让学生对知识有一个更深的理解。	在体验活动开始之前，教师要进行安全事项以及粽子制作方法的讲解，保证教学活动可以稳定有效的开展。 注意事项主要包括三条： 1. 在制作粽子的过程中，需要保证制作的安全和卫生，整个制作过程都需要佩戴一次性手套，而且在制作粽子的时候不能浪费食材。 2. 在制作之前要对每一位学生的实际情况进行了解，如果有学生对某些食物过敏，就需要在制作的过程中加以注意。 3. 整个制作过程都需要在教师的安排和引导下进行，并且，同学之间要相互帮助。 体验活动流程如下： 首先，教师可以通过播放PPT或者视频的方式先让学生对粽子的制作过程有一个基本的了解，并且要让国外的学生明白为什么要制作粽子。 其次，将所有的学生进行分组，以小组竞赛方式进行包粽子活动。 最后，对包好的粽子进行评判。 体验活动开始之前，需要为每一个小组发放红枣、糯米、绳子、剪刀等。在制作的过程中，教师要组织学生先将各种食材准备好，然后按照相应的步骤进行粽子的制作。制作时要注意先后顺序，保证粽子的严密性，保证制作好的粽子不会出现露馅的情况。在制作粽子的同时播放PPT和视频，让学生边学边做。在学生制作粽子的整个过程中，教师要及时观察，对于那些包不好粽子的学生，教师要及时进行指导。在粽子制作完成之后，要进行小组评比，从数量和质量几个方面进行比较，表扬、奖励胜出的小组。 小组评比结束之后，每一个小组的同学都可以品尝自己制作的粽子，并进行思考，在制作的过程中感受到中国传统节日的内涵。

续表

教学环节	设计意义	具体内容
第四环节：布置作业	通过布置作业发现体验活动当中存在的不足，进而让整个活动的意义得到进一步的拓展。	教师在布置作业时要围绕包粽子的活动，让学生总结收获和不足，并且进行记录。
第五环节：教师反思	通过反思，激励师生不断进步，争取在下一次的活动中有更好的表现。	体验实践活动在一定程度上激发了学生的学习兴趣，但是因为制作粽子涉及食品安全问题，所以需要在这一过程中着重强调安全和卫生。

第四章

"互联网+"背景下
手机 App 在汉语
国际教育中的应用

第一节

手机 App 在汉语国际教育中的应用情况

科学技术是第一生产力。随着科学技术的不断发展，技术在教育当中的应用越来越成熟。技术已经不是教育的依附品，而是与之联系紧密的一部分。科学技术的发展对传统教学方式带来极大的影响，对传统汉语国际教育的发展也带来了冲击。随着科学技术和教育的相互融合，技术已经在汉语国际教育中得到了非常深入的应用，教学模式不断创新，实际的教学效率也得到了不断提升。从目前的发展现状来看，不论是本地的汉语教师还是国外的汉语教师，都需要在备课、授课等多个环节使用信息技术，借助信息技术促进汉语国际教育的不断发展。

一、信息技术在国际汉语教育当中的应用

（一）多媒体技术的应用

多媒体技术就是将多种不同的单媒体进行复合，然后进行信息储存、信息传递的载体，多媒体将听觉、视觉等媒体的功能进行了一定的融合，能够给人们带来更加立体化的感官感受，从而加深人们对某些信息的印象。多媒体技术还具有实时性、交互性和集成性的特点，能够将声音、文字、图片等多种不同元素的信息进行综合处理，最终呈现出更好的效果。多媒体技术在汉语国际教育中的应用主要包括两个不同的层面，分别是多

媒体课件和多媒体教材。多媒体课件是立体化和现代化的教学产品，将录音、视频、文字等多种不同形式的教材内容融合在一起，并且通过相应的软件技术进行综合。多媒体教材中还有以网络技术和软件技术为基础的复合型多媒体教材。从目前的情况来看，多媒体教材主要包括北京大学出版社的《中国城市名片》、北京语言大学出版社的《中国文化百题》、国家汉办组织发行的《汉字五千年》和《中国文化常识》，复合型多媒体教材则包括《长城汉语》《快乐汉语》等。

在当前的线上汉语教学中，除了一些必要的信息技术设备，教学过程中使用最多的就是多媒体课件了。在线上汉语教学的过程中，多媒体教材和课件是相互配套的，配套的多媒体课件能够将整个教学信息和教学过程的内容包含在内，比如每个环节需要的板书信息等。多媒体课件的出现，极大地减轻了教师课堂上的工作量，节省了课堂教学时间，让教师更好地发挥自己的教学和引导作用。为了能够提升实际的教学效果，教师在教学时要尽可能发挥学生的主动性，对学生进行提问，引导学生讨论和回答，帮助学生加深对不同知识的理解。因为相关设备的支持，教师在课件中能够同时将文字、图片、声音等内容进行灵活搭配，让学生对汉语知识的理解更加直观和生动，在提升学生兴趣的同时帮助学生加深对所学知识的印象。

比如复合型多媒体教材《快乐汉语》，整个教材分为三册，每一册都有两本用书，一本是学生用书，一本是教师用书，整个教材共有六本书。这一教材是由国家汉办和英国文化委员会共同合作完成的，整个教材在编写的时候都参考了英国国家课程大纲 NC 和 GCSE 考试大纲。这一教材的适用人群是 11 岁到 16 岁的中小学生，其宗旨是为了帮助学生培养学习汉语的兴趣。这一教材的出现让每一位学生都可以在自然的环境当中学习，并且掌握良好的汉语技能。而且教材当中的很多内容都是和纸质教材相互配套的，除了多媒体课件之外还有 CD、情景剧等。通过对多媒体课件的学

习，学生能够对陌生的汉字进行书写，也可以对汉字语音进行练习。而且多媒体课件当中还有很多游戏，游戏可以让整个课堂氛围变得更加轻松活跃，能够在带动学生积极性的同时，帮助学生巩固所学知识。比如通过连线游戏和生词排序游戏，学习者能够对我国的词语进行学习。还可以创设一个相关的生活情景，通过立体化的教材设计，给学生带来更加多元化的感官感受，对学生的视觉和听觉进行全方位的刺激，能够最大化地提升学生的注意力和积极性。

多媒体技术在国际汉语教学当中的应用越来越深入，同时也暴露出很多的弊端。比如有的教师会在人机互动的过程中逐渐丧失自我，无法发挥自身的主导作用，在教学的过程中过度依赖多媒体课件，只是单纯进行幻灯片的播放，与学生的互动也越来越少，如果在教学的过程中出现了技术层面的问题，整个教学过程就因此受阻。所以，应避免教师在教学过程中只是进行单方面的知识输出，要保证整个教学环节都可以体现学生的主体性和教师的引导性。另外，在进行多媒体课件制作的时候，教师还需要对不同的教学资源进行整合。教师需要对相关的知识点和教学难点有充分的了解，只有这样才能将教学内容更加合理地展现出来。这无疑对教师的各方面能力都提出了更高的要求。在教学过程中，教师要将汉语学习的理论、对外汉语教学理论等内容融合到课程中。如果教师任何一项能力有欠缺，都有可能影响教学效果。

（二）网络技术的应用

在国际汉语教学的过程中，单纯地使用传统的教学方式已经无法满足国际汉语教育的需求，再加上线下汉语教育师资不足和学习环境制约等因素，在进入新世纪之后，线上汉语教学得到了极大的发展，各种各样的线上汉语教学设备越来越多。比如，早期阶段就有早稻田大学汉语远程教学模式，密歇根州立大学网络对外汉语教学模式等。这些都是不同地区使用在线方式进行汉语教学的尝试。首先来看早稻田大学早期的线上汉语教学系统。该教学系统主要包括三部分内容，分别是利用 CU-SeeMe 进行双向型的文化教育表演活动、利用 Tele Meet 进行电视会议和讨论活动、制作自己的主页等。在经历了两年的发展之后，主要的创作者砂冈和子还对过去几年所取得的成就进行了总结。从 1999 年开始，早稻田大学的远程教学系统就已经建立起了包括首尔、台北、北京、东京四个城市在内的公共网络系统。这一远程网络教学系统打破了传统教学环境下时间与空间的限制，只需要利用好网络技术，就能够为远程教学提供有效的支撑，学习者就可以在这一过程中选择任意时间和任意地点进行学习，这为教学提供了有效保障。

国内比较权威的网络在线学习资源平台当中，最具代表性的就是孔子学院，尤其是在近几年，孔子学院的发展速度越来越快，国家派往全球各地的汉语教师志愿者也越来越多，但是仍然无法满足所有学习者的需求。网络孔子学院是 2014 年国家汉办和孔子学院总部联合创办的，现如今已经可以支持四十多种语言登录，整个网站的覆盖范围非常广，而且上面的教学资源也是全部免费，这一网站的出现和发展，为全世界的汉语学习者提供了一个非常专业的线上学习平台。从孔子学院的内部设计来看，我们还可以发现该平台对不同的课程都进行了非常精细的分类，学生可以根据学习内容、学习语言、难度等级、适用人群等多种不同的类别进行课程选择，完全不同于传统课堂当中的所有学生学习同样内容的情况，充分发挥出学生的主体性作用。在线上进行学习，教师和学生可以通过留言板进行交流，这既能够帮助学生解答自己的疑惑，又能够通过互动增进彼此的感情。由此可见，孔子学院平台不仅仅是面向学习者，也面向广大的教学工作者，能够帮助学习者和教师共同成长。除此之外，汉语教师也可以主动

在平台上开设课程，教师通过平台进行授课，教师因此获得相应的薪资，这一制度也在一定程度上保证了孔子学院能够始终拥有丰富的学习资源和课程，并且培养了一大批线上汉语教师，对国际汉语教师师资力量进行了有效补充。

在众多的线上汉语学习网站当中，比较典型的对外汉语学习网站还有北京语言大学的 E-Chinese 中文网以及北京师范大学的 Hello Chinese 网等。全世界范围内的相关平台越来越多，因为网络技术的支持，在线汉语教学平台变得更加灵活，学习者的自主性得到了充分的发挥，学习者的个性化需求也得到了满足。

线上汉语学习平台给众多学习者带来便利，但也有其不足。从当前的线上汉语教学平台来看，教师和学生之间会进行双向的信息传输，这对于网络要求非常高，即使在网络孔子学院当中，也存在教师因为网速问题而导致课程上传失败的情况，很多学生会在教学过程中遇到视频播放不流畅的情况。这样的问题在一定程度上制约了孔子学院的发展，孔子学院因为教学资源过于丰富，也经常会出现课程杂乱无章的情况。而且孔子学院当中的学生质量普遍不高，很多在校研究生一整节课都在学习朗读成语和解释成语，教学进度严重滞后。

（三）手机软件的应用

无线移动通信技术和智能移动设备的发展，为使用手机进行国际汉语教学提供了可能，现如今有越来越多的学生开始使用移动设备进行汉语的学习。对于移动学习，虽然目前还没有形成统一的概念，但是我们仍然能够对移动学习有一定的认知，即移动学习是将移动设备和数字化学习相互结合形成的新型学习方式。叶成林和徐福荫在对移动学习进行研究时表明，移动学习是指利用无线移动通信网络技术，并且借助相关设备获取教育信息，最终进行教育服务的一种新型数字化的学习形式。他们还进一步指出移动学习本身具有灵活性、便捷性、个性化、交互性等特点，这些特点也在一定程度上预示了未来学习的发展方向。尤其是通过 3G 网络、4G 网络甚至 5G 网络的发展和覆盖，智能手机已经成为移动学习的最佳工具。

如今，智能手机已经得到了普及，智能手机的数量也越来越多，各种新的软件层出不穷，而且软件的种类也非常丰富，涉及我们生活的方方面面。只要你有一部智能手机，就可以解决你在生活当中遇到的各种问题，从吃饭喝水到购物穿衣，从学习到工作，从居家到出行，很多事情都可以通过智能手机解决。可以说，智能手机的出现和发展，已经使人们的生活方式和工作方式完全发生改变，甚至改变了人们的思维方式。从手机 App 市场当中我们也可以发现，教育类的学习软件正在逐渐增加。不论是教师还是学生，很多人都会借助手机进行教学或学习。在汉语学习过程中，我们可以发现有很多学习者会下载相关的 App，使用最多的就是词典类和翻译类的 App。因为这些手机软件超越了时间和空间的限制，用户也没有年龄和国籍的区别，只要学习者使用这些设备，就可以看到非常丰富的多媒体教材，并且能从中找到适合自己的内容。和计算机多媒体设备相比，手机更加方便携带，而且操作更加简单，能够真正满足学习者学习的需求，并且体现出学生的自主性和主体性。

二、非学习类手机 App 在汉语国际教育中的应用

（一）微博在汉语国际教育当中的应用

1. 微博的特点

微博的第一个特点就是发布内容简短，准入门槛比较低。尤其是和之

前的博客相比，我们通过微博发布的信息除了字数的限制之外，基本也没有其他方面的限制了。在我们使用微博发布信息和内容的过程中可以发现，微博不仅可以通过文字的方式发布和分享内容，还可以通过图片的方式进行内容的分享。我们发布的内容既可以是自身对于人生的感悟，也可以是自由自在随心所欲地发布的信息，所以微博才有非常庞大的用户群体，甚至不乏一些留学生和其他的外国朋友。现在，越来越多的用户会将微博当成自己进行社交和信息分享的首选平台，在微博世界当中，我们每一个人都可以是信息的发布员，同时还可以分享和传播别人发布的信息，在信息传播范围和传播速度方面，甚至不会逊色于电视新闻。

微博的第二个特点是操作简单，发布信息的方式和途径多样化。在发布信息的时候，我们可以随时随地发布，可以任意选择文字、图片、视频等内容，而且也可以通过手机、平板、电脑等各种终端进行发布，微博的这一特点让很多用户始终可以保持在线的状态。而且微博当中还有评论、私信、转发等功能，这些功能进一步促进了不同用户之间的相互交流。在交流过程中，如果出现了一些热门的话题和内容，瞬间就得到成千上万的转发，这些情况都是有可能出现的。

微博的第三个特点是更新及时，影响范围广。使用微博的用户可以随时进行内容更新，让自己的关注者随时随地了解自己的动态和现状。而且对于每一位微博用户来说，他们可以使用微博的关注和订阅功能，从而第一时间知道自己想要了解的人的动态。微博的信息资源非常丰富，再加上微博本身就具有共享性的特征，所以不论是对于汉语教学者还是对于汉语学习者，微博都是非常宝贵的资料来源。我们经常可以在微博上发现教材、论文和教学资源等，这些内容都是进行汉语教学的重要材料。

2. 微博在汉语教学中的应用

微博的操作界面全部是中文，这就要求使用者具有一定的汉语基础，只有这样才能在使用微博的过程中获得良好的体验感。

（1）学习者

从学习者的角度来说，他们使用微博的目的主要包含两个方面。第一方面是学习规划。对于使用微博的群体来说，他们首先需要具有良好的汉语基础，在这一过程中，学生需要由浅入深地学习，即使没有别人监管，他们也要为自己制定一个良好的学习规划。比如在刚开始使用微博的时候，每天浏览几条微博，并且尝试自己主动发布微博，当然也可以参与评论，整个过程都需要使用中文，目的就是为学习者营造一个学习汉语的环境。学习者要保持这样的状态一个月左右，之后再进入第二个学习阶段。在第二个学习阶段，学习者每天要浏览的微博数量要翻倍，并且尽可能标注每一个字的拼音，还需要发微博、评论微博，第二阶段主要是在第一阶段的基础上加大学习强度。在第二阶段几个月之后，可以对自己进行一定的测评，测试自己当前的汉语水平，之后再进入第三个学习阶段。第三个阶段就是要充分展现出学生的主体性，需要他们将微博当成自己的一个社交工具，不需要刻意进行学习，但是每天都需要浏览、评论和发布，当养成一个习惯之后，学习者的汉语水平自然会得到进一步的提升与发展。

学习者使用微博的第二方面的目的是要参与一些适宜的活动。比如在使用微博的时候与其他的学习者建立群，学习者不仅要积极交流专业问题，还可以设置小组任务并共同完成，这样不仅可以增加自己的学习动力和学习乐趣，还能认识更多的学习者。不同学生之间还可以相互鼓励，使自己的学习取得更好的效果。学习者在使用微博的过程中，还要善于总结归纳。微博上的资源非常丰富，但同时也很杂乱，学习者要根据自身的实际情况主动搜索和思考，最终找到适合自己学习的资源和内容，还要不断进行整理和归纳，定期将视频、音频、文字等内容进行分类收藏，在需要的时候可以快速查找。当然，学习者最好可以定期对自己进行一定的检测，检测的目的是要对自己进行反思，发现自己的不足，不断改进。学习者可以定期对自己之前发布的动态进行回顾，总结优点和不足，从而为后续的学习和发展提供一个明确的方向。微博当中具有非常丰富的功能，学习者可以合理利用，比如其中的分类检索功能，就对各种信息资源进行了划分，学习者只需要在检索的时候输入关键词，就可以找到自己想要了解的内容，检索的内容还可以选择是否包含图片、信息发布时间等。总体来说，充分利用好微博当中的多种功能，充分体现出学习者的学习主动性，能够帮助学习者提升学习效果。

（2）传播者

微博中有关于汉语国际教育的认证用户，也有相关的汉语学习微博群，他们在微博传播着汉语学习相关的知识。从这个角度来说，认证用户和微博群作为传播者，他们承担着引导学习者学习的责任，甚至可以说具有传道授业的身份，所以他们的传播内容将对汉语学习者造成非常直接的影响。在这样的环境下，传播者要明确自身的职责，不论传播者是否与学习者互相关注，他们在发布信息的时候都需要考虑到学习者，对学习者进行有效的引导。如果信息传播者和学习者是相互关注的关系，还需要对学习者进行一定的监管。因为学习者在学习初期自身能力的问题，会存在不活跃的情况，这时就需要传播者对学习者进行鼓励，确保学习者可以及时收到自己的消息；如果学习者在使用微博的过程中行文出现了语法和拼写上面的错误，传播者还要帮助学习者及时进行纠正。在情况允许的时候，信息传播者还要根据学习者发布的内容给予其一定的反馈。当然，反馈的内容既可以是近期学习者的进步和存在的问题，也可以是根据学习者个人的情况为其推荐的学习资料和书籍，总之，要保证反馈内容对学习者有效，只有这样才能促进学习者的不断成长。

微博的汉语学习传播者也可以积极开展一些活动，引导学习者进行学习。比如可以作为引导者建立微博班级群，将所有的汉语学习者拉进群里，这一方式打破了传统课堂的束缚，实现了传统课堂的拓展和延伸，也能够促进教师和学生之间的情感交流。通过微博，还能实现学习资源的集中，因为学习汉语不仅可以直接进行词语和成语的学习，还可以通过听中文歌、看中文电影的方式进行学习，听歌和看电影的方式让学习者处于一个更加轻松的学习环境和氛围，从而取得更好的学习效果。不同的学习者也可以通过微博进行资源共享，及时交流遇到的问题。传播者还可以从网络上寻找一些热点话题，然后组织学习者进行讨论，学习者可以畅所欲言。传播者再对学习者的言论进行总结，点评不同学习者的优缺点，让每一位学习者都可以得到锻炼，得到提升。

3. 微博当中存在的问题

微博从根本上来讲其实是一个社交软件，并不像百词斩和有道词典一样是专业的翻译类软件，它的诞生本身也不是以教育为目的，所以在使用微博进行汉语学习的过程中，会自然而然地暴露出一些问题。首先，使用微博进行汉语学习的人数非常少。在微博的搜索栏中搜索汉语国际教育，经过微博认证的用户只有 6 个；但是输入英语学习，却可以搜索出上千个经过认证的用户和机构，从这一项数据的对比当中就可以明显发现，在微博上进行汉语学习的用户并不多。其次，使用高级搜索功能的频率也非常低，甚至很多用户都不知道微博有高级搜索功能，有些学习者则认为使用搜索功能比较麻烦。使用高级搜索功能，能够将自己查询的内容进一步优化，最终找到更适合自己的内容。但是微博群当中却没有这一项功能，所以我们可以发现微博群当中往往存在着大量信息混杂在一起的情况，大家在阅读信息的时候也不容易分辨信息的好坏。

（二）微信在汉语国际教育当中的应用

1. 微信的功能和特点

微信是腾讯出品的一款即时社交软件，它与 QQ 类似，但是又有所不同，比如微信的私密性更强，而且交流方式也更加安静，再加上系统设置的防骚扰功能，让微信变得更加安全。而且微信的操作系统非常简单，整体风格也很简洁，非常适合当今快节奏时代的年轻人。现如今，微信的用户越来越多，甚至超越了 QQ，成了一种主要的社交软件。教师和学生通过微信就可以进行直接交流，微信的存在，给人们营造了一个全新的学习空间，给汉语学习者提供了更多的选择。如今，微信已经成了推广汉语国际教育的一种新的渠道，也吸引了越来越多的汉语学习者的参与和使用。

微信的优势主要包括以下几个方面。第一是注册简单。只需要输入自己的手机号，接收验证码，便可以注册登录。第二是添加朋友的方式非常多样化。在添加朋友时，可以通过查找微信号、QQ 号和手机号进行查找添加，也可以通过扫描二维码进行添加。除此之外，微信还有面对面建群的功能，即使两个人不是微信好友，也可以通过面对面建群的方式进入同一个微信群。另外，还可以通过手机联系人的方式将他人的微信从手机通讯录当中导入，可以关注自己喜欢的微信公众号等。第三是微信可以直接和邮箱进行绑定。如果收到了新的邮件，微信就会直接进行提示，及时通知我们。我们不需要下载邮箱，就可以直接在微信当中打开邮件进行阅览。第四是朋友圈发布方式多样化。朋友圈是微信最受欢迎的一项功能，每天刷朋友圈已经成为人们生活和学习当中的一个重要组成部分。用户发布朋友圈的方式也非常多样化，既可以发布文字也可以发布图片和视频，虽然发布的内容简短，但是可以给人们带来非常强烈的现场感。微信还能设置一定的权限，可以让指定的微信好友看或者不看自己的朋友圈，自己也可以选择不看别人的朋友圈，这一项功能是很多社交软件都无法实现的，非常人性化。

2. 微信在汉语国际教育当中的应用

微信在汉语国际教育当中的应用主要有两种形式：第一种是个人用户的形式，第二种是公众号的形式。个人用户的形式主要是指个人传播模式，这一模式是一对一或者一对多地进行传播，汉语学习者可以根据自己的需求与朋友进行联系。简单的日常聊天，也可以成为汉语学习者的学习方式。聊天双方在沟通方法和学习节奏保持一致的情况下，才能够保证整个教学过程的效率。但是通过个人用户的方式进行学习，效果非常有限，微信交流需要学习者具有一定的汉语基础，而且微信最大的作用和效果仍然是一对一的朋友之间的互帮互助，以及师生之间的线下交流。

伴随着微信的进一步发展，公众号的应用越来越广泛，微信公众号是腾讯在微信原有的基础上推出的一项一对多的信息推广平台。用户只需要通过注册申请，就可以拥有一个自己的微信公众号，并且通过微信公众号来发布自己想要发布的信息内容。而且公众号的页面也可以按照自己的意愿进行设置，包括公众号的功能和发布的信息，发布者都可以随意进行编辑。学习者在这一过程中也可以根据自身的能力和意愿选择自己想要了解的内容，甚至可以在微信公众号上发布留言。微信公众号的出现为学习者提供了一个全新的学习平台和社交平台，和个人用户的形式相比，微信公众号可以进行集中的宣传与推广，它的范围更加广泛，具有更大的受众群体。当我们使用这一方式帮助汉语学习者学习时，可以取得更好的教学效果。

使用微信进行汉语学习包括组建学习群、关键词回复、每日推送和自我测评等几种主要的方式。第一种方式是组建学习群。汉语学习者首先要拥有个人的微信号，然后老师要通知每一位学生加入固定的微信群，在微信群当中，学生相互之间可以通过发布文字和语音的方式进行交流与沟通，尤其是在遇到问题的时候，可以通过共同讨论来解决。教师也可以定期与学生进行交流讨论、发布重要信息等。微信群的方式是当前使用非常广泛的一种方式。第二种方式是关键词回复。关键词回复应用最为广泛的就是微信公众号，在微信公众号当中，学生只需要输入相应的关键词，公众号就会自动发送关键词相对应的信息内容，这一功能在一定程度上实现了人机互动。当然，要实现这一功能离不开后台技术的支持，公众号只有提前设定好相关的关键词输入，学生才可以发送关键词，然后得到自己想要的答案，这种方式有效避免了重复性的问题。现在，越来越多的公众号拥有这一功能，在进行汉语学习和教学的过程中，所使用的公众号也可以进行这样的设计，不仅让整个学习过程变得更加具有趣味性，同时还能够促进学习者主动学习。第三种方式是每日推送。很多微信公众号可以每天自动推送内容。运营者通过微信公众号的后台，每天可以通过发布功能发布一些适合学习者学习的内容，也可以根据学习者的不同等级分别发布初级学习内容、中级学习内容和高级学习内容，从而满足不同学习者的需要。最重要的是，公众号上发布的信息内容还可以永久保存，只要发布者不删除自己的信息内容，学习者就可以随时进行学习，这一方式对传统的汉语课堂教学造成了极大的挑战。第四种方式是自我测评。网络学习还可以进行自我测评，因为网络学习代表着学习者和教学不能进行面对面的交流，所以教学者可以让学生根据自己的实际学习情况定期进行自我测评，从而了解自己的薄弱之处，为后续的学习方向提供依据。以互联网为基础，进行资源整合，实现学习和测评的一体化发展，这无疑为学习者提供了更多的可能性。

3. 运用微信开展汉语教学的优劣势

伴随着科学技术的发展，使用新媒体进行汉语教学已经成为汉语国际教育的一个重要趋势。新媒体具有快速、即时的特点。微信与微博都是非教育类的应用，它们在汉语国际教育中起到一定的促进作用，它们具有一定的优势，也存在一定的缺陷。

微信的第一个优势就是使用比较简单，从微信的下载、注册再到登录和使用，整个过程都非常容易上手。而且使用微信几乎没有门槛。在微信当中还可以进行语言设置，将微信调整为英语、汉语等不同的语言，这样一来，就可以方便不同国家的学习者进行学习。教师通过微信或公众号进行信息发布时，信息发布的准确率非常高，后台会自动提醒关注者，学习者只要收到信息，就可以随时进行观看，而且还能够根据自己的时间安排学习。微信的第二个优势就是内容非常多样化，在使用微信的时候，可以发送文字、图片、语音等多种不同形式的信息。进行口语教学的时候也可以使用非常丰富的教学内容，将音频、视频和图文内容相互配合，最终激发学习者的学习热情。

当然，使用微信进行对外汉语教学也存在一定的缺陷和问题。微信公众号的存在和发展是以多媒体技术为基础的，它给我们带来了很多的便捷，从学习内容到学习方式都实现了极大的发展，但微信上的学习都是以虚拟平台为基础的，无法从根本上取代传统教学课堂，虚拟平台的教学只能说是对传统课堂的有效补充。使用微信进行汉语教学的不足主要体现在四个不同的方面。

第一个方面的不足是约束力比较弱。因为使用微信进行教学，不能保证教师和学生的面对面交流，很多问题通过线上交流的方式无法得到有效的解决，而教师无法对学生进行有效的管理和约束。对于那些自律性不强的学生来说，微信教学更像是一种摆设，无法在教学过程中起到应有的作用。第二个方面的不足是当前很多学习汉语的微信公众号名不副实。这些公众号虽然打着汉语学习的旗号，但是却没有实质性的与汉语学习相关的内容。当我们打开公众号之后，会发现里边的消息记录是空白的；也有一些公众号虽然发布了很多内容，但是与汉语学习无关。第三个方面的不足是缺乏健全的评价机制。在传统的教学过程中，教师可以通过不定期的考核对学生进行能力检验，从而了解学生的实际学习情况，这在一定程度上对学生的学习起到了积极的推动作用。但是微信却没有这样的功能，久而久之，微信就成了打着学习旗号进行聊天的工具。第四个方面的不足是微信上的学习内容混乱复杂，会在一定程度上影响到实际的学习效果。当我们进入一个公众号或者微信链接之后，可以发现内部会充斥着大量的信息，但是实际有效的内容却非常少，对于那些学习者来说，如果他们一开始就接触这些质量不好的信息，不仅不利于他们之后的学习，甚至还会影响他们学习的积极性。

（三）微信微博在汉语国际教育中应用的可行性

1. 使用人数多

通过实际的调查可以发现，当代大学生几乎人人都在使用微信，而且大多数学生也在使用微信的同时使用微博。共有 70 人参与调查，调查的群体既包括一些中国的学生，也包括一些留学生。结果显示，使用微信的学生有 70 人，使用微博的学生有 63 人，而且很多学生几乎每天会花几小时的时间使用微信和微博。从这一项调查当中发现，微信和微博的使用已经成为一种潮流，而且使用微信和微博的用户数量非常大，用户每天使用这两款 App 的时间也比较多，所以使用微信和微博进行汉语国际教育是可行的。

2. 技术相对成熟

当今时代，随着科技的发展，智能手机和各类 App 的发展速度也越来越快。智能手机变得越来越轻薄，而且手机的外观、功能、像素等也都在不断发展，现在的智能手机所具有的功能甚至不比电脑差。人们最开始使用手机只是为了通信和联系，但是伴随着相关技术的成熟，如今的手机已经可以支持我们进行各种活动，当然也包括学习。比如微博，通过微博不仅可以与好友进行联系，还能随时发布自己的心情。微博当中还有超话，可以让具有共同爱好的朋友共同进行交流。使用微博频率比较高的用户，还可以在微博当中进行身份认证，经过大 V 认证的用户会获得更多的粉丝。

微信已经逐渐成为当今国内用户最多的一款手机软件，我们可以发现微信的设计非常人性化，而且微信的功能越来越完善，已经基本覆盖了我们生活的方方面面。当我们订阅了一些公众号或者新闻时，它们每天都会向我们推送新的消息，而通过微信看这些资讯和信息，还不需要重新下载相关的软件。微信公众号推荐的资料内容包含文字、图片、视频等多种形式，这些信息内容可以直接保存。而且使用微信时，只需要有网络就可以进行关注和查阅，我们不需要特意花钱进行购买。因此我们可以在微信平台上帮助教师和学生构建学习关系，教师也要积极引导学生通过微信进行汉语学习。

3. 功能齐全

当学习者想通过微信了解一些汉语知识时，只需要搜索相关的关键词，便可以发现下面有很多相关的公众号。之后我们再进入这些公众号，便可以通过微信公众号了解自己想要了解的知识。而且很多公众号设有自动回复的功能，我们只需要通过公众号发送关键词，公众号就会自动发送相关的内容。这一过程充分体现出了学习者的主动性，而教师也不必一直在电脑或者手机前进行教学和指导。总之，伴随着微信、微博的不断更新和发

展，它们本身所具有的功能已经越来越完善，学习者在学习的时候不仅可以获得知识，还能够感受到新媒体教学本身的乐趣。

4. 突破了时空限制

使用微信和微博进行汉语学习，有一个最大的特点就是突破了传统课堂的时空限制，学生学习时不需要受到时间和地点的约束，可以随时随地开始学习。在坐公交车的时候，在睡觉前，在任何可以利用的碎片化时间，学生都可以打开手机进行学习。在上课的时候，教师能够传递给学生的知识是有限的，而且教学时间也非常有限，所以在固定的时间内，学生不一定能够对所学的知识进行充分理解。但是在新媒体时代，学生可以通过移动媒体随时学习和复习，学生不仅可以享受丰富的学习资源，对于不理解的课程内容还能够重复观看。尤其是那些汉语水平较差的学生，更需要利用好当前的碎片化时间进行学习，利用移动设备进行学习，切实有效地提升自身的汉语水平和能力。

（四）微信微博在汉语国际教育当中的定位

微信和微博等非专业学习类的 App 也可以在汉语国际教学当中发挥出积极的作用，这些 App 所具有的优势是传统教学课堂中没有的。但是微信和微博所具有的教学功能是有限的，因此，我们应当在使用微信和微博的过程中对其进行准确的定位，只有这样才能在汉语国际教学过程中充分发挥微信和微博的价值和作用。

首先，微信和微博只是辅助性的工具，并不能取代传统课堂。虽然微信和微博等工具在汉语国际教育过程中具有开创性的作用和价值，也能够在教学过程中取得很好的效果，充分调动学生的积极性和热情，但是我们需要保持理智，明确微信和微博的辅助性作用。因为微信和微博的定位毕竟是社交软件，而且是建立在虚拟平台之上的，这就意味着在使用这些软件进行交流的过程中，只能以网络为基础。而不同于传统课堂上面对面的交流，教师和学生之间还可以进行情感交流，教师也能够发现学生学习过程中存在的问题。而且微信和微博当中传播的信息又非常冗杂，很多学生的辨别能力有限，无法判断信息的好与坏、有用与无用，这可能会导致学生的能力无法得到提升，甚至会在这一过程中影响学生的健康发展。

其次，在使用微信和微博等方式进行汉语学习时，我们还需要知道如何合理有效地利用这些软件。我们可以发现很多学校都是利用微信来布置作业以及修改作业的，而且教师还会通过公众号与学生进行交流。在课堂上教学的时间是非常有限的，学生能够在课堂上获得的知识也很有限，所以学生要在课余时间不断积累。学生在课余时间进行汉语学习，可以使用微信和微博等工具。相关技术越来越成熟，教师作为整个教学过程的主导者，更应该合理利用这些工具，充分发挥微信和微博的作用。我们还发现，在传统的教学过程中，在遇到重点难点时，学生需要抄很多遍才能对这些内容加深记忆，但是这样的课堂过于枯燥，而且能够取得的实际效果也非常有限，所以在课堂教学过程中使用微信和微博具有一定的必要性。

（五）使用微博和微信的建议

在汉语国际教学过程中，使用微信和微博辅助教学，可以从以下几方面着手。

首先，要将微博上面的订阅号和微信中的公众号进行一定的完善，尤其是进行汉语教学的平台，要通过官方的认证机构进行认证，只有这样才能让汉语学习的平台拥有质量保证，这需要相关机构和每一位参与人员的共同努力。在这一方面，我们可以参考那些英语学习的公众号和订阅号，对它们进行一定的借鉴，促进汉语学习平台的完善和发展。比如孔子学院的微

信公众号，这一公众号是由国家汉办负责的，但是打开主页面之后却发现相关的功能并不齐全，尤其是和学习英语的百词斩相比，其缺点会更加明显。

其次，应当对汉语学习的资源进行一定整合。我们可以发现当前很多公众号当中的教学资源都比较混乱冗杂，缺乏系统性。所以，应当对这些内容进行一定整合和分类处理，只有这样才能保证我们可以始终学习到优质的资源。在对这些资源进行整合时，可以使用分阶段整理的方式，将汉语知识内容划分为初级、中级和高级三个不同的等级，学生在学习时可以根据自身的实际情况进行资料选择。当然，也可以根据不同的知识板块进行划分，将汉语知识划分为语音、语法、词汇、修辞等多个不同的部分，方便学生主动查找。另外，学习汉语的学生可能来自全球各个国家，因此还可以从语言出发对汉语知识进行划分，从而方便学生进行学习。

最后，要保证课程内容的设置合理。一般来说，在微信微博上面的课程都是时间比较短的微课程，这就需要保证课程的内容要精练，只有这样才能保证教学质量。现在，很多学生都在利用碎片化的时间学习，而优质的课程能够在短时间内吸引学生的眼球，让他们观看学习内容。所以在使用微信和微博进行汉语教学的过程中，要保证课程内容合理，这样才能满足当前线上汉语教学的需求。

三、学习类手机 App 在汉语国际教育中的应用

为了保证调查结果的准确性，在调查之前，笔者还体验了一些学习类的 App，并且从教师的角度出发，结合汉语教学的相关理论，对这些手机软件进行分析比较。进行手机软件的下载，需要借助手机应用商店，而学习汉语的学生在应用商店中，可以通过输入关键词来下载相应的应用。在应用商店当中学习汉语的软件也有很多种，第一种是母语为汉语的学习者

进行学习的软件，另一种是将汉语作为第二语言的学习者进行学习的软件。第一种软件的数量非常多，而且内容大多是以幼教和中小学汉语为主。我们可以发现手机软件越来越多样化，但因为安卓系统和苹果系统的不同，使得有一些软件只能单独在其中一个手机系统中使用。因此，在进行手机软件研究的过程中，需要分别从适用于安卓系统和适用于苹果系统两个方面进行对比。通过分析比较，笔者选择了几款比较具有代表性的汉语学习软件，主要从汉字类的学习软件、汉语词汇类的学习软件、汉语语音类的学习软件和语用类的学习软件四个方向进行分析。

（一）汉字类的学习软件

汉字记录汉语的符号，和英文、拼音有所不同。在很多人看来，汉字是汉语学习者学习汉语过程中的最大阻力。但是伴随着相关研究的不断深入发展，目前对外汉语教学过程中的教学方法已经越来越成熟，赵金铭先生曾经指出，汉字教学法需要不断进行更新完善，只有这样才能为汉语学习者进行自学提供一个重要的保障。从目前的情况来看，主流的汉字教学法主要包括笔画教学法、部件教学法、字族教学法等几种方法。

1. Art of Chinese Characters

这是从汉字的象形表意特征出发进行设计的一款软件，使用这一款软件主要分三个步骤。第一步，这个软件当中会呈现出与汉字相关的图画，让学习者寻找图画和汉字之间的内在逻辑；第二步，对汉字的字意、字音等进行学习；第三步，学习汉字的英文意思。从整体来说，这一款软件能够将汉字的独特魅力展现出来，尤其是软件的视觉效果和美术呈现效果，能给人们留下很好的视觉感受。在这一软件当中还具有强烈的中国风设计，充分展现出了汉字独有的魅力。当学习者通过这一软件进行汉字

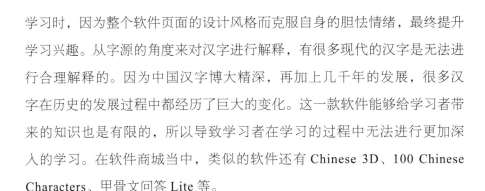
学习时，因为整个软件页面的设计风格而克服自身的胆怯情绪，最终提升学习兴趣。从字源的角度来对汉字进行解释，有很多现代的汉字是无法进行合理解释的。因为中国汉字博大精深，再加上几千年的发展，很多汉字在历史的发展过程中都经历了巨大的变化。这一款软件能够给学习者带来的知识也是有限的，所以导致学习者在学习的过程中无法进行更加深入的学习。在软件商城当中，类似的软件还有 Chinese 3D、100 Chinese Characters、甲骨文问答 Lite 等。

2. Chinese Writer from trainchinese

这一款软件有一个中文名字，叫作写汉字游戏。这款软件当中收入了 500 多个简体汉字，并且用英文对这些汉字进行了一定的解释。当学习者打开游戏之后，汉字就会从屏幕上往下掉，学习者需要在汉字触底之前，将汉字按照正确的笔画写出来，在正确完成 5 个汉字之后，这个游戏就会结束，这一软件充分体现出了人机之间强大的交互性特征。当学习者在游戏过程中出现错误时，也会对这些汉字产生更加深刻的印象，而且在之后的游戏过程中，写错的汉字出现频率也会更高，以此来帮助学习者加深对这些汉字的记忆。在软件商店当中，同一类型的汉字学习软件还有中文笔顺、汉字书等。

3. Character List 10K

这款软件会根据学习者的使用频率列出 10000 个汉字，这些汉字既包括繁体字也包括简体字，并对这些汉字进行了英文解释。除了根据汉字使用频率收录汉字这个优势，这一款软件其实没有其他更多的优点。使用这一款软件学习汉字时，缺乏具体情景下的例子，这会导致学生出现经常误用汉字的情况。这一款软件使用的整体效果并不是很好，如果可以在这一款软件当中加入查询功能，或许会更好一些。

（二）汉语词汇类的学习软件

在对外汉语教学当中，一直有着字本位和词本位两种不同的教学理念，两种教学理念之间还一直存在一定的争议。虽然在实际的教学过程中我们发现，词本位的教学理念似乎更适合于实际教学，但是学习者在学习汉语的时候都是先从单个汉字开始的，在学习了汉字之后才开始将这些汉字放到固定的语法结构和词汇当中进行学习，最终对这些汉字和词汇进行更加深刻的掌握。但是在整个汉语学习过程中，我们不得不承认词汇是核心，也是帮助学习者进行汉语学习的关键所在。吕叔湘在《中国文法要略》当中指出，词是最小的意义单位和表现单位。在学习过程中不论是字本位的教学法更有效，还是词本位的教学法更有效，在相关软件应用当中，汉语词汇类的软件数量都是非常多的。

1. 翻译词典类学习软件

翻译词典类的学习软件当中，最具代表性的便是 Pleco，这一款软件的使用人数非常多，而且在使用者的评价当中，好评相对较多，有很多汉语学习者在学习之后都会分享给自己的朋友使用。这一款软件有一个最大的功能是搜索功能，学习者可以使用汉字、拼音和英语等不同的方式进行词语的搜索，同时还支持学习者通过手写的方式进行输入搜索。而且当学习者输入搜索词之后，词条就会按照出现频率以列表形式展现出来。在 Pleco 内部有两款免费的词典，其中包括 10 万个经常更新的词条，7.8 万个更多详细词条和 2000 个带拼音的例句，同时还具有汉字教学和发音的功能。因为考虑到很多海外的软件当中没有拼音输入系统，所以这一款软件还自带了拼音输入系统，这一点对于海外的汉语学习者来说非常友好，最重要的是，在没有网络的情况下，学习者依然可以继续使用。

除了 Pleco 之外，还有一款同样受欢迎的汉语词典类软件叫作 Hanping。

这一款 App 的使用界面更加活泼，而且其中的汉字词条、声调等都使用了不同的颜色。Hanping 对学习内容进行了分类，将主要的内容划分为汉字学习、HSK 词汇学习和汉语成语三个类型，这也是和 Pleco 相比的一个最大的特点。Hanping 的出现能够帮助汉语学习者极大地提升自身的汉语词汇储备。只是在这一款软件当中，并没有收入繁体汉字，也没有针对汉字学习提供例句和发音功能，只是对汉字和词语进行了简单的解释。而且 Hanping 这一款 App 只能在安卓系统进行下载和使用，不具备跨平台的功能，这就导致很多 IOS 系统的用户无法进行体验。

从软件的整体使用情况来看，汉语翻译类的 App 比其他类型的 App 更受欢迎，而且取得的学习效果也更好。同一类型的软件和 App 还有 Bravolol、English Chinese Dictionary Box 等。这一类型的汉语学习软件功能丰富，而且操作简单，再加上其中的学习内容非常具有针对性，所以在很短的时间内就获得了大量的使用者。但是我们不得不承认，这一类 App 也有很多需要改进的地方。比如有的 App 用户界面只有英文的版本，这就导致其他国家的学习者在使用时会非常不方便。另外，利用英语对汉字进行解释，在准确度方面有所欠缺，再加上例句缺乏合适的情景设计，导致很多国外的汉语学习者在学习的过程中并不能对汉语的真实含义有一个充分的了解，导致他们在使用的时候很容易出现偏差和错误。而且在软件当中有很多功能插件是需要付费才能使用的，比如 Pleco 当中的拍照翻译功能、全屏手写功能和笔画表功能等，这样的情况给学习者带来不好的使用体验。

2. 闪卡类汉语词汇学习软件

闪卡也叫作抽认卡，这个与早期的学习卡片并不完全相同，但是也具有一定的相似之处。在汉语学习类型的软件当中，卡片包含的信息内容更加多样化，不仅包括汉字，同时还包括一些图片、声音、视频等，学习者可以根据自己的记忆与卡片上的信息内容进行对应，最终通过不断的学习和测试，加深对这些内容的记忆。但是这一类型的学习软件并不多，在软件质量方面也有欠缺。比如 Chinese Flashcards，是针对零基础的学习者设计的一款软件，这一软件将其中收录的词汇划分成了很多不同的主题，每一个主题当中都有一些不同的词语，在每一张卡片的正面都是词语，背后则是拼音、语音和英文解释，这些内容可以帮助初学者掌握一些日常用词。从这一款软件当中收录的汉字和词汇可以发现，这一款 App 的特点就是简单实用。针对汉语初学者使用这一款 App 进行教学，可以发现学生的兴趣非常高，整个课堂的氛围也非常好。但是因为卡片上面的信息内容非常少，无法帮助学生充分提升自身的能力，所以对于学生的帮助并不大。

另外还有一款软件叫作学习中文 6000 单词。相比较而言，这一款软件会更加完善一点，其中的词汇不仅可以自行搭配，而且分类非常细致，首先可以将 6000 个词划分为 1000 个初级单词、2000 个中级单词和 3000 个高级单词，之后又将这些单词根据不同的标题进行了进一步的划分。学生只需要根据一定的规律进行学习，便可以更好地进行记忆。当然，这一款 App 也有不足之处，那便是在对卡片上的单词进行解释，都只是使用图片进行解释，所以导致学习者在学习的过程中经常会出现一定的困惑。而且在使用这款软件进行查缺补漏时，只会要求学习者进行单词选择，并不会要求学习者真正进行书写，所以它在书写汉字方面无法使学习者得到提高。而且闪卡类的汉语学习软件都存在一个共性问题，那便是词汇量不足，而学习者又无法自己导入汉字，所以能学习的内容非常有限。这一情况为今后汉语学习类 App 的研发提供了一定的借鉴和启示。

3. 汉语水平考试类的软件

近几年来，因为 HSK 的重要性越来越高，所以以 HSK 内容为主的相关软件也越来越多，这一情况足以说明，汉语国际教育已经在国际范围内影响越来越大，而且有越来越多的人参与到汉语学习的行列当中，并且希望通过官方的考试来对自己的汉语水平进行认证。这一类的软件，主要介绍两个 App。第一个是 HSK 词汇，HSK 词汇当中对历年的 HSK 必考词汇进行了汇总，并且针对这些词进行了英文解释、语法解析等。这一款 App 还具有一个最大的优势，那便是与很多经典之作进行了结合，通过这样的方式进行汉语教学，不仅可以帮助学习者了解词语的起源和使用方法，同时还可以进一步帮助学习者加深印象。第二个软件是 Hello Words 系列的软件，这一系列软件包含了 HSK 1 级到 6 级的 6 个单独软件，在每一个单独的软件当中，都具有针对性的词汇，而且每一个词汇内容都具有专业的配音、翻译、例句、练习等。而且该软件还通过关卡的方式帮助学习者进行训练，学生的训练进程也会在软件当中自动记录，当学生通过某一级别软件的所有关卡之后，也就代表学生已经掌握了这一级别汉语学习所需要掌握的所有单词。但是这一款软件有一个很大的缺陷，那便是其中很多功能都需要付费，付费的门槛给很多学习者带来了不便，在一定程度上制约了这些软件的使用率。因为软件开发者对于利益的追求，使得汉语学习的相关软件数量越来越多，但是在质量方面却无法得到有效的保障，所以从目前的情况来看，还没有一款真正高质量的 HSK 词汇学习软件。

（三）汉语语音类的学习软件

汉语语音类的学习软件会帮助学生提高自身的听说能力。学生在与他人交际的过程中，只有掌握正确的语音能力，才能够理解他人所表达的内容，并向他人传达正确的意思，保证整个交际过程顺利进行。在汉语学习的过程中，语音学习至关重要。汉语语音类的学习软件就是为了帮助汉语学习者可以使用正确的汉语语音进行说话。但是从当前的手机软件市场来看，我们可以发现语音类的软件并不多，而且形式非常单一，主要的语音类软件包括拼音类、听力训练类和广播类三种。

1.拼音类学习软件

拼音类的学习软件最具代表性的就是拼音一点通。这一款软件非常简单，而且非常实用，它有一张拼音表，在拼音表当中记录了所有汉语的声音和音调，学习者通过这一张表格就可以学习所有的汉语声调和发音方法。这一软件适合所有学习汉语的学生，甚至包括中国的一些汉语学习者。在软件当中有很多不同的主题背景，这些背景可以在一定程度上提升汉语学习的趣味性。但是这一款 App 也有一定的不足，比如只是展示完整音节，并不会对音节进行语音示范。同一类型的汉语学习软件还有 Chinese Pinyin Game、汉字发音练习等。总体来说，这一类的汉语学习软件并不多，也不够成熟。

2.听力训练类学习软件

在训练汉语语音能力的过程中，听力训练是一种最为有效的方式。而且在 HSK 的训练当中，听力训练的相关软件是非常多的，比如计划学汉语，它是一个系列的听力训练软件。这一系列软件也是包括 HSK 听力 1 级到 6 级的不同内容，其中包括很多听力真题。学习者在学习的过程中，可以根据自身的汉语实际水平进行选择。同时还可以根据自己的学习风格和学习状态选择学习助理，助理会帮助学习者安排学习内容，并且监督学习者进行学习。总体来说，这一类型的软件针对性非常强，而且操作界面也非常人性化，能够让学习者在学习的过程中实现更好的人机互动。但是这一软件的反馈机制不够及时，学习者往往要在做完所有的题目之后才能查看题目的答案。这一情况导致学习者无法及时了解自己的学习情况。因此在之后的软件设计过程中，为了能够吸引学习者的注意力，调动学生的学习兴趣，软件可以设置及时反馈的机制。

3. 视频播放和广播类学习软件

当汉语学习者掌握了一定的汉语词汇量和发音方法之后，就需要继续提升听说能力。为了能够让自己的听说能力得到极大的提升，学习者需要为自己创建一个良好的环境。我们可以发现，这一类型的手机学习软件是相对比较成熟的，而且用户也比较多，比如朗逸英语学习软件、懒人学英语软件等，这些就是学习英语最好的广播和视频软件。在学习汉语的时候则可以使用 Learn Chinese 10000 Mandarin Chinese Free，学习者使用这一软件，可以利用点读和复读的方式学习拼音，还能够学习一些简单实用的句子。另外还有一款软件叫作 iTalk，这一软件可以以短语为单位进行语音输入，同时还能够帮助学习者录入自己的声音，然后通过对比找到自己的发音存在的问题。通过不断的训练，学习者的发音可以得到不断的提升。只是这些软件当中都不具备语音测试功能，不能对学习者的发音进行权威的判断和反馈。

（四）语用类的学习软件

汉语国际教育的目标是一个多层次的目标体系，即在进行汉语教育的过程中不仅仅要帮助学习者提升自身的汉语能力，同时还需要实现情感沟通。在进行汉语国际教育的过程中，我们需要深刻认识到不同国家之间存在的文化差异，而且这些文化差异是无法消除的。因此在汉语教育的过程中，我们需要认识到汉语的双向交际功能，并且在教学的过程中不断进行对外汉语的改进，让学生可以在提升自身汉语能力的同时实现情感沟通。单纯提升学习者的汉语能力并不是汉语国际教育的最终目的，还要不断提升学习者的跨文化交际能力，在了解不同国家文化的基础上掌握好汉语。从这一角度出发的汉语学习软件，我们可以将其称为语用类的汉语学习软件。

这一类型软件的主要意义就是帮助学习者进行社交，而这一类型的软件当中，最具代表性的就是微信、QQ 和 Facebook 等。我们从这些软件当中可以发现，它们具有通信、社交、浏览新闻等多种功能，还可以发送文字、图片、语音、视频信息。随着这些社交类软件的不断发展和普及，使用者已经越来越多。就以微信为例，目前在世界上使用微信的外国人也越来越多，因为微信具有的强大功能，使得很多汉语教师开始使用微信进行辅助教学。这些社交类工具的发展为汉语教学提供了更多的可能性，有利于提升学习者的汉语交际能力。而且微信还有朋友圈的功能，汉语学习者通过关注老师或者朋友的朋友圈，可以对真实的中国有所了解，并且逐渐喜欢上中国文化。

（五）常用的汉语学习类手机软件的现状

通过对汉语学习相关的手机软件进行分析，我们可以发现，伴随着智能手机的发展和普及，利用手机软件学习已经逐渐成为汉语学习的一个重要方向和方式。因为相关技术的支持，手机市场上出现的汉语学习软件越来越多，而且更新速度非常快。汉语学习软件从开始的单纯的教学逐渐发展到实现人机互动，这充分调动了学习者的学习兴趣，也让整个学习过程变得更加高效。在这一教学过程中，当前的手机汉语学习软件质量参差不齐，再加上软件开发商受利益的驱使，使得很多软件在功能方面非常相

似，但是有一些类型的软件却出现短缺的情况。另外，当前很多软件需要进行付费，影响软件的用户数量，进而影响汉语国际教育的发展。但是从整体情况来说，随着汉语国际教育的不断推广，汉语学习软件的发展前景很好，相关的学习软件必然也会越来越成熟。

第二节
手机 App 在汉语国际教育中应用的问卷调查情况

一、手机 App 在汉语国际教育中应用的调查对象

本次问卷调查以笔者所在的 X 学校的汉语教学教师和学生作为主要的调查对象。X 学校当中共有 3 名全职的本土汉语教师和 4 名兼职的本土汉语教师，另外还有 5 名实习的汉语教师。但是因为该学校的教师数量比较少，代表性不足，所以调查对象还增加了另外几所学校的教师。在本次的调查当中，共有 45 名本土的汉语教师以及 20 名实习汉语教师参与调查。对教师的调查当中，发出问卷调查 65 份，收回有效问卷调查 65 份。除了教师群体之外，还对几所学校的学生进行了调查。本次问卷调查共发放问卷 670 份，最终收回有效问卷调查 640 份。在问卷调查当中，因为考虑到实际情况，所以针对 X 学校采取纸质问卷调查的方式，而针对其他的学校则是采取电子问卷调查的方式。

二、国外华侨学校发展概况——以菲律宾为例

菲律宾建立的第一座华侨学校是在 1899 年。一百多年来，菲律宾已经拥有了 160 多所华侨学校，而且华侨学校在校的学生有 10 万人左右。在一百多年的发展过程中，虽然每一个时期都有一些对华侨学校不理会的政

策和一些其他因素，但是华侨学校依然得到了非常稳定的发展，现在依然有很多华侨学校在筹建。其实最开始筹建华侨学校的原因是，在菲律宾的华商希望自己的后代在异国他乡仍然可以学习中华传统文化。从加州大学的杰拉尔德对菲律宾青年华人学生做的政治一体化调查报告中可以发现，虽然菲律宾的华人学生能够在价值观念层面始终保持与中华传统一致，但是他们在语言、生活习惯和宗教信仰方面，已经逐渐被菲律宾的文化同化。在2008年，菲律宾的红溪礼示大学孔子学院院长还对菲律宾的一些华侨学校当中的华人学生进行了文化认同调查，结果显示，已经有越来越多的华人学生开始融入菲律宾的社会当中，而且菲律宾的华人学生对于汉语的重视程度也在逐渐降低。这一情况导致这些华侨学校的汉语教学效果越来越不好，当然，师资力量、汉语教材、教学方法等也是重要的影响因素。通过对实际的教学效果进行调查可以发现，很多华人学生对中国的认识其实并不深刻，而且也没有多深的情感，所以这些学生在学习汉语的过程中并没有较强的动力，甚至有很多学生对于汉语的学习表现出了厌烦的心理和情绪。由此可见，现在传统的汉语教学方式已经不适合在菲律宾的华侨学校中使用，在菲律宾的华侨学校当中进行汉语教学，如何提升学生的学习动力，如何激发学生的学习兴趣，已经成为当前需要解决的重要问题。

菲律宾是一个语言环境非常复杂的国家，因为菲律宾特殊的历史，所以菲律宾的语言先后经历了西班牙语、英语、他加禄语等几个发展阶段。在现在的菲律宾华侨学校当中，学生既需要学习他加禄语，还需要学习汉语和英语，这无疑给菲律宾的华人学生带来了较大的压力。另外，还有很多菲律宾的华人来自福建，这一部分华人还要求学校给自己的孩子教授闽南语，很显然，这样的环境并不利于学生的成长和发展。目前，菲律宾学校的汉语教学情况如下：第一，学生学习汉语只能通过华侨学校，而华侨学校也是学生学习汉语的主要途径，但是在菲律宾的教育规定中，学校进行汉语教学的课时每天不能超过两个小时，这样的教学要求并不科学，不利于学生的汉语学习。第二，学校对于汉语教学的资金投入较少，尤其是和其他的课程相比，在中文课程方面的投入明显落后；使用的教材不仅与学生的学习需求不符，还脱离了生活实际，甚至还有的学校仍然在使用繁体字的教材。第三，很多华侨学校的汉语教师都呈现出了老年化的情况，他们很多都是早期的侨民，本身就没有学习过系统化的汉语教学专业知识，缺乏足够的教学素养，所以他们在教学的过程中只会使用传统的灌输式教学法，这就很难取得理想的教学效果。因为以上几方面问题的存在和影响，所以菲律宾的很多学校开始逐渐接受来自国家汉办派出的志愿者教师，这些志愿者教师大多都具有专业的对外汉语教学经验，专业素养非常高。这些志愿者教师基本都是本科毕业生，还有硕士毕业生，因为他们的加入，整个菲律宾的华侨学校拥有了更加强大的活力。但是，因为大多数的志愿者教师只有一个学年的任期，所以仍然无法从根本上解决菲律宾华侨学校汉语教学存在的问题。

从以上内容可以发现，在国外的华侨学校进行汉语教育的推广任重道远，虽然很多华侨学校正在不断进行探索和创新，但是仍然没有取得实质性的进展。有的学校已经开始认识到手机 App 对汉语教学的促进作用，并且在教学过程中尝试使用手机，这对于国外的华侨学校和汉语教学来说无疑是一个重大的进步。

三、手机 App 在汉语国际教育中应用的调查结果

（一）学生使用手机汉语学习软件的基本情况

为了能够清楚地了解学生使用手机软件进行汉语学习的基本情况，我

们进行了问卷调查，在调查的过程中，主要设置了五个相关的问题。虽然问题的设置不够完善，但是仍然可以在一定程度上反映出学生的手机软件使用情况，具体调查结果如下：

表 4-1　学生使用手机汉语学习软件的基本情况

题序	调查题目	调查结果
1	你是否使用过手机类的汉语学习软件？	经常使用：15.9%　偶尔使用：80% 基本不用：4.1%
2	你认为手机上的汉语学习软件对于汉语学习是否有帮助？	帮助很大：71.9%　帮助不大：20% 没有帮助：8.1%
3	你使用手机汉语学习软件是在什么时候？	上课时：95.9%　自习时：16% 写作业时：4.1%　空闲时：0%
4	你使用过哪些类型的学习软件？	Pleco：96.1%　Hanping：70% HSK 相关软件：35.9% 拼音一点通：0%　其他软件：8.8%
5	你的汉语教师是否向你推荐过相关的汉语学习软件？	推荐过：10.9% 推荐过但没有使用：5% 没有推荐过：84.1%

从表 4-1 的数据我们可以发现，在 640 份有效的问卷调查当中，只有 15.9% 的学生会经常使用手机软件进行学习，有 80% 的学生表示会偶尔使用手机汉语学习软件，有 4.1% 的学生表示自己没有使用过汉语学习的相关软件。从这一项调查数据当中可以发现，学生在学习汉语时，对汉语的相关软件并不陌生，从学生的整体情况来看，学生使用手机汉语学习软件的情况相对良好。但是值得注意的是，没有使用过汉语学习软件的学生基本上都来自同一所学校，而这一所学校的整体实力相对较差，学生家庭经济状况和学校的文化氛围都落后于其他的学校，这些因素在一定程度上影响了学生使用手机进行学习。另外，该学校的学生对汉语学习的兴趣不

是很高，很多学生不会主动进行汉语的学习，而这也是影响学生使用手机软件学习的一个重要因素。在学生对手机软件满意程度的调查当中可以发现，有 71.9% 左右的学生对手机软件比较满意，他们认为在学习汉语的过程中，手机软件可以起到良好的辅助作用。当然也有 8.1% 的学生认为手机软件的作用不大，所以他们对于利用手机软件进行汉语学习似乎并不太满意。在对学生什么时候使用手机软件的调查当中可以发现，大多数学生都是在上课的时候使用手机软件，因为有教师的要求，所以在课堂上使用手机软件的频率比较高。另外，也有一小部分学生会在自习和写作业的时候使用这些软件，而没有学生会在空闲的时候使用手机软件。这一情况说明，学生使用手机软件进行汉语学习的自觉性并不高，很多学生的学习动力不强，积极性不足。这与国外的学习环境也有一定的关系，在西方国家当中，很多家长并不认可家庭作业的概念，所以即使有一些课后作业，学生也大多在上课时间就完成了。在众多的汉语学习软件当中，使用 Pleco 的学生比例是非常高的，另外使用 Hanping 的学生也比较多，这两款 App 的普及度相对较高；35.9% 的学生使用汉语考级相关软件；其他软件的使用人数则比较少。还有一个值得注意的现象，因为微信的普及，所以使用微信进行教学是一个不错的选择，在调查结果当中，很多学生在其他软件处写了微信、QQ 等，而且写得最多的还是微信。在最后一个问题的调查中，有 70 个学生表示教师曾经在教学的过程中推荐过汉语学习的手机软件，而且自己也下载使用过，这一部分学生占调查学生总数的 10.9%。另外，还有 5% 的学生表示，虽然教师在教学过程中曾经推荐过学习汉语的相关手机软件，但是自己并没有下载使用过，这一部分学生有 32 名。剩下 84.1% 的学生表示，教师在教学过程中并没有推荐过相关的手机学习软件。

（二）学生使用手机软件学习汉语的具体情况

为了对学生使用汉语学习软件的情况有一个更加深入的了解，在问卷调查当中也设置了五个相关的问题，具体调查结果如下。

表 4-2　学生使用手机软件学习汉语的具体情况

题序	调查题目	调查结果
1	你认为使用过的汉语学习 App 对你哪方面的帮助最大？	进行汉字学习：8%　进行词语学习：82.9% 进行语音学习：0.7%　进行语用学习：8.4%
2	你希望汉语学习软件可以在哪一方面进行进一步的发展？	进行汉字学习：33%　进行词语学习：21% 进行语音学习：24%　进行语用学习：22%
3	你认为汉语学习软件应该使用哪种语言？	汉语：15%　　　　　英语：78% 其他语言：7%
4	你在使用汉语学习软件的过程中经常遇到什么问题？	付费使用：65.9% 软件操作过于复杂：20% 软件界面比较单一：31.2% 软件发音不够准确：12% 其他：5%
5	你认为教师在汉语教学过程中是否需要利用相关的 App 来辅助教学？	需要（对于汉语学习有帮助）：33% 需要（提升课堂趣味）：52% 不需要：10% 无所谓：5%

从表 4-2 我们可以发现，在使用汉语学习软件进行学习的过程中，有 82.9% 的学生认为使用相关的软件能够帮助自己充分提升词语能力。而且从较多学生使用 Pleco 和 Hanping 两款 App 的情况来看，我们其实不难发现，两款 App 有个共同点，它们都是词汇类的汉语学习 App。从第二个问题的调查结果中我们可以发现，汉字的学习需求是最高的一个，但四个不

同的答案之间其实并没有很大的差距，这很大程度上是因为学生对于手机软件中的教学内容了解不够，所以他们只能从自身对汉语学习的需求出发来回答问题。而在汉语学习软件应当使用哪种语言作为主要的语言的问题中，大多数学生都选择了英语，只有 15% 的学生选择了汉语，还有 7% 的学生选择了其他语言。这一结果表明，海外的汉语学习者对于汉语的认可程度并不高，这与学习者学习汉语的积极性不高具有一定联系。我们从数据当中还可以发现，手机软件付费使用是一个重要的问题，这一问题导致学生无法使用软件的很多功能，最终也影响了学生使用手机 App 进行汉语学习。另外，31.2% 的学生认为汉语学习软件当中的界面过于单一，使用这些软件无法真正帮助学生提升自己的汉语水平，这也体现了学生对汉语相关软件的满意度比较低。还有一些手机汉语学习软件的操作和页面设计也存在一定问题，有一部分学生表示这些问题会在一定程度上影响汉语学习的积极性。从以上这几方面的问题可以发现，很多软件开发商在研究软件时会将利益放在首位，忽略了软件的质量提升，导致市场上的汉语学习软件使用体验不佳。从最后一个问题的调查当中可以发现，仍然有超过半数的学生希望在教学过程中可以使用相关软件进行辅助，因为通过使用相关的软件，可以帮助学生加深对汉语的掌握，同时还能够提升汉语教学的趣味性。当然，也有 15% 的学生认为在汉语教学过程中不需要使用手机软件或者持无所谓的态度。

（三）汉语教师使用手机软件的基本情况

为了清楚了解汉语教师使用手机软件的基本情况，我们进行了问卷调查，具体结果如下。

表4-3　教师使用手机软件的频率

使用频率	经常使用	偶尔使用	不使用
人数（人）	13	34	18
比例	20%	52.3%	27.7%

表4-4　教师使用手机软件的目的

使用目的	喜欢汉语	备课准备	提升自己的汉语水平	其他
人数（人）	6	32	6	3
比例	12.8%	68.0%	12.8%	6.4%

表4-5　教师认为使用手机软件对学生学习的帮助情况

帮助情况	帮助较大	帮助不大	没有帮助
人数（人）	42	5	0
比例	89.4%	10.6%	0%

表4-6　教师使用的手机软件类型

手机软件类型	Pleco	Hanping	HSK 相关软件	微信	其他
人数（人）	43	34	7	58	44
比例	66.1%	52.3%	10.8%	89.2%	67.7%

表4-7　教师使用手机软件辅助汉语教学的情况

辅助教学情况	经常使用	偶尔使用	不使用
人数（人）	0	6	59
比例	0%	9.2%	90.8%

表4-8　教师向学生推荐手机学习软件的基本情况

推荐情况	推荐过	没有推荐过
人数（人）	20	45
比例	30.8%	69.2%

在对教师的问卷调查当中，共有 65 份有效问卷。从表 4-3—表 4-8 中，有 13 名教师表示自己会经常使用手机汉语学习软件，占调查教师总数的 20%；有 34 名教师表示自己会偶尔使用手机软件，占调查教师总数的 52.3%；有 18 名教师表示自己从未使用过相关的汉语手机学习软件，占调查教师总数的 27.7%，而这一比例远远超过了没有使用过手机软件的学生。通过分析，原因大概包括以下几方面：首先，有一部分教师认为自己的工作是进行汉语教学，而学习汉语是学生的任务，自己没有必要使用手机学习软件。其次，很多国际汉语教育的教师专业素养并不是很高，尤其是很多华侨学校当中的汉语教师，他们的年纪比较大，不太适应智能手机，所以自然不会使用相关的手机软件。最后，很多汉语教师使用这些软件是为了备课，虽然他们的汉语水平可能并不是很高，但是为了能够应付工作，不得不借助这些软件来帮助自己备课。而在使用过手机软件的 47 名教师当中，有 12 名教师表示自己使用手机汉语学习软件是因为自己喜欢汉语和能够提升自己的汉语水平；有 32 名教师使用手机汉语学习软件是因为借助这些软件进行备课；有 3 名教师使用汉语学习软件是其他原因。而在使用手机汉语学习软件的 47 名教师中，有 42 名教师表示使用手机软件能够帮助学生进行学习，也有 5 名教师表示使用这些软件对于学生的帮助并不大。在教师使用哪些手机软件的调查中，使用最多的软件是微信，其次是 Pleco 和 Hanping，当然也有一些教师会同时使用多种不同的软件。从使用比例来看，可以发现使用微信的教师竟然接近 90%，其次是使用 Pleco 的教师和使用 Hanping 的教师，还有 44 名教师表示除了这些软件之外，也使用过其他的软件。在是否会使用手机软件进行辅助教学的调查当中，有 6 名教师表示自己会在教学的过程中偶尔使用相关的软件，但是有 59 名教师都表示自己不会使用手机软件进行辅助教学。之所以会出现这样的结果，一方面是因为很多学校和教学机构自身硬件设施不足以支持开展网络教学；另一方面是因为很多教师对手机汉语教学软件认识不充分，没有认识到手机软件多样化的功能。

（四）汉语教师使用手机软件的具体情况

在教师使用汉语手机学习软件的过程中，为了能够加深对教师使用情况的了解，还应当进行更深层次的调查，具体调查结果如下。

表 4-9　汉语教师使用手机软件的具体情况调查

题序	调查题目	调查结果
1	你认为汉语学习类的手机 App 在哪一方面可以给学生更大的帮助？	汉字方面：21.3%　词汇方面：51.1% 语音方面：6.4%　语用方面：21.2%
2	你认为相关的手机 App 应当在哪一方面进行创新发展才能满足学生的需求？	汉字方面：31.9%　词汇方面：25.5% 语音方面：19.1%　语用方面：23.5%
3	你认为汉语学习相关的手机 App 使用什么语言最合适？	汉语：19.1%　英语：78.7% 其他语言：2.2%
4	你在使用手机软件的过程中经常会遇到什么问题？	需要付费：83.0%　操作麻烦：57.4% 功能单一：46.8% 发音不准确：53.2% 其他：6.4%
5	在条件允许的情况下，你是否愿意使用相关手机软件进行辅助教学？	愿意：66.0%　看情况：21.3% 不愿意：12.7%

从表 4-9 的调查当中我们可以发现，汉语教师对于手机汉语学习软件的满意度和对学生的调查结果基本相似，同样认为在教学过程中，这些软件对于词汇学习的作用比较大。但是在对相关手机 App 今后发展的建议当中，教师的建议相对平衡，在汉字、词汇、语音、语用几个方面的差别

不大。而在汉语学习相关手机 App 的语言选择方面，大多数教师也表示使用英语比较合适，选择英语的教师比例甚至高达 78.7%，而选择汉语的教师只有 19.1%。在第四个问题的调查当中，教师也认为影响手机汉语学习软件使用情况的一个主要原因便是需要进行付费，其次是软件操作比较麻烦、软件功能单一和发音不准确等。总体来看，这些汉语学习软件在教师看来也存在质量不够高的问题，这些问题在一定程度上影响了教师对汉语学习软件的使用情况。但是在相关的调查当中可以发现，如果情况允许，仍然有 66% 的教师愿意在汉语教学过程中使用相关软件进行辅助教学，只有 12.7% 的汉语教师表示在之后的教学当中不愿意使用相关手机软件进行辅助教学。

（五）调查结果分析

通过以上的问卷调查，我们对结果进行分析总结，可以得出以下几个主要结论。

第一，从目前的汉语教学现状来看，大多数汉语教师和汉语学习者对于学习汉语的相关手机 App 并不陌生，而且在学生群体当中，使用一些手机 App 进行汉语学习的情况也比较普遍。但是在这一过程中存在另一个问题，即手机 App 的内容比较单一，能够给教师和学习者提供的帮助比较少。而且就当前手机应用商店当中的汉语学习类 App 来看，大多数 App 都是翻译类的词典。虽然这些 App 能够在一定程度上帮助学生进行汉语学习，但是却不能切实有效地提升汉语学习者的汉语水平和汉语交际能力。

第二，进行汉语学习的教师和学生认为相关的手机软件可以在一定程度上辅助自己进行教学和学习，但是教师和学生大多都认为当前很多手机软件的质量并不过关，而且普遍存在收费情况，也没有为师生提供应有的作用和效果。

第三，很多汉语教师在教学的过程中教学方法比较传统，缺乏创新意识，所以能够取得的实际教学效果非常有限。再加上很多教师在教学的过程中没有使用相关的手机软件来进行辅助教学，无法充分调动学生的积极性和主动性，所以学生汉语能力提升并不明显。在进行汉语教学的过程中，有一部分教师会使用英汉翻译软件将汉语内容翻译成英文再传授给学生，虽然这样的方法也具有一定的效果，但是并不能有效提升学生的汉语交际能力，久而久之，还容易影响学生的学习积极性。

第四，本土汉语教师数量较少，无法有效帮助世界各地的汉语学习者进行学习。而且这些本土的教师还存在汉语水平低、年龄大、学历低的问题，这些问题直接决定了教师的汉语教学水平。伴随着科技的发展，使用技术手段进行教学成为一种趋势的时候，在这种趋势面前这些本土的汉语教师就会表现出无能为力。所以，当前很多国外的华侨学校对于中国汉语教师志愿者的需求比较高，在对教师需求的同时，也需要中国可以将更多的教学理念和教学手段传递出去。

第五，对于很多国外的汉语学习者来说，他们在学习汉语的时候非常乐意通过汉语考级的方式来对自己的汉语水平进行一定的检验。所以，国际汉语水平考试已经在全球很多国家的城市当中得到了推广，并且非常受汉语学习者的欢迎。

第三节
手机 App 在汉语国际教育中应用需要注意的问题

一、手机 App 在汉语国际教育过程中应用存在的优势和问题

（一）手机 App 在汉语国际教育过程中应用的优势

通过调查研究可以发现，很多相关的手机汉语学习 App 都具有良好的发展前景。从目前的情况来看，很多教师和学生都会使用手机软件来进行辅助教学或者学习。手机汉语学习软件的受众越来越广泛，这在一定程度上说明教师和学生对相关软件有需求。尤其是伴随着相关技术的逐渐成熟，智能手机也发展迅速，这为相关 App 的发展提供了一个良好的载体。而且智能手机支持汉语学习者利用碎片化的时间进行学习，这样越来越多的学生就能够参与到使用智能手机进行学习的行列当中。而且从当前的手机软件来看，我们可以发现这些软件类型很多，其中包括汉字类型的软件、词汇类型的软件、语法类型的软件、语音类型的软件等。总之，汉语学习软件类型的多样化，能够充分满足汉语学习者的多样化学习需求。最重要的是，通过使用手机软件进行学习，能够充分调动学习者的学习兴趣和积极性，让学生和手机之间的互动得到进一步的提升。因为这些手机软件的存在，汉语学习的方式越来越多样化，学习内容也变得更加丰富，这样汉语学习者的学习效率也得到了极大的提升。

（二）手机 App 在汉语国际教育当中应用存在的问题

通过上文的问卷调查，我们也可以发现应用手机学习软件辅助教学与学习的过程中存在的很多问题。首先，很多汉语学习软件是商家为追求利益而进行研发的，很多软件都需要付费才能使用，这在一定程度上制约了教师和学习者对手机 App 的使用。其次，手机 App 市场整体呈现出一个软件数量多但是质量不佳的情况。当然，我们不得不承认也有一些优秀的汉语学习软件，但是这些优秀的汉语学习软件数量较少，大多数软件仍然是比较劣质的。这些劣质的软件有内容不科学、形式不吸引、操作界面缺乏特色、人机互动不足等问题。而且还有很多软件在开发的过程中过度追求形式，虽然游戏页面比较活泼新颖，但是却没有高质量的内容。比如有一些游戏类型的汉语学习软件，虽然是通过游戏的方式进行汉语的学习，但是学习者却不知道自己学习到了什么内容。最后，要想在汉语学习过程中使用这些软件，并且为学习提供一定的帮助，离不开汉语教师的帮助和引导，而在实际的教学过程中，很多国外的汉语教师和汉语学习者并没有认识到手机软件的重要性，所以他们在实际的教学和学习过程中，没有积极使用相关软件来进行辅助教学和辅助学习。

二、手机 App 在汉语国际教育当中应用的构想

通过前文的调查结果，我们可以对手机 App 在汉语国际教育当中的应用提出构想。也建议软件开发商在之后的软件研发过程中不断提升手机 App 的价值，为汉语国际教育的发展助力。

（一）要不断提升汉语学习手机软件的质量

在开发汉语学习手机软件的过程中，需要软件开发者从学习者的角度

出发，根据教学者和学习者的需求进行软件的研发，且要提升软件的质量。在开发这些手机软件的过程中，还需要将二语习得理论、认知规律等理论内容融入其中，保证手机汉语学习软件的科学性，最终开发出更多适合汉语教师教学和汉语学习者学习的软件。软件的开发不能只注重外在的形式或追求利益，更要重视软件的内容和质量。可以在软件中增加反馈机制，从而及时了解使用者的体验感和使用情况，及时进行软件的更新和调整。软件的人机互动功能也是当前软件的一个重要特征，更是吸引用户的一个优势。软件开发者在开发软件的过程中，还需要和其他领域的专家进行合作，从软件的内容到软件的形式，都要进行科学的设计，这样才能设计出满足用户需求的汉语学习软件。也只有这样，汉语学习软件才能在汉语国际教育当中发挥应有的作用。

（二）国家汉办组织需要加大对相关手机 App 的投入力度

手机 App 需要依托于智能手机而存在，也需要依靠智能手机才能发挥其应有的作用。然而伴随着智能手机的不断成熟，这些软件的功能和价值也得到了进一步的体现。尤其是在使用这些 App 进行学习的过程中，学习者能够充分突破时空的限制，可以随时随地进行学习。但是因为当前众多 App 当中设置了付费使用的门槛，很多汉语教师和学习者无法经常使用这些软件。因此，国家汉办应该发挥自身的作用，充分利用网络孔子学院的资源为各个国家的汉语学习者提供帮助，尽可能解决其中存在的教学资源和人才资源不足的问题。最好可以加大资金和人才投入，研发一些免费的个性化汉语学习软件。比如网络孔子学院，它就可以利用自身的庞大资源体系建立自己的手机客户端，或者创建一个相关的移动学习 App，全球的汉语学习者都可以进行免费注册，也可以免费使用其中的汉语学习资源。这样一来，就可以为汉语学习者提供一个良好的学习环境，也为全球的汉语学习者提供了在线沟通的平台。

（三）要不断提升汉语教师的质量

汉语教师不仅包括各个国家的本土汉语教师，同时还包括我国输出的一些汉语教师志愿者。要提升这些汉语教师的质量，需要提高这些教师的信息化教育意识。在新媒体时代，要学会科学有效地使用信息技术，这样才能不断提升教师的教学效率。在这一过程中，教师还需要不断提升自己使用手机 App 的积极性，只有教师从心底接受这些软件，才能在最终的教学过程中使用这些软件。总之，汉语教师不仅要提升自身的教学能力，还要掌握科学先进的教学理念和教学方法，这样他们才能在汉语国际教育过程中发挥更大的作用。

三、手机 App 在汉语国际教育中应用的发展趋势

（一）汉语国际教育 App 的需求持续增加，汉语教学智能化发展

近几年，随着智能手机和相关技术的成熟，越来越多的汉语学习手机 App 出现，甚至有很多 App 的注册人数超过了 100 万，这一情况足以体现，当前汉语国际教育相关的 App 需求十分旺盛，甚至还会有更加广阔的发展市场。但是目前汉语学术界对于相关 App 的研究仍然处于初级发展阶段，和当前新媒体的大环境相比，汉语国际教育 App 的推广和发展相对落后。因此，相关领域应当加强对汉语国际教育 App 的关注，并且从各个方面推动相关 App 的发展，尽可能促进汉语学习 App 和新媒体环境的相互统一，最终实现汉语教学的智能化发展。

（二）传统课堂教学和移动教学的相互融合，教学模式的多样化发展

汉语国际教育的 App 都支持用户进行线上教学或线上学习，这促进了汉语教学模式的多样化发展。比如在进行汉语教学时，教师可以在传统教学课堂中使用相关的 App 进行辅助教学，形成线上线下相结合的教学模式。如今，有越来越多的汉语院校和教学机构正在积极推进移动汉语教学的推广，并且尽可能实现传统汉语教学和移动汉语教学的相互融合。利用汉语学习 App 进行教学就是一个典型的例子，它能够有效补充和丰富汉语教学的资源。

（三）汉语国际教育手机 App 逐渐实现市场化发展

因为网络技术和智能手机的发展，汉语国际教育相关的 App 已经逐渐拥有了一定的规模，甚至有很多相关的 App 在发展过程中不断研发新的产品，最终形成了自身独特的发展模式。汉语学习的 App 发展进程越来越快，逐渐实现了体系化和市场化发展。另外，汉语学习者的数量也在逐渐增加。这些情况展现出了汉语学习 App 的良好发展前景。

四、汉语国际教育 App 发展的相关建议

（一）以用户需求为出发点进行软件开发

从前文的问卷调查可以发现，很多汉语学习相关的 App 在研发的过程中并没有从用户需求出发，只是单纯地追求利益。因此，这些软件并没有获得很大的用户市场。全球范围内的汉语学习者在进行汉语学习的过程中，却苦于找不到适合自己的汉语学习 App。所以，在以后的 App 开发设

计过程中，一定要从用户的需求出发，对自身进行准确定位，这样才能获得更大的发展市场。软件开发商在进行 App 设计的时候，一定要考虑清楚 App 要为什么群体服务，他们学习的目的是什么，只有这样才可以合理设计学习内容，满足了学习者的需求，才能紧紧抓住学习者的心。比如，现在有很多汉语学习者都是因为工作需要进行学习的，尤其是商务领域和旅游行业，如果 App 在设计内容的时候能够明确这类学习者的需求，帮助学习者有所成长，那么研发出来的 App 肯定有非常好的使用率。

在进行 App 设计和研发的过程中，开发商最好在 App 介绍当中表明这一 App 适合的学生群体，并且在平台当中设置专业的测试系统，帮助学习者进行能力水平测试，让学习者可以及时发现自己的不足并及时改进，这样才能获得更多学习者的喜爱。

（二）提升 App 的交互性

因为汉语学习的难度比较高，所以很多学习者在刚刚接触汉语的时候就选择放弃，尤其是那些年纪比较小的学习者，他们比较活泼，很难长时间集中注意力进行学习。而且使用 App 进行学习，需要学习者更加自觉主动，这与传统汉语教学课堂中被动地学习是截然不同的。所以，学习者要不断探索，主动学习和获取资料，遇到问题时也要主动解决，只有这样才能逐渐提升自己的汉语水平。在进行 App 设计的过程中，可以设置激励机制，通过对学习者进行激励，逐渐提升他们的学习兴趣，从而帮助他们形成长期的学习动力。另外，进行 App 设计，还需要保证自己的 App 区别于别的 App，避免设计雷同，否则很容易消磨学习者的学习兴趣。

（三）不断提升 App 的资源数量和资源质量

在研发手机 App 的过程中，还需要认识到教学资源的重要性，因为教学资源是保证 App 成功被用户认可的一个重要因素。因此,在研发 App 的过程中,可以将汉语教学资源按照初级、中级、高级等几个不同的等级进行划分,也可以按照汉字、词汇、语音、语法的分类进行划分,还可以按照时间节点将中国文化划分为古代文化、现代文化和当代文化等几个不同的方面。不同的划分方式适用于不同的 App,不同的 App 所对应的用户群体也不相同,只有让每一位学习者都可以学习到针对性的内容,才能充分发挥这些 App 的作用,保证学习者的汉语水平可以得到有效的提升,促进汉语国际教育的进一步发展。

(四)积极进行用户行为分析

在进行汉语学习类 App 产品研发的过程中,需要合理有效地利用各种相关技术。在一款 App 当中不仅要有应用界面部分,还需要有后台管理部分,只有这样才算是一个完整的 App 应用。对汉语学习类 App 的研发也不例外,应当在后台管理部分增加用户行为分析的内容。如果软件当中具有完善的后台管理系统,便可以在用户使用 App 的时候对用户行为进行准确辨别,从而及时发现学习者在学习过程中遇到的问题,并且进行迅速有效的解决。同时也可以与第三方平台进行合作,借助第三方平台来对 App 用户的习惯、活跃度等内容进行分析。根据分析结果,App 为用户提供针对性的内容服务,实现更精准的运营。为了能够给用户更好的使用体验,还可以充分利用图片资源、视频资源等不同形式的资源,丰富 App 的学习内容,使汉语学习者有更多的收获。从问卷调查中也可以发现,对于国外的汉语学习者来说,汉语发音一直都是一个比较难的部分,而很多学习者反映现有 App 当中的发音部分一直存在不标准的情况。学习者在使用汉语国际教育 App 的过程中,经常会遇到语音无法识别、语音识别不准确、无法连续进行识别的情况,这些问题在一定程度上制约了汉语学习者的学习进度。为了能够改善这些问题，App 研发商需要在软件研发的过程，充分利用语音识别技术实现 App 的完善和发展。

总之，学习者进行汉语学习的最终目的是提升自己的汉语水平，解决在学习、生活和工作当中遇到的各种问题。因此，软件开发商在进行 App 研发的过程中，一定要从实际情况出发，从用户的学习需求出发，并且充分利用相关技术完善软件系统，这样才能为用户提供更加高效的汉语学习 App。这样的 App 不仅能提升学习者的汉语学习效果，也促进汉语国际教育的进一步发展。

第五章

汉语国际教育文化传播的
内容、原则及技巧

第一节
汉语国际教育文化传播的传播内容

从拉斯韦尔的"5W"模式来看汉语国际教育中的文化传播，主要是包括"谁传播""传播了什么""通过什么方式""对谁传播""取得了什么效果"五个部分。而在整个文化传播的过程中，要想不断提升中国文化的传播效果，这五个不同的要素都需要进行关注，但是在这五个不同的要素当中，无疑有一个基础性的、有着核心作用的内容，那便是传播内容。虽然长期以来，越来越多的学者对文化传播内容进行了研究，但是诠释似乎始终不够准确，所以我们需要对汉语国际教育中的文化传播的内容进行进一步的探讨，明确要传播什么样的内容。

一、传播内容

汉语国际教育的性质，其实就是语言教学和语言传播，而在文化传播的过程中，语言是一个非常重要的载体，所以在进行汉语国际教育的同时，要体现出文化的传播。很多人认为，进行中国文化的对外传播，传递的便是中国人典雅的人生态度，但是人生态度其实就是价值观的体现，而进行文化的传播并不是为了要让其他国家的学习者学习我们的价值观，也不是为了改变留学生的价值观。我们要传播的其实是那些具有中国元素和中国特色的文化内容，所以我们就需要考虑中国文化当中那些最具有中国特色的内容，比如陶瓷艺术、传统书法、绘画艺术、四大发明、传统乐器等。在我国数千年的发展历史中，留下来的文化内容非常丰富，这些丰富的文化内容都可以成为我们传播的对象。通过研究分析，中国文化的传播主要包括以下两个方面。

（一）进行我国经典文化的传播是中国文化传播的当务之急

如今，我国在海外建立了很多汉语学校，但是汉语教师在教学的过程中会非常困惑，无法在进行语言教学的过程中，将语言与中国文化进行一定的结合。这样的教学方式是非常不合理的，在进行中国文化传播的过程中，最需要关注的就是我国的经典文化。我国具有几千年的发展历史，文化非常丰富，比如秦汉之前的儒家文化、老庄哲学文化，还有汉唐时期的诗词文化和音乐文化，宋元明清时期的陶瓷文化、茶叶文化、喜剧文化、小说文化等。除了这些，还有不同地方的地域文化、方言文化等，我国的经典文化数不胜数。

有很多国外的留学生其实对中国的文化非常感兴趣，比如中国的姓氏文化，不仅有"赵""钱""孙""李"等单字的姓氏，同时还有"诸葛""欧阳"等复姓。比如当提到"诸葛"的时候，很多外国的学生都会迅速想到诸葛亮，这足以说明中国文化的影响力，我国很多经典文化当中的人物形象早已经穿越时空，传播到了当代的其他国家。还有我国的功夫文化影响力也非常大，中国功夫已经成为我国的一个重要名片。所以，教师在进行对外汉语教学的过程中，要尽可能将中国文化和语言进行一定的结合，这样一来就很容易与学生引起共鸣，能够取得更好的教学效果。比如好莱坞电影《功夫熊猫》，不仅将我国的大熊猫融入了其中，同时还融入了中国传统建筑、中国音乐、中国饮食等多种不同的元素，最终这部电影向全世界展现出中国文化的魅力，电影也取得了极大的成功。

汉语国际教育的教师在教学过程中，可以选择最能代表中国文化的内容进行讲解，在进行汉语教学的同时能够帮助学生了解中国文化，还能够让教师与学生之间的情感更加密切，因此获得更好的教学效果。汉语教师在教学的过程中，可以将一些课外读物融入教学，在丰富学习者的课外生活时，还能够调动学生的学习积极性。比如我国有很多经典的传统读物，像《论语》《诗经》、"四大名著"、《呐喊》《彷徨》《边城》等。当然，在进行读物选择的时候，要根据学生的实际情况进行选择。总体来说，汉语国际教育本身就是进行中国文化传播的重要方式。教师在教学的过程中，应该担起传播中国丰富传统文化的责任，让我国的文化真正"走出去"。

（二）新时期要进行我国主流文化的传播

从改革开放至今，我国在经济和文化等多个方面都取得了极大的发展成就，尤其是新时期的和谐文化、人本文化等，被越来越多的人认可。教师在进行对外教学的过程中，要加强文化的传播，因为文化本身也是一种特殊的生产力，可以让全世界对中国有一个更加全面和深入的了解，吸引更多国外的人才来中国服务。在汉语国际教育当中进行中国文化的传播，需要将当今时代的主流文化思想传播出去。

如今，经济全球化的发展进程越来越深入，国家与国家之间的联系也在逐渐加深，很多西方国家会在这一过程中进行文化渗透，企图通过这种方式进行霸权主义的宣扬。亨廷顿认为，一个国家如果拥有过硬的经济实力和军事实力，则会让这个国家的自信心得到极大的提升，甚至会让一个国家变得自负，让其认为自身的文化意识形态吸引力也会得到一定的提升。

目前，汉语国际教育已经在世界各地形成了一个热潮，但是在很多人看来，汉语热传播的内容也仅仅是语言，并没有拓展到文化的传播。很多西方国家一直在大肆宣扬中国威胁论，他们认为在经济全球化发展的过程中，中国的经济发展非常迅速，中国的和平发展会对他们这些西方国家造成一定的威胁，甚至会对整个世界的安全与和平造成一定的影响，但是很显然，中国政府在处理国际问题以及在探讨发展的问题过程中，一直都在强调和平。甚至我国很多的相关媒体在报道的时候，也会将中国与和平联系在一起，这不仅表明了我国的强硬态度，更是对世界其他国家的一种承诺和保证。西方国家宣扬中国威胁论，是因为他们不理解中国的和平文化，或者说对我国文化的理解不够深入，因此我们需要在中国文化传播的过程中不断努力。

文化全球化的发展，对于我国来说既是一个机遇，但同时也是一个挑战，面对各个西方国家的文化入侵，我国如何做好防护措施，并且在这一过程中如何提升自身文化的影响力，都是我们当前需要解决的重要问题。因此在汉语国际教育的过程中，我们不仅要进行汉语的教学，同时还需要将具有和平理念的中国当代主流文化传播出去，让其他国家的学习者都能以客观的眼光来看待我国和我国的文化。

二、合适的传播内容

（一）传播内容具有可接受性

在进行汉语国际教育的过程中，需要保证传播的内容是学生可以接受的，只有这样才能保证传播的效果。要保证传播内容的可接受性，首先需要保证传播内容满足普适性、有用性和趣味性三个特征。

1. 普适性

教师在进行汉语教学的时候，选择的传播内容需要适合学生的学习需求，要从学习者的角度出发进行文化传播，否则传播效果就无从谈起，甚至有可能在教学的过程中让学生产生一些逆反的情绪和心理，取得相反的传播效果。比如一位在美国进行汉语教学的教师，他在进行汉语教学的过程中曾经和一位黑人同学进行对话，教师问了这位黑人同学是否喜欢打篮球，当时很多同学都笑了。虽然这位同学也进行了回答，但是教师仍然能够感受到课堂当中微妙的变化，课后在与其他教师交流的时候，才发现这一问题涉及在美国非常敏感的种族问题。因为美国是一个多民族的移民国家，国民是由很多不同国家、不同种族的人群构成，所以在社会当中有着非常严重的种族问题。我们可以发现，美国职业篮球联赛上的黑人运动员比较多，所以当人们一想到篮球这项运动的时候，就会自然而然地与黑人联系起来。但是这位教师在教学的过程中无意间将黑人和篮球联系在了一起，所以就造成了课堂上的尴尬局面。虽然这些情况并不是那些明确规定禁止的内容，但是仍然属于文化的范畴。所以，在汉语国际教育当中进行文化的传播，一定要保证传播的内容不会触碰学生本身的文化禁忌，否则很有可能无法取得理想的传播效果。

另外，还需要保证传播的内容符合道德要求。因为不同的文化之间是存在一定差异的，差异大小也并不相同，所以在进行文化传播的过程中需要做到求同存异。其实从传播学的角度来看，在不同的文化当中，文化之间的观点越是相近，取得的传播效果就会越好。而且从受众的角度来说，如果不同文化之间的文化观念差异越小，也就越容易被大家所接受。在当前全球化发展的大环境之下，进行中国文化的传播必然会面临更大的挑战。我们需要对不同国家的道德标准进行一定的了解，找到彼此文化价值观和文化习惯之间的相似点与差异，只要这些差异的存在不会对客观环境造成不良的影响，也不会违背世界公认的价值指标，那么这些差异就有存在的意义，也会被大家所接受。我国的道家哲学思想崇尚道法自然，即万物都有其本身的规律，人们在世界当中应当顺应自然发展的规律。在医学经典《黄帝内经》当中也提出了人与自然环境之间有着密切的联系，而且不同的季节与人们的身体器官都是相互对应的，这些内容都体现出了我国思想文化当中人与自然的关系的思考。美国人戴维斯也在自己的著作《中西文化之鉴——跨文化交际教程》当中提到，在中国文化当中具有非常强烈的人与自然和谐相处的文化思想，这些文化认为万事万物都有自身的发展规律，所以人们需要遵循这些不同文化之间的规律，在人和大自然之间形成一种平衡的关系。但是西方的价值观则有所不同，他们认为人是凌驾于大自然之上的，人们可以对大自然进行充分利用，从而让自己的生活变得更加舒适。显然两种不同的文化之间是具有一定差异的，但是这样的差异并不会影响我国的文化在西方社会当中进行传播。我国的道家思想在法国就得到了极大的传播，也有越来越多的人开始关注人与大自然的关系，以求对我们所生存的环境进行更好的保护。

我国有几千年的历史和文化，对于有些文化也需要进行一定的反思，保证可以做到取其精华、去其糟粕，对外传播的文化应当是符合时代发展趋势的，这样才能促进社会的进步和发展。在跨文化传播的过程中，还需要考虑到不同文化差异的问题，从人类普遍认可的道德出发进行文化传播。

2. 有用性

第一方面，要求传播的内容要和汉语国际教育的相关课程有一定的联系。试想一下，如果在进行汉语国际教育的过程中，向学生传递的文化和教学的内容毫无关系，很有可能会让学生一头雾水，对教师所要传达的内容无法进行深刻的理解。教师在进行汉语教学时，从教学的实际情况出发，将课堂内容与中国文化内容进行一定的融合，这样可以促进教师与学生之间的交流。即使没有教材，在进行文化内容选择的时候，也要从交流的主题内容出发，最好能选择一些与课堂主题相关的文化内容进行讲解。比如课文是与交际和对话相关的主题，在进行文化内容选择的时候，就可以选择交际方面的文化进行一定的讲解；但是如果这时与书法或者音乐相关的知识结合，就会明显跑题，不仅达不到文化传播效果，汉语教学效果也会因此受到一定的影响。

第二方面，在选择传播内容的时候，还需要保证传播内容适度，因为只有这样才不会本末倒置。要想保证汉语教学的正常开展，保证文化传播内容与教学主题相关是一个重要的基础，但是要考虑到"数量"的问题，如果对于文化内容只是简单提几句或者大量使用，都不能取得良好的文化传播效果和汉语教学效果。在教学的过程中，如果教师只是简单提了一下相关的内容，会让学生认为教师是教学不认真，那么学生在学习的过程中也很有可能会敷衍了事；如果教师在汉语教学的过程中使用了大量的文化内容，则会让学生分不清主次。不论是哪一种方式，都有可能会影响正常的汉语教学。因此在进行文化传播的时候，需要选择适量的文化内容，保证学生可以充分理解和吸收这些内容。暨南大学的周健老师编写了一本叫作《游学在中国》的教材，这一教材中的第一课就是教大家如何在刚见面的时候互相认识，包括询问和介绍姓名等多方面的内容。课程当中不仅对中国人的姓名构成、姓名顺序、常见的姓名等内容进行了介绍，还讲了一些如何称呼他人的方式，这些内容可以让外国友人对中国人姓名当中的基本常识有一个基本的了解。如果在编写这些内容的时候，只是简单地说中国人的姓名由姓和名两部分组成，却不进行姓名的先后、常见的姓名以及姓名的称呼方式的讲解，学生仍然会对这一方面的知识非常迷茫。但是如果在这一基础上还增加中国不同姓氏的发展历史，以及其他更加详细的内容，先不考虑学生能否看懂，学生光看到这些内容就会产生一定的厌烦情绪。

第三方面，还需要保证传播的文化内容是学生需要的内容。在文化传播的过程中，传播受众的主观能动性发挥，会对传播效果产生非常直接的影响，因此，传播内容的选择需要充分考虑到受众也就是学生的需求。从传播学的角度来说，如果传播的内容是学生迫切需要了解的内容，那么传播效果会比正常情况下的更好。其实教师在日常的课程当中就可以发现，相当部分的学生不积极，有些学生还会经常出现睡觉甚至旷课的情况，整个学习结束之后，学生对所学内容是知其然而不知其所以然。但是一般在考试之前，教师进行重点标记的时候，学生的积极性又会变得很高。平常的课堂教学效果和考试前的教学效果相比较，两者的差距非常明显。所以在汉语国际教育当中进行相关文化的传播，也需要从学生的需求出发选择合适的传播内容。比如在对国际贸易专业的学生进行汉语教学的时候，就需要将汉语与中国贸易相关的文化内容进行一定的融合，让学生可以在这一过程中的学习更加积极。

如果汉语国际教育当中充分考虑以上三个原则，然后进行文化传播内容选择，则充分调动学生的学习积极性，最终取得不错的传播效果。

3. 趣味性

之所以要提升传播文化内容的趣味性，其目的就是要在传播的过程中充分调动传播受众的积极性，从而取得更好的传播效果。在进行相关内容传播的过程中，不论传播什么样的内容，提起学生的兴趣都是非常关键的。因此，在进行文化传播的时候，需要保证传播内容的趣味性，从传播受众的兴趣点出发进行内容的选择。趣味性和有用性，有时候是相互矛盾的。有时候，传播者选择了趣味性的内容，但这些内容很可能对于学生来说并非有用的；有时候，传播者选择了有用的文化内容，却不一定能够提

起学生的兴趣。就比如商务相关专业的学生在学习的时候，教师为学生选择的商务相关的内容对于学生来说可能是有用的，但是并不一定能够充分引起学生的兴趣。所以教师在进行内容选择的时候，需要充分考虑所选内容是否合适。

其实在传播效果方面，如果学生数量较多，也可以对学生进行一定的调研，了解大多数学生的兴趣点，从大多数学生的需求出发，进行内容选择。在中国文化对外传播的过程中，不同国家对中国文化的兴趣点也并不相同，比如有的国家和地区的学生对中国菜比较感兴趣，但是有的国家的学生对中国的书画艺术比较感兴趣，有的国家的学生则对中国的名胜古迹比较感兴趣。所以我们在进行文化传播的时候，要对不同的学生的兴趣点进行一定的考虑，并且进行相关内容的渗透，从而取得更好的传播效果。

我们发现，在很多国外的学校当中都会安排一定的中国文化体验班，会由高校的教师带领学生到中国进行游览和参观，当然也会通过一些其他的方式对中国的文化进行了解。这样的课程不仅能够充分引起学生的学习兴趣，同时还能够让学生带着问题去进行更加深入的思考，进而对中国文化产生更加深刻的认识。

（二）传播内容要保证可信

保罗·格瑞斯在自己的谈话原则当中提到过一个原则叫作质量原则，即要保证谈话内容的真实性。在交流的过程中，谈话内容是否都遵守了质量原则，这需要谈话双方进行一定的判断。谈话的时候，如果倾听者提前对所谈内容及其细节有一定的了解，那么他可以很轻易地判断出内容是真实的，谈话无法继续；如果倾听者对所谈论的内容并不了解，那么谈话可能顺利进行。这一原则虽然是谈话原则，但是在汉语国际教育当中进行的文化传播也适用。在进行中国文化传播的过程中，如果学生可以立即分辨传播的文化内容的真实性，那么学生会选择接受或排斥这些文化内容。所以，在汉语国际教育当中进行文化传播，要保证传播的文化内容的准确性和时效性，这样才能取得很好的传播效果。

1. 传播内容的准确性

在我们向世界其他国家进行中国文化推广和传播的过程中，我们需要保证传播内容的准确性。我们需要认识到，每个人的文化水平和语言水平必然是不一致的，即使那些汉语水平比较低的学生，也可能对我国的文化有一定的了解，所以教师在进行文化内容选择的时候要尽可能保证内容的准确性，既不能随便选择，也不能不经过考证就随意进行教学。另外，传播内容是在不断变化的，很有可能这些知识在传播的时候并没有什么不妥，但是随着时代的发展，这些知识发生了一些变化，这就需要教师随时对教学内容进行更新，否则原有的一些知识很有可能会对学生造成不良的影响。教师在进行知识传授的过程中，面对一些学生不太了解的知识和内容，教师一定要做好充分的准备，在教学的过程中帮助学生更好地掌握这些知识和内容。尤其是那些和我们日常生活联系比较紧密的文化知识，教学时更容易出现错误，教师需要深思熟虑，之后再传授给学生。

比如在开展汉语口语课的时候，有一位汉语教师在向国外的学生解释"师傅"这一词语的时候是这么分析的，"师傅"是指"传授技艺和技能的人"，并且在现在已经基本不会使用。但是我们可以发现，这位汉语教师对"师傅"一词的解释和分析明显是不准确的，他传递给学生的知识存在一定误差。因为在如今的社会生活当中仍然有非常多的地方在使用"师傅"这个词语，只要我们随意进入一个工厂，都可以发现"师傅"这个词语的使用也非常频繁。当然，在一些非特定场景下，也会有使用"师傅"这个词语的情况，比如我们在坐出租车的时候也会称呼司机为师傅，在向保安询问情况的时候也会称呼他为师傅。在日常的交际活动中也会经常使用"师傅"一词，"师傅"的使用频率还是非常高的。很显然，该教师在教学过程中向学生讲解的内容就是不准确的。

我们在日常生活中接触的内容，只是整个中国的社会生活的一部分，我们不能从我们所处的环境出发对整个中国的文化环境进行分析，所以在遇到与我们生活相关的文化内容的时候，需要进行一定的验证，保证信息内容的准确性。教师在教学的过程中保证传播内容的准确性，才能让学生对我国的文化有一个更加全面而深刻的了解。如果向学生传递了虚假的文化和内容，那么这些内容很容易对学生产生不良影响，也有可能会影响到学生个人的认知。

2. 传播内容的时效性

语言和文化相比，一般文化的变化是相对比较缓慢的。伴随着时代的进步和发展，社会会发生了巨大的变化，人们的生活方式也因此发生相应的变化，而不同的文化在相互交流的过程中，也会相互影响。尤其是交际文化的发展最为迅速的。比如在二三十年前，人们到别人家进行拜访，几乎不会提前通知和预约，但是在当今时代，因为通信工具的成熟，人们彼此之间的交流变得更加方便，再加上交通的便捷化发展，人们如果不提前通知和预约，就很有可能去了别人家以后发现主人不在家。当然，还有一些其他方面的变化。谦让是我国一直非常提倡的一个传统，但是在当今社会，各种竞争愈演愈烈，如果只会一味地谦让，最终会在竞争中落后于人。应该不断发展，不断创新，不断创造新奇迹。

社会文化生活方面发生的变化越来越多。比如思维观念、日常交际等，这些文化会伴随着时代的变化而发生一定的变化，在日常交际过程中，过去的很多习惯在当今时代并不适用了，在对这些内容进行传播时，要及时更新和调整，这样才能取到好的传播效果。但是也有一些具有中国特色的文化是已经固定的，这些文化会随着时代的进步而变得更加丰富，但是不会发生改变，它们已经成为中国名片。比如我国的古代建筑、古代园林、书画艺术等，这些已经形成了我国独有的风格和特色。在这些文化内容当中，唯一可能发生的变化就是有了新的发现或者实现了进一步的发展。所以，在进行这些文化内容传播的时候，并不需要太过于注重时效性。在汉语教育的市场上，有很多不同的教材，在进行教材编写的时候也会涉及相关的文化内容。有些教材很多年才会更新一次，这就会导致当前进行汉语教学所使用的文化内容并不符合目前中国国内的实际情况。所以，在进行汉语国际教育教材选择的时候，要对教材的内容进行充分的考虑，要保证内容的时效性，只有这样才能够帮助学生对当代中国有一个更加真实全面的了解。

在准备传播内容的时候，要进行充分的准备，保证传播内容符合当前汉语国际教育的需求；从传播效果的角度出发进行文化传播，还需要遵循一定的传播原则，这样才能保证教学内容取得良好的传播效果。

第二节
汉语国际教育文化传播的传播原则

在传播学当中，对传播效果的研究具有非常悠久的历史，最早甚至可以追溯到亚里士多德的《修辞学》。在进入当代社会之后，传播学不断发展，如今已经成为一个独立的学科门类。因为传播活动在我们的日常生活和工作当中随处可见，所以在对大众传播进行研究的过程中，传播学成为一个大家非常关注的领域。在对传播学的研究中，有很多与传播效果相关的研究成果，甚至有的学者还对影响研究成果的因素进行了研究。在汉语国际教育当中的中国文化传播活动中，我们要从教师的角度出发，对这些内容进行一定的研究和分析，进而找到需要遵循的原则并且严格贯彻，保证最终取得更好的传播效果。

一、构建良好的传播氛围和环境

在传播活动和传播过程中，环境的影响至关重要。比如在工作当中，有一个工作场所的办公环境非常干净，而且设备非常齐全，工作安排井井有条，同事关系也非常和谐；在另一个公司当中，办公环境比较差，设备陈旧、空间狭小，同事关系也比较差。人们在做选择的时候，肯定会优先选择第一个办公环境进行工作，保证更高的工作效率；如果在第二个工作环境下进行工作，不仅会影响心情，工作效率也大打折扣。然而，环境不仅会对工作产生一定的影响，在文化传播过程中也会产生一定的影响。在传播过程中，存在人际关系氛围的概念，人际关系氛围就是指人对人之间的感觉，以及人与人在交流过程中对彼此产生的感觉。从实际情况来说，在汉语国际教育当中的文化传播，传播氛围有着非常重要的作用。构建良好的传播氛围和环境，包含尊重学生、构建健康的师生关系、积极与学生进行交流三个方面的内容。

（一）尊重学生

在汉语国际教育和文化传播的过程中尊重学生，不仅要和学生之间建立一个平等的关系，尊重学生个人，同时还要尊重学生所属的文化系统。

1.尊重学生个人

在中国传统文化当中，有一句描写师生关系的话叫作"一日为师，终身为父"。这句话的意思是要尊师重道，它描述的师生关系，从某种程度上来说，类似于长辈与晚辈之间的关系，教师的地位是比学生更高的，师生之间存在一定的权利差距。时代在发展，国与国之间的交流越来越密切，教师面对的学生来自世界各地，老师与学生之间、学生与学生之间的差异都非常大。在今天，尊师重道观念依然不会过时，但这些理念的内容已经发生了一定的改变，教师和学生之间的关系，还讲究平等以及互相尊重，包括学生尊重老师和老师尊重学生。

就比如在美国进行汉语教学，如果教师对某一位学生说，如果在学习当中遇到了什么样的问题可以随时来找他，学生不会觉得这是教师对自己的关心，会觉得这是教师对自己的特殊对待，甚至会产生一种没有被公平对待的情况。由此可见，观念意识在汉语国际教育当中的影响是非常大的。学习汉语的学生大都来自很多不同的国家，他们的成长背景和思维观念或多或少都存在一定的差异。但是不论有什么样的文化观念差异，学生在学习的时候都会非常希望自己能够受到平等的对待。所以，汉语教师在进行汉语教学和文化传播的过程中，不能忽略这一重要问题，要给予学生足够的尊重，这样才能营造良好的文化传播氛围，提升文化传播效果。

在中国的教学过程中，我们经常会听到有些教师说某些学生学习不努力，甚至会非常主观地对一些学生进行评价，对于这些评价，学生在听到之后也不以为然。但是如果在为留学生上课的时候，也这样对学生进行评论和主观判断，学生就会认为教师是在利用自己的地位做一些不尊重学生的行为，甚至有可能导致教师和学生之间出现一定的纠纷。如果在教学过程中出现了这样的情况，无疑会对文化传播的效果造成严重的影响。当然，在教师开展对外汉语教学的过程中，教师可以向留学生介绍中国的传统文化，但是希望留学生可以做到入乡随俗，从根本上来说，能起到的效果仍然是非常有限的，因为任何一个国家的文化影响力都是非常强大的，学生在从小到大的成长过程中，会在文化的影响下形成自身独特的思维观念和行为习惯。因此，在教学的过程中，教师需要深刻地认识到这一问题，并且在教学的过程中尽可能对学生进行充分的考虑，尊重学生个体。

在开展汉语国际教育的过程中，学生会遇到各种各样的问题，所以他们在面对教师的时候就很容易产生弱势的感觉，在与教师交流的过程中也会变得更加敏感。所以教师在进行文化传播的时候，需要尽可能降低自己的身段，如果一副高高在上的样子，很容易让学生产生抵触情绪，最终影响到实际的传播效果。从文化传播的角度来看，传播者不仅是在向传播受众进行文化的传递，同时也是在进行相互交流，教师需要在传播文化的时候与学生建立一种尽可能平等的关系，在相互尊重的基础上进行文化传播。具体来说，就是要在相互交流的过程中尊重学生的个人习惯和学生的个性，在面对学生的时候不能强人所难。比如有一些学生比较内向，比较抵触在课堂上进行发言，那么在课堂提问的时候就不能强迫学生回答问题，因为这样不仅会伤害学生的自尊，甚至有可能会让学生产生抵触情绪。这时可以让这些学生进行旁听，或者看其他同学讨论，这样反而能够取得更好的传播效果。

2. 尊重学生的文化差异

在进行文化传播的过程中，尊重文化的差异是由文化本身的特质决定的。联合国教科文组织对文化的解释是：某个社会或者社会群体当中特有的精神、物质、智力与情感等方面一系列特质的综合，不仅包括艺术和文学，同时还包括生活方式、共同生活准则、价值观体系、传统的信仰等内容。由此可见，文化是一个国家和民族在长期发展的过程中逐渐养成的各种不同习惯的总和，一种文化当中存在积极的文化和消极的文化，同时某一种文化特质当中也是存在有利的一面和不利的一面，不同的文化之间其实并没有优劣好坏之分，因为任何文化都不可能是完美的。所以每一种不同的文化都值得我们尊重，那些评判文化优劣的观点应当抵制。

尊重不同学生的文化差异也是文化多元化发展的需要。伴随着全球化的发展，世界格局发生了巨大的变化，各个国家向外推广自己的文化。以美国为首的西方国家的文化逐渐被大家质疑，而且为了能够保证自己国家的文化安全，并且不断提升自己国家的文化软实力，每个国家都在进行本国文化的传播。在这样的文化传播大环境之下，任何一个试图进行文化霸权的国家必然都会受到其他国家的反对。因此汉语教师在进行中国文化传播的时候，既要对自身的文化有一个深入的认识，同时还要尊重文化多元化发展的趋势，以一个平等的方式与其他国家的人们进行交流，让更多的人们对中国文化加深了解。

尊重学生的文化差异还能够有效促进跨文化传播。在汉语国际教育当中，很多学生都是来自不同的国家和地区，他们都拥有不同的文化背景，

在交流的过程中就需要彼此尊重，尊重不同文化的差异，只有这样才能让不同的文化在相互交流的过程中，可以形成相互独立且相互依存的关系。从教科文组织对文化的定义当中我们可以发现，文化包含的内容非常丰富，从物质层面的内容到精神层面的内容都有。所以要想在文化传播的过程中促进这些丰富的内容的传播，有必要构建一个良好的氛围，要尊重不同的文化差异，也要尊重不同文化背景的学生所表现出的差异。比如不同国家的假日和风俗习惯就不同，在中国，春节是十分重要的，每年在春节期间都会放假，但是在美国，圣诞节非常重要，所以要在不同的节日给不同的学生放假，让他们可以庆祝自己的节日，否则很有可能会让学生产生不满的情绪，文化传播也就无从谈起。

宗教信仰是一个需要着重强调的文化内容。国际上的很多冲突都是因为宗教问题，所以在进行文化传播的时候需要谨慎地对待宗教文化。在进行文化传播的时候，最好也可以尽量避免涉及宗教文化的内容，更不应该对宗教文化进行过多的讨论。其实在日常的生活和学习当中，有很多文化内容都是直接和宗教相关的，比如饮食，一些有宗教信仰的学生在饮食方面会有一定的禁忌。所以，汉语教师在进行中国文化传播的时候，需要充分尊重学生的文化，尤其是宗教信仰。我们不能对不同的宗教文化进行比较，而是要尊重不同学生的宗教信仰；也不能对宗教信仰不同的学生进行过多干涉，允许学生参与合法的相关宗教活动。如果在一些重大的宗教节日期间，学生可以通过和教师的商量进行时间调整。

（二）构建健康的师生关系

在交流的过程中，与熟悉的人进行交流，往往会比与陌生人交流有更好的效果，因为在与熟悉的人交流的过程中，交谈双方往往会有共同的话题，也更容易寻找话题，所以整个谈话过程都会相对比较轻松。威尔伯曾经说过，最能改变传播效果的方法就是改变传播者在传播对象心中的印象。由此可见，在传播过程中，传播受众对传播者的主观印象非常重要。在汉语国际教育当中进行文化的传播，为了能够有效提升实际的传播效果，教师应当尽可能拉近与学生之间的距离，从而构建一个健康的师生关系。在旅游界当中有一个概念叫作文化距离，是指旅游者所在的地方和目的地之间的文化差异程度，其中包括语言上的差异、生活上的差异及社会文化方面的差异等。当游客在选择目的地的时候，也会受文化距离影响。这里的文化距离其实和文化传播过程中的文化差异具有一定的相似性。在旅游的时候，近文化距离对游客的选择影响就会相对小一点。在文化传播的过程中，如果师生之间的关系密切，情感距离近，那么传播效果也会变得更好。

1. 相互了解

在任何传播活动当中，都离不开人与人的互动。在传播过程中，传播者选择传播内容的时候，需要对受众的实际情况进行一定的分析，通过受众能够接受的方式去传递他们感兴趣的内容。在对受众进行分析的过程中，需要分析受众的年龄、文化背景、价值观等，只有这样才能有效避免一些意外情况的发生。总而言之，通过对受众进行一定的分析，从而有针对性地选择一些内容，并且通过一些特殊的传播技巧，向受众进行内容的传播，这样才能取得良好的传播效果。传播学将传播者和受众之间对彼此信息的了解情况划分为开放区、盲区、封闭区和未知区几个不同的区域。开放区是指公共区域，即每个人的态度、行为动机等信息内容都对他人开放的一个区域。盲区是指别人知道了你的一些信息，但是你自己却并不清楚的区域。封闭区是你自己知道但是你不想让别人知道的一个信息区域。未知区是自己和别人都不知道的信息区域。在文化传播的过程中，这几个不同区域的大小与传授双方之间有着密切的关系，在跨文化传播的过程中，只有不断缩小封闭区、未知区和盲区，并且不断扩大开放区，才能取得更好的传播效果。

如果一个人对自身了解不够清楚，那么说明他的盲区和未知区比较大。在汉语国际教育过程中，其实有很多教师没有意识到自身的中国文化体现，并且没有了解学生与自己的文化差异，所以他在进行文化传播的过程中，就会出现不可控情况。如果想要将这些不可控的文化因素转化为可控的因素，就需要教师对中国文化进行更加深入的学习和了解，同时还需要从跨文化的角度对中国文化和其他的文化进行对比分析，最终了解不同文化之间的差异，在文化传播的过程中做到知己知彼。而对于国外的学生来说，更需要在这一过程中进行中国文化的学习，并且将本国的文化和中国文化进行一定的对比。不论是教师还是学生，他们都应当做到知己知彼，只有这样才能最大限度地提升文化传播的效果，并且有效避免文化冲突的发生。

如果可以进行有效的学习和研究，就可以有效缩小盲区和未知区两个不可控区域所占的比重，这样一来，可控区域自然就会扩大。对于教师来说，可控区域的内容都是自己可以感知的内容，可以对其进行有效的控制，所以在这一过程中，教师更需要关注的是学生的可控区域的信息和内容。从实际情况来说，开放区域内部的信息也需要一定的条件才能够让别人了解，因为我们不会随便见到一个陌生人就会向他们展示自己，很多区域当中的信息无法通过简单的观察就能准确获得。通常人们在做一些事情的时候都是因为一些特定的因素，或者与交流的人比较熟悉，所以才会将自己开放的信息内容展示出去。封闭区的内容是人们不想让大多数人知道的信息内容，开放区的内容也并不是所有人都会知道的，这两个区域的内容都会受到情感因素的影响。也就是说，教师和学生之间的情感距离越接近，那么彼此之间的了解就会更密切，相互了解的信息内容就会越丰富，能够取得的传播效果就会更好。在传播过程中，教师需要注意观察学生，并且积极与学生进行交流，最终增进彼此的情感。

2. 相同经验

在当今的传播过程中，传播者有可能是受众，受众也可能是传播者，传受双方的经验非常重要。一般来说，传受双方拥有越多相同的经验，那么他们对彼此的理解就更加深刻。在实际的传播过程中，还有很多不同的因素对传播过程产生影响，就更需要保证传受双方是否拥有相同的经验。一般来说，人们在相互交流的过程中，如果交流的双方具有非常相似的经历，那么他们相互描述的内容就会给对方留下更加深刻的印象，同时也会激发对方主动进行进一步交流的兴趣。比如两个人在交流一部电影，这部电影只有其中一个人看过，如果这个看过的人向另一个人介绍电影情节、电影演员、演员演技等多方面的内容，对方并不一定有耐心听他详细的介绍。但是如果两个人都看过这一电影，那么两人便会进行激烈的讨论，最终双方的交流也会取得非常好的效果。

在教学过程中，教师经常会说一些自己在上学期间遇到的事情，或者是在生活当中遇到的事情，学生听到这些内容的时候，往往会产生非常亲切的感觉，也会在无形中拉近与教师之间的情感距离。之所以能够取得这样的效果，正是因为教师和学生具有相似的求学经历，教师与学生在情感上产生了共鸣。在文化传播的过程中也是如此，如果能够拉近传播者和受众之间的距离，传播效果就会变得更好。虽然在汉语国际教育当中，不同国家的学生会有不同的经历，教师和这些学生之间可能也会有不同的经历，但是教师仍然可以在教学的过程中通过创设情境的方式开展教学和文化传播，这样就会充分调动学生的热情，为文化进一步传播打下良好的

基础。

之所以说要拥有共同的经验，其实就是为了能够拉近教师与学生之间的情感距离，提升学生对教师的好感度，进而促进文化传播的效果。有共同的经验并不是一定指教师和学生要有共同的经历，如果拥有共同的交流话题和观点也是可以的。

（三）积极与学生进行交流

在传播过程中，为了能够取得更好的传播效果，就不能将传播过程当成一个单向传播的过程，而要保证受众可以在这一过程中积极反馈。传播者在向受众传播的过程中，受众会通过自身的行为、表情或者语言进行及时的反馈，并不一定会在传播结束之后才进行反馈。当然，传播者在传递信息的过程中，受众也有可能随时参与到传播过程中，与传播者进行讨论，这时受众也就成了传播者。所以在传播的过程中，传播者需要积极与受众进行交流，倾听受众的反馈。

在传播过程中，不论是传播者还是受众，都具有两个不同的身份，他们不仅是传播者，同时也是受众，所以在传播过程中，传播者不仅要对自己的传播内容进行考虑，同时还需要考虑受众的感受。只有做到替别人考虑，从别人的角度去看待问题，才能让整个传播过程更加顺利。在汉语国际教育的文化传播当中，我们要传播什么样的内容，不仅要从自身出发，还要从教学内容出发，从学生的角度出发，去进行传播文化的审视。

以美国为例，美国文化的传播非常广泛，但是从效果的角度来看却非常一般，它在被很多人接受的时候同时也遭到了很多人的反对。美国文化的传播让很多人都有一样的感觉，他们在向别的国家传播文化的时候，忽视其他国家的感受，不会主动倾听别人的声音，也不会站在别人的角度去主动判断，这与传播当中的"双重视角"是相互违背的。而我国进行中国文化的传播是为了让更多的人了解中国文化，从而在与他人进行交流的过程中避免不必要的误解，最终实现与其他文化之间的和平共处。如果像美国一样只会单方面地进行自己文化的推广，却不注重与其他文化之间的相互交流，最终很容易造成得不偿失的后果。所以我们在进行文化传播的过程中，一定也要对其他的文化进行一定的了解，从受众的角度去看待不同的文化。在这一过程中，我们可以不接受某种文化内容，但是我们一定要注意倾听别人的声音，并且尝试去了解别人的文化背景和思想，既不勉强接受别人的观点，同时也不能强行要求别人接受我们的文化。所以在汉语国际教育当中进行中国文化的传播，其目的也是希望其他国家的学生对中国文化有一个更深入的了解，促使他们形成一种跨文化思考的思维。在具体的教学过程中，教师也要具有双重视角，在思考问题的时候不仅要从文化的角度进行考虑，同时还要在生活和学习当中多与学生进行交流，认真倾听学生的声音和感受，尊重学生的想法。当然，教师可以不同意学生的某些观点和看法，但是需要保证学生可以拥有表达的权利。

在传播过程中，为了能够取得更好的传播效果，对学生以及学生的文化进行了解是非常关键的，但是在这一过程中可能会出现一个问题，教师会自己了解学生，进而将自己以为的内容传递给学生，但事实上教师可能并没有真正了解学生。之所以会出现这一问题，是因为在教师与学生进行交流的过程中，无法及时得到学生的反馈，又不可能随时向学生进行询问，只能靠猜测的内容进行教学和文化传播，既然是猜测那就可能不准确。另外，教师在教学的过程中，还会对某些目标人群有着固定的认知，并把这种固定的认知融入文化传播中。但是这些固定的认知、固有的印象很可能只是个例，并不能代表所有的目标人群，它们也不一定完全准确，这种情况也会导致教学出现误差。在实际教学过程中，有很多教师会通过一些固有的观念开展教学，教学效果并不好，同时也会影响到文化传播的效果。每一个人的生活经历都是不同的，即使是来自同一国家的学生，也有着内向和外向的区别，所以教学都需要从学生的实际情况出发。

比如在开展汉语教学的过程中，教师首先可以从美国人比较开朗、外向的角度出发，运用符合学生的学习特征的方式进行教学，那么就可以在教学的过程中取得很好的效果。但是如果某些美国学生比较内向，在开展教学的时候依然使用针对外向学生一样的方式进行教学，效果必然大打折扣。所以在这时，教师就要进一步了解学生，通过多样化的方式和渠道寻找学生的信息，保证对学生有尽可能全面的了解，防止自己对学生的判断出现误差，影响传播效果。当然，在这一过程中教师还需要注意倾听学生的声音，及时了解学生的反馈，及时对教学的内容进行调整，这样才能够保证教学内容可以满足学生的需求。

二、增强学生对教师的信任

在传播过程中，传播的内容是由传播者决定的，但是即使传播内容相同，传播者不同也会导致传播效果不同。在传播过程中，传播信息的源头可信度越高，这些传播的内容就具有更强大的说服力，传播效果也就会更好；反之，源头的可信度越低，传播内容的说服力就越小，传播效果自然也就会更低。而且一般来说，传播者要想提升自身的可信度，需要具有见识、美德等不同的品质。由此可见，在传播过程中，传播者对传播效果有着很深的影响。在汉语国际教育当中，学生往往对那些知识渊博、人品端正的教师更加感兴趣，学生对这类教师的传播内容也会更感兴趣。通过总结可以发现，教师的这些特质主要包括两个方面，分别是教师自身的知识储备和教师自身的个人修养。当然，除了这两个主要方面的素养之外，教师在教学和进行文化传播的过程中还需要尽量保持一个中立的、客观的态度。

（一）教师自身的知识储备

在汉语国际教育当中进行中国文化的传播，需要保证教师具有丰富的知识储备。并不需要教师无所不知，但是教师要对中国文化有一个尽可能全面的认识。而且作为汉语国际教育的教师，在进行中国文化的传播时，要对自身具有一个更高的要求，不仅要掌握丰富的知识储备，同时还需要具备跨文化交际的能力，也就是要对学生所在国家的历史和文化有一定的了解，只有这样才能在进行中国文化传播的过程中有效防范各种可能出现的问题。另外，教师还要不断学习中国文化，对自身的知识体系进行补充和完善。

作为汉语国际教育的教师，需要尽可能对各种文化进行一定的了解和学习。并不需要教师对每一种文化都精通，但是需要尽可能对不同的文化有一定的了解。我国有五千多年的文明史，形成了非常丰富的文化知识体系，要想对每一种文化都有一定的了解也是不容易的，所以在这一过程中，要想保证教师传递的内容真实可信，就需要教师在选择传播内容的时候对内容进行一定的考证，并且准备充分的资料。在教学和传播的过程中，教师都是作为传播者的身份而存在的，所以教师需要在教学工作前期进行充分的准备。

（二）教师自身的个人修养

亚里士多德曾经说过，当我们抱着友好的态度、憎恨的态度、愤怒的态度来看待一件事情的时候，就会产生不同的看法。如果教师拥有丰富的知识储备，则可以让学生对教师产生强烈的信任感；如果教师拥有良好的个人修养，则可以让学生对教师产生好感，好感和信任感之间是一个相互促进的关系。在汉语国际教育中，教师不仅需要具有良好的职业道德，同时也需要具有对待不同文化的客观的态度，只有这样才能在教学的过程中帮助学生培养良好的跨文化交际能力，有效提升学生的国际视野。

在汉语国际教育当中，教师是学生了解中国文化时最直接的学习对象，所以教师自身的个人修养和素质也可以在一定程度上体现出中国文化的内容。可以说，汉语教师其实就是中国文化的一个缩影，他能够非常直接地影响到学生对中国文化的认识和了解，并且影响到自己在学生心目中的印象。如果教师拥有良好的个人修养，那么学生在学习中国文化的过程中，对文化的印象也会更加深刻，受文化的影响也会更加长远。姚明在刚开始进入 NBA 的时候，大家都对他抱有怀疑的态度，甚至有的球星还公开对他进行嘲讽。但是在后来的比赛当中，他通过自己的实力证明了自己，那些对他嘲讽的人也改变了自己的观点。姚明不仅改变了美国人对中国人的固有看法，甚至还促进了中国人和美国人之间的交流。

所以，在汉语国际教育当中进行中国文化的传播，我们需要不断提升教师的素养，这不仅能够提升学生对教师的信任感，并且可以提升传播效果。而学生可以通过教师对中国文化有所了解，对中国文化产生好感，促进中国文化得到更好的传播。

（三）教师要有客观的立场和观点

教师保持一个客观的立场，能够保证教师传播内容的准确性。在汉语国际教育当中进行文化的传播，教师需要站在客观的立场上进行内容选择，不能将主观思想融入教学，保证传播内容的真实准确。

在文化传播的过程中，教师作为传播的主体，不仅可以选择传播什么样的内容，而且还可以选择通过什么样的方式进行传播。即使是同样的传播内容，同样的传播方式，不同的教师进行传播，也会取得不同的传播效果，这与教师本身的立场和态度有着很大的关系。在文化传播的时候，如果教师对传播内容进行故意隐瞒，或者对一些内容进行篡改，那么他就违背了准确性的传播原则，这会影响到持续的传播效果。在文化传播过程中，教师也不能加入过多的个人情感色彩，尤其是在进行跨文化传播的时候，更要保证内容准确、立场客观，否则很容易引发学生的反感，甚至会影响到学生的思维判断。所以，需要教师自己具有良好的知识储备和较高的修养，尽可能消除个人的偏见，这样才能保证传播立场客观。进行中国文化传播的目的就是向大家介绍中国文化，让更多的国外友人加深对中国文化的了解，所以在这一过程中要坚持实事求是，保持客观的立场，向学生传递真实的中国文化。

第三节
汉语国际教育文化传播的传播技巧

在传播过程中，传播技巧对传播效果有着非常直观的影响，亚里士多德就曾经在《修辞学》当中对如何提高演讲技巧和辩论技巧进行过探讨，并且通过实例验证了一些影响传播效果的因素，最终明确提出了一些可以提升传播效果的原则和传播技巧。即使是在当今时代，人们仍然在对传播行为不断进行研究和探索，而且在这一过程中，已经有越来越多的传播技巧被我们发现，并且在传播活动当中得到了广泛应用，比如在使用语言进行传播的时候，要保证自己的语言具有逻辑性，并且可以使用比喻、比较等不同的修辞手法。总之，在文化传播过程中有很多可以使用的传播技巧，而且有很多不同的传播技巧在当今社会已经成为非常基本的表达技能，会在整个教学的传播过程中使用。而在汉语国际教育和跨文化传播的过程中，需要从跨文化传播的实际情况出发，找到适合进行跨文化传播的传播技巧。

一、暗示法

在传播过程中，暗示法是一个经常使用的方法，往往会取得意想不到的效果。在传播技巧当中，其实除了暗示法之外还有明示法，但是在对这一方法进行研究的过程中，由于研究者的出发点不同，取得的研究效果也存在一定的差异。在文化传播的过程中，传播的中心思想和主要内容都需要进行一定的归纳总结，如果说在明示的时候，结论一般是由传播者做出的，那么暗示法的结论则是由受众独自总结的。在传播当中，传播行为包括很多种不同的类型，在进行文化传播的时候，需要根据传播内容、情境、实际需要，选择明示法或者暗示法。郭庆光在讨论这一问题的时候也指出了"明示结论"和"寓观点与材料之中"两种情况，这两种情况非常直观地表现出了明示法和暗示法两者的不同。在文化传播过程中，这两种不同的传播技巧如何运用，都是需要在传播过程中根据实际情况去进行协调和考虑。

比如在汉语国际教育当中，文化传播所面对的内容非常复杂，从实际情况来看，不论使用明示法还是暗示法，都会在文化传播的过程中起到一定的积极作用。但是在运用的过程中，明示法更加简单明了，传播者和受众可以直接地感受到明示法的存在，效果也非常直接。但是暗示法则不同，暗示法比较多样化，而且在同时可以使用明示法和暗示法的时候，最好可以优先使用暗示法，因为这样更能帮助学生提升自己的跨文化意识。郭庆光在对明示法和暗示法进行研究的过程中说道，明示结论的方式会让观点变得更加明确，受众在这一过程中可以非常直接地理解传播者想要传达的思想和立场，但是明示法也存在一个问题，那便是因为明示法传播的内容比较生硬，所以很容易让受众在这一过程中产生反感。但是暗示法不同，暗示法将观念暗藏在了传播的内容当中，受众在这一传播过程中，感受到传播内容，产生一种是由自己发现的自豪感，不仅可以让受众在无形中被传播者传播的内容所影响，同时还能够保证传播效果的长效性。

具体来说，明示法最大优点是简单明了，能够非常直观地将内容和结论呈现在受众面前，但是缺点便是过于僵硬，如果在文化传播的过程中使用不当，很有可能会造成不良的后果。比如我们在购买商品的时候可以发现这些商品当中都有一定的说明书，这些说明书其实就是明示法的典型例子，通过说明书，可以将使用的方法直接告诉用户，在这时候使用说明书的效果就会非常好。因为当我们购买一件商品的时候，如果没有说明书，需要我们自己去对商品进行摸索，整体效率会非常低，比起直接阅读说明书明显更加浪费时间。但是文化传播则不相同，学生在知识学习和文化了解的过程中，如果自己能够通过分析和研究而最终掌握，则可以保证学生对这些知识内容进行更加扎实的掌握。当然，并不是所有的知识都适合使用暗示法来进行学习，比如日常的交际，就不能靠人们自行摸索，因为这样很容易在社交的过程中出现尴尬的局面。同时还有节日、风俗习惯、书法绘画等，都更适合使用明示法进行教学和传播。

一般来说，在进行抽象性的文化传播时，使用暗示法会更有效。比如在教学过程中，教师通过创造相应的教学情境，然后让学生根据材料进行分析总结，最终得出某种结论。虽然这一方法并不像明示法一样简单、直接，但是可以在这一过程中充分调动学生的主观能动性，让学生更加积极地投入学习当中。而且因为主动参与，学生对这些知识产生的印象也会更加深刻，有利于提升最终的传播效果。在汉语国际教育当中进行跨文化交流，大多数教师都会先给学生提供相应的材料，然后让学生按照小组的方式进行讨论，对材料当中的内容进行总结，从而分析出不同国家文化当中交际观念的差异，之后教师再对这些内容进行一定的总结，呈现出一个全面的定义。当然，在学生主动进行分析总结的时候，教师还可以为学生提供一定的案例让学生进行参考。在对材料进行分析时，学生需要对不同文化当中的价值观差异进行一定的感受，并且根据材料和案例进行验证总结。这一方法和明示法相比更能调动学生，让学生积极主动地进行分析和学习，从而让学生逐渐加深对这些知识内容的理解。这样一来，在之后的案例分析当中，学生能更好地掌握分析总结方法，从而保证文化传播效果得到不断提升。因此，在汉语国际教育当中进行某些知识的传播，可以合理地使用暗示法，在提升传播效果的同时还能够帮助学生养成一个良好的跨文化传播意识。同样是进行文化传播，使用明示法和暗示法可以取得不同的效果。就比如在进行抽象性文化传播的时候如果使用明示法就会非常僵硬，而且会给学生造成一种强行灌输的感觉。但是如果使用暗示法，不仅能帮助学生进行方法总结，取得良好的跨文化传播效果，还能够在一定程度上帮助学生培养跨文化传播意识。基于此，汉语教师在汉语国际教育当中进行中国文化的传播，完全可以参照这一方式进行，通过"提供材料—学生分析—教师总结—学生讨论"的完整过程，取代枯燥的灌输式传播，从而提升实际的传播效果。

当然，通过提供材料让学生分析的方式只是其中一种，除此之外还可以提供视频、创造教学情境等多种方式来使用暗示法。有的汉语教师表示，他在汉语国际教育当中进行教学时，如果出现了文化相关的内容，教师首先会让学生根据同样的主题内容，表演他们所在国家的具体情境下的情况，然后教师再向学生传递中国在具体的情境下同样的主题内容，让学生主动对不同的情况进行分析，找到不同文化之间的差异。通过对比的方式可以让学生非常直接地找到不同文化之间的差异，让学生在讨论的基础上，教师再进行总结，帮助学生加深理解，最终取得良好的文化传播效果。进行中国文化的传播，不仅要让国外的友人对中国文化有所认识和了解，同时还需要帮助学生养成一个跨文化传播的良好意识，因为良好的跨文化传播意识同样可以促进中国文化的传播。通过对比就可以发现，如果让一个具有保守观念的人去接受其他国家的不同文化，同时让一个具有开放性思维的人去接受其他国家的不同文化，很显然开放性的、具有跨文化思维的人接受程度更高。因为在不同文化相互交融的过程中，一个具有跨文化思维能力的人，能够从更加多元的角度进行问题思考，从而理解不同文化本身存在的意义，以一个更加宽容的态度去接受文化差异，这对于文化传播来说是非常积极的。因此，要想在汉语国际教育的过程中促进中国文化的传播，学生跨文化思维的培养至关重要，文化传播效果的提升和跨文化思维培养之间是两个相互作用的关系。但是跨文化思维能力的培养不是通过口头教学就能实现的，而是要在这一过程中通过暗示法的教学方式对学生不断产生潜移默化的影响，最终让学生可以在无形中形成跨文化的思维能力。使用暗示法进行中国文化的传播，其实也是在提醒教师，要通过多样化的方式进行中国文化的传播，在这一过程中帮助学生养成良好的习惯，让学生可以在进行汉语学习和接受中国文化的过程中也可以从多视角出发。

二、两面提示法

两面提示法是传播学当中常用的一种方法，意思是在提示对己方有利的信息和内容时也向对方提示不利于自己的内容和信息。而且除了两面提示之外，还有一面提示的概念，即仅向自己传播的对象提示自己的观点或者对自己有利的条件内容。在传播过程中有一个重要问题需要进行思考，即传播者只需要将自己的观点传输给受众，还是需要在传播内容和观点的时候也需要说出那些对自己不利的观点，这是在传播学当中非常具有争论性的内容。拉姆斯丁和贾尼斯通过相关的测验发现，在传播过程中，那些只接受一面提示的人非常容易被不同的文化和观点所影响。但是接受两面提示的人却往往具有更加坚定的立场。所以郭庆光和邵培仁认为，两面提示具有一定的免疫效果，可以在文化传播的过程中帮助主体免疫一些其他思想内容的影响。当然，在这一过程中还要把握好两面提示的尺度，否则很容易带来更加严重的消极影响。总体来说，使用两面提示法在文化传播过程中具有非常积极的作用，但是也要把握好尺度。

　　以上这些研究都是从通过文化传播说服别人的出发点开始的，而在进行中国文化传播的过程中则有所不同。因为我们进行中国文化的传播并不企图别人忘记自身原有的文化而单独学习中国文化，而是要让越来越多的人可以认识中国文化、了解中国文化，所以中国文化和其他文化并不是取代的关系，而是相加和融合的关系。从实际情况来说，在汉语国际教育当中进行中国文化的传播，同样会面临选择两面提示还是一面提示的问题，但是在实际的中国文化传播过程中，通过实际的验证可以发现，选择两面提示的效果要比一面提示更好。

　　虽然在汉语国际教育中进行文化传播，学生并没有面临两种文化的选择，但是在现如今的世界环境之下，中国文化传播势必面临着不同的声音。即使是中国文化，也不是完美的，我国文化当中有优秀的部分，也有不好的部分，再加上不同文化价值观的差异，有不同声音出现在所难免。我们在进行文化传播的过程中当然不会主动进行消极文化传播，因为我国文化的发展过程就是一个不断去其糟粕的过程，所以伴随着时代的发展和进步，我国传统文化当中的消极部分已经越来越少。在对留学生进行中国文化传播的时候自然不会进行消极文化的传播，这也是毋庸置疑的。而且有些文化本身就无法判断是否积极健康，比如集体主义精神，集体主义精神本身是只要让人们相互团结，可以养成一个合作的意识。但是如果集体主义思想过于严重也会对人的隐私造成侵害，甚至还会限制个人的发展，所以在教学的过程中，这种具有两面性的文化是否需要进行教学，也成为一个需要考虑的关键问题。

　　在汉语国际教育当中进行文化传播，要考虑到教学课堂这一实际场景，传播学的相关学者认为，在教学当中，学生往往希望可以听到多方面内容，而不是进行单方面的思考和讨论。课堂是一个学习知识、追求真理的地方，教师在为学生进行知识传授的过程中，如果隐瞒一些内容，学生或许在当时并不会发现什么，但是如果在之后被学生发现，有可能会对学生产生更加不利的影响。"两面提示"具有一定的免疫效果，所以如果教师在教学的过程中已经提前向学生提到了教学内容当中蕴含的不利内容，那么学生在之后的生活中如果感受到了这些不利的内容，学生对于中国文化的方案则会在一定程度上有所降低。

我们进行中国文化的传播并不是为了能够让中国文化无懈可击，而是要让其他国家加深对中国文化的理解，从而更加客观地看待中国文化。亚里士多德说过："我们喜欢那些不在我们面前掩饰自己的人，把自己的缺点告诉我们的人就是这样的人。"我们在现实生活中也可以发现有相同的例子，越是高高在上的人越让人们觉得有距离感，甚至会让人们难以信任。中国政府为了能够提高政府办公效率，现如今开始提倡政务信息公开，目的就是保证公众能够对所有的事情都可以有所了解，从而让公众信任政府。不仅仅是个人和政府，文化在传播的时候也是同样的道理，如果在进行文化传播的过程中隐瞒了不利信息，之后当别人再发现这些内容的时候，造成的消极影响就会被扩大。因此，在汉语教育当中进行中国文化的传播，要在文化传播初期就将不利的部分展示给大家，让受众选择是否接受，这样一来就可以将文化传播的主动权掌握在自己的手中。如果在进行文化传播的时候没有将这些不利信息传递出去，那么当受众在之后发现了这些问题，反而会陷入被动局面。所以从长远的角度来看，还是需要使用两面提示的方式进行文化传播。

三、比较法

比较法是指使用正面的事实和反面事实来进行比较，最终得出论证的一个方法。而这一种传播技巧也是在文化传播中最为大家熟悉的一种方式。虽然在国际文化的传播过程中可以使用比较法这一技巧进行传播，但是在使用的时候需要谨慎。在汉语国际教育当中进行文化传播，如果使用比较法，就需要将中国文化和其他国家的文化进行一定的对比，在对比的过程中自然就会被人们的固有思维所影响，且不论人们的固有思维是否准确，单是这种方式本身就存在一定的不合理性，所以在教学的过程中不能大量使用，否则很容易引发学生的不满，甚至影响到文化传播效果。

比如教师在向学生传递礼仪和理解性的问题时，教师会向国外的学生传递中国人委婉、含蓄的特点，这时如果将美国人的直接来进行比较，很容易会让美国学生产生不满的情绪，而且也并不一定同意，因为美国人当中也有人说话委婉的。首先不去讨论这种固有思维是否正确，但是通过对比的方式来比较不同的文化，就有可能在无形中对别人造成一定的伤害，所以在进行文化比较的时候需要慎重，在合适的情况下进行使用，才能得到应有的效果。上文中我们已经针对固有思维进行过一定的讨论，在一定的情况下使用这种思维当然有效，但是我们并不能以偏概全，我们印象中对某些内容的理解也可能是基于某些事物的部分产生的，所以并不能因此就对这些事物的整体下结论。而且我们对本国文化的理解都是有限的，所以对别国的文化就更难做到全部了解。因此，当我们开始运用自己的固有思维来对不同的文化进行判断的时候，首先就需要保持一个慎重的态度，尤其是要使用比较法的时候，更需要进一步加深对不同文化的了解，从而尽可能降低固有思维的不良影响。当然，最好还能够将不同的传播技巧进行一定的综合使用，比如可以将暗示法和对比法进行一定的结合，让学生通过自己的观察去进行分析和对比，从而尽可能消减明示法中的对比所造成的消极影响。

四、强调法

强调法是指在教学的过程中传播者反复地向受众传播同样的内容；也包括不同的人相继重复同样的内容，并且通过不同的形式和角度传播同一主题。但是在汉语国际教育当中进行中国文化的传播，重复传播相同的内容并不可取，因为这样的方式会让学生产生厌烦的情绪。因此，有的教师认为，在进行中国文化传播的时候，可以让教师提前设置教学资料，然后让学生参与进去，学生在教师的引导下主动进行文化内容的探索。这里进行强调法的分析只是一种建议，为教师的教学提供一定的参考。而在实际的汉语国际教学课堂上，教师要给学生提供充足的资料，并且给学生营造一个良好的文化氛围，最终提升实际的文化传播效果。

在使用强调法进行传播时，除了重复传播内容之外，还可以使用播放音乐、电影等方式辅助教学，以此加深学生对相应知识的认识和理解。比如歌曲《中国话》，如果国外的朋友在听这首歌曲的时候会单纯觉得很拗口，但是并不一定能够理解歌曲中歌词的含义和歌曲的意义，这时就需要教师对学生进行一定的引导，然后帮助国外的留学生感受中国文化的博大精深。这样的方式不仅可以起到强调的作用，同时还能取得更好的文化传播效果。

目前汉语国际教育当中的中国文化传播方式比较单一，教师在教学的过程中也会被教学内容牵制，导致教师最终不得不放弃一定的传播技巧，这样就很难充分调动学生的学习兴趣，甚至有时候还会让学生觉得非常乏味。因此，为了在汉语教学当中调动学生的积极性，并且营造一个良好的文化学习氛围，让中国文化传播可以在汉语国际教育当中取得良好的传播效果，汉语教师需要在教学过程中使用多种不同的方法，还可以对不同方法进行综合运用，最终进行全方位的文化传播。

第六章

汉语国际教育文化传播模式、形式与长效机制

第一节
汉语国际教育文化传播的传播模式

美国学者拉斯韦尔的"5W"传播理论，将整个传播过程划分为传播者、传播内容、传播媒介、传播受众和传播效果几个部分。对汉语国际教育文化传播的传播模式进行研究，也可以从这几个方面进行。总体来说，在汉语国际教育文化传播的过程中，充当主要传播者角色的是政府机构、孔子学院以及相关的高校和教育机构，在整个传播过程中，这些主要的传播者至关重要，具有控制、分析、传播等多重作用。在对外汉语教学过程中进行文化传播，主要传播的内容就是文化，即中国文化，包括中国的各种传统文化，比如传统习俗、节日文化、礼仪文化、茶文化、酒文化等。要进行文化传播，需要借助必要的传播手段和传播工具，只有这样才能将这些文化传递出去，而在传播过程中使用的传播工具和传播手段，就是传播媒介。主要的传播媒介包括书籍、报纸、电视、广播、网络等。传播媒介包括以上这几种，但又不局限于这几种，我国近几年来举办的各种文化年，还有孔子学院开展的文化贸易等，也都属于传播媒介的范畴。传播受众主要是指国内外的汉语学习者和中国文化学习者。在对汉语国际教育文化传播进行研究的过程中，有必要对传播受众进行全面的分析，从而促进进一步的文化传播。在整个传播过程中，传播受众喜欢什么样的内容，讨厌什么样的内容，接受什么样的内容快，接受什么样的内容慢等，这些都是需要重点考虑的。针对文化传播的研究，也需要从多个角度进行立体化的衡量与分析。通过研究传播效果，可以为传播模式的进一步改进提供有效的参考和建议；根据传播效果的具体数据，传播者能够将传播受众更加感兴趣的内容添加到传播内容当中，从而进一步提升实际的传播效果。

一、汉语国际教育文化传播要素探析

（一）汉语国际教育中中国文化的传播者

在汉语国际教育过程中进行中华文化的传播，我们首先要对文化的传播者有一个明确的认识。一般来说，主要的文化传播者包括政府部门、高校、孔子学院和相关的媒体等。在整个文化传播过程中，他们处于文化传播过程的起点，同时又是文化传播过程中一个不可或缺的部分，有着控制整个传播过程的作用。唯物辩证法认为，任何一个事物的整体和部分之间，都是辩证统一的关系，整体有着主导性的作用，对事物的各个部分进行统领，但同时各个部分又会对整体产生一定的影响，而且关键部分甚至会对整体的功能产生决定性的影响。在对外汉语教学中进行中华文化的传播，高校就充当着传播者的角色，而且在进行文化传播的过程中，不仅会进行校内的文化传播，同时还需要进行校外的文化传播。在校内进行文化传播，主要的传播者包括各个院系、学校图书馆、学校博物馆、宣传部和各个社团等。而在对外传播的过程中，传播者则以学校的新闻媒体、文联、侨联、剧院、图书馆等为主体。比如在"礼敬中华优秀传统文化"系列活动当中，很多学校的传播者都发挥了很好的作用，传播情况具体如下。

表 6-1　"礼敬中华优秀传统文化"系列活动传播情况

学校名称	活动项目	校外传播者	校内传播者
中山大学	"蒹葭杯"诗词大赛	无	中国文体学研究中心、岭南诗词研习社
苏州大学	中国传统文化工作坊	跨文化研究中心	传统文化课堂、学院
天津音乐学院	《古韵新风　国乐雅集》公益活动	校外文化场所、相关媒体和公司	"天音乐坊"师生团队
北京大学	"礼敬中华优秀传统文化"系列展览	公共博物馆及其他科研单位	赛克勒考古与艺术博物馆
中国矿业大学	诵唱读写　传承经典	无	大学生艺术团、合唱团、广播剧社、文法学院
北京第二外国语学院	"走进传统　礼敬文化　成长自我"系列活动	相关媒体	国际传播学院、学生会、校杂志编辑部
河南大学	"红烛业"——明清师德师风笔墨珍藏展	光明日报杂志社等	河南大学

从表 6-1 可以发现，在对外汉语教学过程中，高校进行文化传播，大多都需要做到校内传播和校外传播相互结合，拓展文化传播的渠道，只有这样才能将我国的优秀文化进行更好地传播。比如天津音乐学院在进行文化传播的时候，就是通过校内的师生团体和校外的一些公司企业、文化场馆共同合作进行传播的。虽然有一些学校在弘扬中华传统文化的相关活动当中只有校内的传播主题，并且也取得了很好的效果，但是我们仍然不能因此否认校外传播者的作用。很多校外的文化传播者和推广机构在文化传播过程中发挥了极大的作用，不仅让文化传播的载体和方式更加丰富，同时还为汉语国际教育过程中国文化的传播提供了极大的机遇，充分体现出了中国传统文化本身所具有的开放性和包容性特征。通过对传播过程中

的传播者进行研究分析，可以发现，在进行中国文化传播过程中，传播者
具有以下几个方面的特征：第一个特征是传播者大多都具有较高的文化水
平，在中国文化传播的过程中具有较强的信息搜集、信息反馈和信息分辨
能力。第二个特征是传播者大多都掌握着丰富的中华传统文化知识，在对
外汉语传播的过程中能够充分展现出自身的文化内涵。第三个特征是很多
相关的传播者都具有一定的海外教学经验，在对外文化传播的过程中能够
充分展现出自身的国际交际能力。由此可见，进行文化传播的传播者，在
文化传播过程中发挥着至关重要的作用，传播者能够帮助学生更好地进行
汉语学习。

（二）汉语国际教育中中国文化的传播内容

传播内容就是传播的信息，在整个传播过程中，传播内容有着桥梁一
般的作用，可以将传播者和传播受众进行有效的连接。在进行对外汉语教
学和文化传播的过程中，传播者需要将传播内容科学有效地传递出去，才
能让受众更加积极主动地接受，这样整个传播过程才会变得更有价值，传
播效果也会更好。

在汉语国际教育的过程中，不仅仅要进行汉语教育，还需要在这一过
程中进行中国文化的传播，将两者进行一定的融合，只有这样才能取得更
好的传播效果。但是从实际情况来看，汉语国际教育当中存在着非常明显
的轻视文化的情况，很多教师在教学的过程中将重点放在了汉语教学上，
却不会利用中国文化进行辅助教学，这在一定程度上影响了中国传统文化
的传播效果，而且还影响到汉语教学的实效。在中国文化传播的过程中，
有很多传播者会积极举办一些相关的文化活动，比如过中国节、做中国菜
等，但是开展的这些活动都流于形式，很多时候只是模仿表面的形式，并
没有对这些文化的真正内涵进行深入地讲解。孔子学院当中开设了太极拳

的课程，但是教师在进行教学时，只会传授学生太极拳的简单拳法，却不会向学生传授太极拳背后所蕴含的深刻含义。孔子学院在进行"有朋自远方来，不亦乐乎"教学时，教师可能只会进行表面意思的讲解，但是却不会告诉学生这句话与中国传统的"乐感文化"有什么样的联系。中国的"乐感文化"和西方思想当中的"罪感文化"、日本的"耻感文化"是大不相同的，所以在教学过程中，一定要对学生进行详细的解读。尤其是对国外的一些学生，为了避免他们对"乐感文化"产生误解，更需要进行详细的讲解。就目前的教学情况来看，在孔子学院当中学习的学生，大多都只是对表面的意思有一定认知，即"有从远方来的朋友，要非常欢迎"，这一句话体现出了中国人民和中国文化当中好客的优良传统，并没有理解其中的深层含义。

基于这一情况，在开展对外汉语教学的过程中，教师需要积极对中国传统文化的深层次内涵进行挖掘，进而传递给学生，这样能使汉语学习者加深对中国文化的理解。在进行中国茶文化讲解时，教师如果也只是简单地进行茶的种类、茶的器具、茶的泡法、茶的功效等内容的讲解，很显然这是不科学的，而且不利于学生对茶文化的理解。在讲解茶文化的过程中，教师首先要向学生进行"茶"字的讲解，通过拆解文字的方式向学生讲解茶与人之间的关系。也可以通过饮茶相关的故事，帮助学生加深对茶各方面知识的理解，帮助学生感受茶文化的内涵。另外，在讲中国菜的时候也是同样的道理，不仅要讲中国菜的做法，还要了解不同菜系的起源和发展过程，让学生对中国菜的特点有所了解，进而对中国文化有更深的理解。

在进行中国文化传播的过程中，学校也可以从自身的实际情况出发进行文化内容的传播，吸引学生的兴趣，只有这样才能充分展现出中国文化的特色。同时，各个学校还要从本校资源出发，充分利用校内外的有效资源，积极开展以汉语为基础的相关文化活动，保证文化活动形式多样、内容丰富、特点鲜明。文化活动的举办还要遵循开放性的原则，将中国民间习俗、传统节日、文化艺术等内容囊括在内，以下几所学校，在开展文化活动的时候就从自身情况出发，开展了形式多样的文化活动。

北京交通大学以书法艺术为核心，开展了书法翰墨精神的活动。南开大学以弘扬中国传统文化为基础，开展了以"学向经典、行在当下"为主题的中华传统优秀文化分层育人项目。复旦大学开展了高校京剧艺术教育，以此来进行我国京剧艺术的弘扬和宣传。华东理工大学凭借其独特的地理优势，在端午节开展了龙舟文化的传扬，并且通过龙舟比赛来帮助学生加深对龙舟文化的认识。暨南大学还开展了中国文化节，对中国的传统节日、风俗、传统技艺等内容进行了弘扬。在汉语国际教育过程中，不同的学校选择传播的内容并不同，但是他们开展的活动都是围绕中华传统优秀文化进行的。就比如北京交通大学开展的书画活动，是因为该学校每年都有几百位留学生进行中国传统书画的学习，开展这样的活动，能够为学校的留学生提供更多的接触书画的机会，同时还能在学校内部创建一个良好的学习氛围。北京交通大学在开展书画活动的时候，不仅会组织教师向学生介绍中国书法和绘画的发展历史，同时还会带领学生亲自进行操作体验，进而感受中华传统文化的魅力。而复旦大学，具有大量的海外留学生，在进行中华传统文化传播的过程中，通过国粹京剧，在学生群体当中开展京剧、昆曲等艺术教育，在进行中外文化交流的同时帮助留学生学习更多的中国文化。总之，在汉语国际教育的中国文化传播过程中，选择什么样的传播内容至关重要，在进行汉语国际教育的同时进行中国文化的传播，可以帮助外国留学生加深对汉语和中国文化的认识。

（三）汉语国际教育中中国文化的传播媒介

在中国文化传播的整个过程中，传播内容需要借助必要的媒介才能呈现在受众面前。当前的传播媒介主要包括传统媒介和新型媒介两个部分。传统媒介主要包括报纸、杂志、电视、广播等内容。新型媒介则是指网络媒介，主要包括互联网、数字电视、智能手机、数字短信等。传播受众在接受信息的过程中，不仅会受到自身需求的影响，同时受所处的环境以及其他的各项因素的影响。所以在传播过程中，传播者需要选择合适的传播媒介和受众乐于接受的传播媒介，只有这样才能取得更好的传播效果。

在汉语国际教育的过程中进行中华传统文化的传播，为了能够取得更好的传播效果，需要传播者选择更加合适的传播媒介，更要顺应时代的发展趋势，巧妙利用各种新型媒介助力文化传播。进行中国文化的传播，主要是将外国留学生当作主要的受众群体，所以在选择传播媒介的时候要从留学生的角度出发。比如可以选择学校的校报、广播电台、电视台，同时还可以利用学校的微博、微信公众号、官方抖音等媒介进行文化传播。这不仅合理利用了传统的传播方式和渠道，还利用新型的传播方式，形成了有效的传播合力，丰富了传播的渠道，让学生不仅可以通过更加多样化的方式学习中国文化，同时还提升了传统文化的传播效果和趣味性。

上海交通大学在开展全球华语短诗大赛的时候，不仅利用了报纸、电视等传统媒介，还利用了微信、微博、地铁移动电视和网络等新型媒体。同济大学构建了"闻学堂"平台，以此来进行中华优秀传统文化的传播，则借助了上海一些剧团、上海书法协会、上海博物馆等传统传播媒介，同时还借助了网络新媒体。湖南大学以"文以载道、文以化人"为主题开展了弘扬岳麓书院传统文化的活动，主要借助了网络学习平台、移动校园平台、微信公众号、数字宣传栏和移动教育平台等网络传播媒介。西南民族大学在开展"致敬经典印记中华"自创作品吟诵大赛的时候，则是通过报纸和杂志等各种媒体进行传播的。江西财经大学在进行中华传统文化弘扬的过程中，对校训当中的精神进行了弘扬，并且借助网络新媒体、微信、微博、相关 App 等进行了广泛的传播。中南大学在校内外开展了传扬中华优秀传统文化的一系列活动，主要借助了学校校报、学校电视台、学校广播站、官方微博、微信平台和新闻网等方式进行传播。由此可见，各个高校在开展弘扬传统文化的相关活动时，不仅会利用学校现有的传统传播媒体，还会借助各种网络媒体，极大地提升了实际的传播效果。

（四）汉语国际教育中中国文化的传播受众

在传播活动当中，传播效果的高低很大程度上是由传播受众的反馈决定的，所以在汉语国际教育的中国文化传播过程当中，传播受众是一个非常重要的部分。因此在中国文化传播的过程中，需要对受众进行全面的考虑。不同受众对中国文化的需求不同，了解、学习中国文化的方式也存在一定差异。比如在中国留学的学生，他们处于汉语学习的初级阶段，他们学习的内容主要是以汉字、词汇、语法等为主，内容比较简单。但是随着他们学习的不断深入，在进入中高级阶段之后，学习的主要内容就会发生一定的改变，留学生也会开始接触我国的优秀传统文化。但是因为每一位学生的出发点不同，所以他们在学习中国文化的时候也会有不同的需求，他们对中国文化的需求还会受到地域、文化背景等因素的影响。比如欧美地区的留学生就对中国的饮食文化更加感兴趣，而东南亚地区留学生就对中国的茶文化比较感兴趣。在进行中国传统文化传播的过程中，传播受众不仅仅包括国外的留学生，还包括国内的一些学生和市民。

在全国各个高校开展的弘扬中国传统优秀文化的相关活动当中，可以发现主要的传播受众仍然集中在学校的教师和学生群体当中，有一少部分高校的传播受众还会包含校外人士。就比如苏州大学建立的中国传统文化工作坊，它所面向的受众就不仅仅包括学校内部的教师和学生，也会面向海外人士。所以，苏州大学还经常会针对海外的学生举办一些以中华传统文化为核心的文化沉浸活动。国外的留学生可以通过参与"中国传统文化课堂""中外大学生伙伴计划工作站""留学生语言文化教学的第一堂课与第二堂课"等，加深自己对中国文化的了解。暨南大学内部有很多外国留学生，为了能够充分满足大多数留学生对中国文化学习的需求，学校内部经常开展中国文化节，包括多种不同类型的文化活动，比如书法、剪纸、茶道等。中国传统文化活动类型丰富，充分吸引了学生的兴趣，让学生积极主动地参与到对中国文化的学习过程中，让学生对不同的中国文化有更深入的了解。

（五）汉语国际教育中中国文化的传播效果

传播效果是指传播受众在传播活动当中接受传播内容所产生的效果。在汉语国际教育的过程中，传播者需要考虑的重点问题是，如何进行中国文化的传播，并且提升中国传统文化的传播效果。在中国文化传播过程中，取得的实际传播效果如何，仍然需要传播受众的反馈才能进行有效的判断。因此，需要通过传播者对受众的反馈信息进行有效的记录，并且进行全面的分析，这样才能为传播受众选择更好的传播内容和传播媒介，最终提升中国文化的传播效果。表 6-2 是几所高校在开展传统文化传播活动中取得的传播效果。

表 6-2　几所高校在开展传统文化传播活动中的传播效果

学校名称	开展活动	传播效果
南开大学	中华优秀传统文化分层育人项目	通过开展这一系列的课程，我国的学生以及国外的留学生共同参与进去，加深对中国传统文化的理解。而且南开大学还成立了中国第 11 个中国文化体验国际学生实践基地。南开大学开展的相关文化活动受到了国内外很多相关媒体的关注，在媒体的推动下，这些活动取得了更好的传播效果。传播效果的提升，让越来越多的受众开始参与到了活动当中，在文化活动的渲染和熏陶下，这些受众对中国传统文化有了更深的理解，活动也起到了良好的育人作用。
山东大学	中国文化体验活动和教育活动	开展以中华传统文化为主要内容的教育活动和体验活动，可以不断提升在校学生的文化素养，而且还能进行中华传统文化的传播，让越来越多的留学生对中国文化进行了解，加深留学生对中国文化的认识和理解。
苏州大学	中国传统文化工作坊	每年，参与相关文化活动的师生人数都会超过 1.5 万人，其中有一大部分的留学生，这一情况足以体现出苏州大学在汉语国际教育当中进行中国文化传播所取得的成绩。另外，苏州大学还成功申报了众多的传统文化项目和中国文化沉浸式体验项目。
北京第二外国语学院	"走进传统、礼敬文化、成长自我"系列相关活动	北京第二外国语学院开展的传统文化系列活动，吸引了大量的学生观摩和参与，让大量中外学生对中国传统文化产生了兴趣。比如学校内部开展的读书系列活动和"兰亭杯"大赛，不仅吸引了大量的参与者和观众，还收获了极大的好评。而且北京第二外国语学院从 2005 年开始举办书法大赛，至今参与人数已经接近 2000 人，其中还产生了很多获奖作品。另外，还有知识竞赛等其他活动，这些活动的开展为学生提供了了解中国文化的多样化的渠道。

学校名称	开展活动	传播效果
杭州师范大学	"六艺节"系列文化活动	"六艺节"系列文化活动是指展现学生书、画、弹、唱、说、舞等能力的相关活动。每年，在开展系列活动的过程中，参与人数都高达上千人，而且参与观看的学校师生也非常多，在学校内营造了一个非常浓厚的艺术氛围。《杭州日报》《钱江晚报》等多家媒体还对这一活动进行了专门报道，该活动产生的影响越来越大，在中国传统文化传播过程中作用非常突出。
湖南大学	岳麓书院优秀传统文化活动，推动建设文化校园	湖南大学开展的相关文化活动，极大地促进了师生之间的文化交流。尤其是我国国学文化，在相关活动的推广下得到了更大的普及。开展相关文化活动，还极大地推动了湖南大学的文化校园建设进程。

早在 2014 年南开大学就开始面向全校师生举办了"汉语节"，在"汉语节"当中，全校的学生都会共同参与活动，开展京剧的欣赏和品鉴活动。在这一活动的促进和推动下，南开大学建立了中国第 11 个中国文化体验国际学生实践基地，在这里，中外学生都可以参与中国文化的体验。之后，南开大学又开始积极开展其他的各项活动，这些活动和实践被各大媒体推广传播，取得了良好的传播效果。在这些活动的影响下，南开大学营造了一种良好的文化氛围。

山东大学在开展文化活动时，充分利用了学校现有的资源和优势，让全校来自 100 多个国家和地区的留学生进行体验式参与，加深留学生对中国文化的理解和认识。另外，该学校还可以对孔子学院院长、汉语专职教师、国际汉语教师志愿者等进行专业培训，进而提升工作人员的专业素养。

北京第二外国语学院在开展中国传统文化相关校园活动的同时，还建立了评估机制，即在每年开展相关活动的同时，邀请专业的教师进行指导，并为参与者进行点评。开展的这些活动受到了广大中外学生群体的欢迎。

在高校积极开展中国文化对外传播相关活动，虽然取得了不错的成绩，但是因为缺乏专业的、系统化的、具体的监督机制，所以当前对文化传播效果的评估仍然不够客观。

二、汉语国际教育文化传播的类型

汉语学习正在成为一种潮流，并且在全球得到了发展，世界上也有越来越多的国家开始将汉语教学纳入到教育体系当中。早在 2006 年，美国的高中生就开始了"Chinese AP"的学习。而在法国，也有很多中学和小学开设了汉语课程。而且法国的教育部为了能够进行系统化的汉语教学，在 2006 年 3 月开始还任命了汉语总督学，当时是由白乐桑教授担任此职。在英国，英格兰南部的布莱顿有一所著名私立学校叫作布莱顿学院，也在 2006 年 9 月正式开设了汉语课程，全校有上千名的学生都在进行汉语课程的学习，这一举措在当时产生了重大的影响。泰国作为中国的邻国，也在大力推进汉语教育，并且从 2008 年开始将汉语列为中学的必修课程。总之，汉语在全球范围内有了越来越大的市场。除了专业的学术人员之外，有很多其他人员也开始来到中国进行汉语学习。

但是在进行汉语国际教育的过程中，中国文化传播的类型主要包括实体传播、电子传播和网络传播三种。

（一）实体传播

实体传播主要是指传统教学课堂这种面对面的传播方式。为了能够顺

应全球汉语学习的潮流和趋势，中国政府在这一过程中发挥了极大的作用，先后在亚洲、美洲、欧洲、非洲、大洋洲等地区的多个国家设立了孔子学院。孔子学院是由中外合作建立的非营利性教育机构，通过建立孔子学院，可以满足全球范围内大部分汉语爱好者的学习需求，并且帮助世界上其他国家的汉语学习者加深对汉语和中国文化的了解。孔子学院当中提供的服务包括开展汉语教学、培养专业的汉语教师、帮助汉语学习者进行资格认证、进行中国教育和开展中外文化交流活动等。截至2019年年底，中国已经在全球162个国家和地区建立了550所孔子学院，除此之外，还在1100多所中小学建立孔子课堂，如今，孔子学院不仅在汉语国际教育中发挥着重要的作用，同时还成为世界认识中国的一个重要平台。

如今，孔子学院不仅要进行汉语教学，推广汉语，同时还需要进行中国传统文化的传播。孔子学院在进行汉语教学的同时，将中国文化传播到世界各地，让全世界越来越多的人加深对中国文化和中国传统价值观的了解。从孔子学院在全世界各地举办的活动中就可以发现，进行中国文化的传播和推广，已经成为孔子学院的一项重要工作。比如在俄罗斯圣彼得堡大学孔子学院当中设置的"中国民族民俗学"课程，就包括中国民族民俗学、中国心理学和中国书法三个部分，设置这一课程的目的和意义就是将有特色的中国文化传播出去。英国的威尔士大学孔子学院也在当地的中小学开展了非常丰富的中国文化活动，参与活动的所有中小学生不仅可以学习中国话，同时还可以体验中国剪纸、中国书法和中国舞蹈等项目，亲身感受这些中国传统文化的魅力。另外，全球各地的孔子学院还积极开展各种讲座，不仅对汉语进行宣传和推广，同时还会介绍中国语言的发展历史及使用情况。

在进行汉语推广的过程中，孔子学院不仅进行汉语教学、举办讲座、开展活动，还组织相应的比赛。比如奥克兰的孔子学院就举办过中文作文比赛，泰国还举办过中文歌表演大赛、汉语写作和汉语演讲比赛等。当然，在汉语教师培训方面，孔子学院发挥了重要的作用。在泰国的孔子学院当中还开设了中小学汉语教师培训班，泰国农业大学孔子学院也开设了师资培训班。同时，菲律宾雅典耀大学孔子学院、泰国孔敬大学孔子学院、美国第七所孔子学院等多所孔子学院，都举办了汉语教师培训班。学习者还可以在孔子学院当中参加 HSK、YCT 等汉语考试。

从以上内容可以发现，世界各地孔子学院的建立，满足了更多汉语学习者的学习需求，在推动汉语国际化发展的过程中，都起到了至关重要的作用。

（二）电子传播

电子传播主要是指通过通信设备和电子设备将教学内容传递给学习者的一种传播模式，电子传播当中最典型的就是汉语广播、汉语教学节目等。电子传播模式一般被称为远距离教学。早前，美国联邦教育部还对这一种教学模式进行了定义，即利用通信设备和电子设备等让学习者可以学习到远距离之外的学习内容，并且接受指导。中国台湾学者杨家兴从教学的角度对这一模式进行了综合定义：远距离教学是利用相关媒体将系统化的教学内容传递给学习者的一个过程，这一过程突破了传统教学的空间限制。杨家兴从教学特质方面进行了分析，更加突出了电子传播的特性。

远距离教学的起源与 18 世纪的函授教育有着一定关系，当初只是通过邮寄的方式将印刷的学习资料传递出去。随着时代的进步，传播媒体开始出现，并且得到了极大的发展。教学者就抓住这一契机，开始利用收音机、广播、电视转播等方式进行远距离的教学，让整个学习过程真正突破了地域的限制。即使是在很远的地方，学习者也可以在这些媒体的帮助下进行学习。在进入 20 世纪 90 年代之后，网络技术开始蓬勃发展，再加上计算机系统开始在全球各地普及，教育又得到了进一步的发展。因为网络技术的支持，学习不仅可以突破地域的限制，同时还能够突破时间的限制，学习者的学习时间也因此变得更加灵活而具有弹性，甚至逐渐形成了同步学习和异步学习两种不同的学习方式，如今，网络教育已经成为一种重要的教育形式。

在 1996 年，我国国务院新闻办和教育部就决定利用美国的斯科拉卫星教育电视网在美国开通汉语电视节目，进行汉语教学。斯科拉就是通过卫星进行内容传输的非营利性的电视网络，它的信号几乎覆盖了整个北美地区，而且有 400 多所大学和 7000 多所中学能够接收到这一卫星的信号。而且国家汉办以及中国广播电视大学对外汉语教学中心参与制作了很多对外汉语教学的电视节目，这些节目能够满足很多海外汉语学习者的学习需求，让他们在进行汉语学习的同时，对中国文化有一个更加深入的了解，而这些节目的出现也为海外的汉语教师提供了一定的教学资源。比如中文教育频道"全中文教学频道"，发展到今天已经播出了超过 30 万分钟的汉语节目和中国文化节目，节目当中涵盖了很多不同方面的内容，既包括汉语教学的节目，还有介绍中国文化的节目、中国新闻等。这一频道还有另外一个大家比较熟悉的名称叫作"黄河汉语学校"。这一频道播出的很多电视节目甚至会在美国的有线电视网"今日世界"频道、中国教育电视台、香港明珠电视台等多个频道进行播出。

2006 年，国家汉办推动中央广播电视大学和美国密歇根州立大学的合作，共同成立了全球第一家网络孔子学院，这一网络孔子学院的建立不仅为广大的汉语学习者提供了大量的学习软件和学习资料，同时还为广大的汉语教师提供了充足的教学资源，帮助教师进行教学。2008 年 12 月，国家广电总局和孔子学院总部批准成立了中国第一家电视孔子学院，也就是黄河电视台电视孔子学院，12 月 17 日黄河电视台电视孔子学院在山西太原市进行试播，并且在 12 月 18 日开始向美洲进行试播。通过美国的斯科拉卫星教育电视网，黄河电视台电视孔子学院在美国进行 24 小时的播放，节目内容也在美国的 400 多所大学、7000 多所中学和 50 多家有线电视网进行播出，受众人数越来越多。在试播期间，黄河电视台电视孔子学院推出了汉语课堂、汉语辅学和汉语之桥三个主要的节目板块，主要的电视节目包括《宝宝学汉语》《普通话正音》《中国故事》等，这些电视节目通过非常生动的电视语言向学习者传递了正确的汉语学习规律，学习者可以在一个更加轻松的环境下进行汉语学习。除此之外，黄河电视台电视孔子学院也会借助美国的斯科拉卫星教育电视网进行节目播出，基本上每天都会播出两个小时，初级阶段主要包括《走遍中国》《中华小吃街》《汉语 365 句》《熊猫老师教拼音》《乘着歌声的翅膀》五个主要的电视节目。

（三）网络传播

将相关的科学技术应用到教育当中，已经成为教育行业发展的一个重要方向，教育行业在这一进程中也得到了极大的发展。因为计算机技术的支持，文字、声音、图片、视频等多种不同形式的内容可以实现相互融合，教师可以将多元化的教学内容呈现给学生，不断提升学生的学习兴趣，提升汉语教学效果。在进行汉语教学的过程中，如果教师可以使用计算机进行辅助教学，往往可以取得更好的教学效果。实际上，现在利用计算机进行教学已经成为一种非常重要的教学手段。在进行汉语教学过程中，最早被开发出来的中文教学系统叫作 CALL（计算机辅助语言教学，Computer-assisted Language Learning），这是由美国伊利诺州立大学研发的。后来杨百翰大学也研发了一个中文教学系统。如今，网络技术越来越发达，利用计算机和网络进行教学已经非常普遍。因为网络技术和计算机技术的应用，传统教学中的单一的教学模式变得更加丰富。

　　利用网络开展的远距离教学，主要包括同步教学、异步教学和混合式远距离教学三种不同的模式，这三种不同的模式主要是按照时间进行划分的。同步教学是指教学者和学生可以在同一时间进行教学互动，这一模式突破了传统教学当中存在的地域限制。但同步教学也具有一定的缺陷，那便是在时间方面不够灵活，所以这一种教学模式比较适合教师与学生互动的课程。异步教学则是指教师和学生不在同一时间进行教学，最典型的例子就是录播，教师先将教学内容录成视频课程，然后发送给学生，学生可以自主安排时间观看教学内容。异步教学的优点就是不仅突破了地域层面的制约，同时还打破了时间方面的限制，缺点则是在互动性方面有欠缺，无法支持师生及时互动。混合式远距离教学模式则将同步教学和异步教学进行了一定的结合，被大家认为是当前教学过程中最好的一种学习方式。

　　如今，网络孔子学院的汉语教学取得了极大的发展成果，在发展速度、发展规模和发展水平等几个方面，都在不断进步。网络孔子学院是以实体的孔子学院为基础的，在实体孔子学院的支持下，通过加盟合作的方式在全球各地进行推广。网络孔子学院中的资源中心、学习中心、文化中心、互动中心等，可以给学生提供多方面的免费学习资源，最终让中国的文化得到迅速的推广。

三、汉语国际教育的传播受众分析

　　中国人民大学新闻与社会发展研究中心的张征教授对"受众"一词进行了深入透彻的分析，"受众"这一词语本身主要是指接受大众传媒产品的人。进入现代社会之后，接受大众传媒产品的人同时也是社会当中的基本成员，会参与社会管理以及其他各项事务。因为他们本身就具有社会公众的身份，所以我们可以将受众需求也理解为社会公众的需求。从一个完整的传播过程来看，受众其实是传播过程中的价值主体。因为受众是真实存在的人，而且具有思考的能力，所以受众能够体现出传播内容的价值。汉语国际教育的传播受众包括各个国家的政府以及汉语学习者，如何在汉语教学过程中对受众需求进行分析理解，并且满足他们的需求就是重中之重，甚至会直接影响到汉语国际教育的成效。

（一）汉语国际教育的受众属性分析

如今，汉语已经在全世界范围内越来越多的地方得到了推广和传播，之所以能够取得如此好的成绩，离不开我国的推动以及其他各国政府的积极态度。从传播学的角度来看，以上的情况说明传播受众有一个积极健康的接受意愿。如果传播受众接受汉语的情况不好，那么汉语教育过程中能够取得的实际传播效果是非常有限的。厦门大学的李无未教授在对汉语国际传播研究的过程中发现，汉语在国际范围内的传播拥有非常悠久的历史，最早甚至可以追溯到汉朝，并且在唐朝达到了鼎盛时期。在东汉，佛教开始传入我国，国外的僧人要想在中国进行佛教的传播和推广，就必然需要学习汉语，这可以算得上早期汉语传播的典型。至于国外的僧人是如何掌握汉语的，这些倒是无法考证，但是这些例子说明，他们在当时非常注重进行汉语的学习，尤其是汉语口语。在公元 7 世纪到公元 9 世纪之间，因为当时的唐朝国力鼎盛，在科学技术、文化、政治等多个方面都非常发达，所以日本曾经派遣了大量的使者和僧侣来中国学习。而在这一过程中，他们遇到的首要问题就是语言问题，只有解决语言问题，才能更好地学习，所以在当时，他们也必然要学习汉语。其实在之后的历史朝代当中，也有很多国外人员进行汉语的学习，比如明代来中国的意大利人利玛窦，就曾经在广州、南京、北京等多地进行汉语学习，甚至为了学习汉语自创了用拉丁文字母给汉字注音的方案，即《西字奇迹》。后来还有英国人威妥玛，自 1842 年来到中国之后，在中国生活了 43 年，他在中国进行中文教学、汉学研究等工作，并且编写了汉语课本，还创作了用拉丁字母拼写和拼读汉字的方法。

留学生进行汉语学习的目的主要包括当作自身兴趣、当成工具、升学和深造几个方面。第一个方面就是将学习汉语当作自身的兴趣。这一部分的学习者大多对汉语或者中国文化比较感兴趣，他们通过汉语学习，不仅可以对中国文化有一定的了解，同时还能够帮助自己到中国旅游。顾百里教授通过专业的研究发现，学习汉语通常需要四倍的时间才能够达到法语、德语等语言的水平。所以很多人能够坚持进行汉语的学习，正是因为他们对汉语具有浓厚的兴趣。第二个方面是将汉语当成工具。这一部分的学习者大多是商人，因为他们在经商的过程中需要经常和中国商人进行交流，如果可以掌握汉语就能取得事半功倍的效果。学习汉语，然后可以与中国商人进行无障碍的沟通和交流，这与很多中国商人学习外语是一样的道理。第三个方面则是为了升学和深造的，如今，中国的国力不断强盛，经济实力也得到了极大的发展，很多国外的学校要求将汉语当成第二语言进行学习，甚至有的学校将汉语设置为必修课。在升学和深造的过程中设置汉语学习课程，学生的能力得到进一步的提升和发展，学生毕业之后也更加有竞争力，能够获得更好的工作和职位，这对于学生未来的发展是非常有利的。可以说，升学和深造是学生学习汉语的目的，也是学生进行汉语学习的动机。

即使是学习，人们也会对成本与收益进行一定的权衡，因为从经济学的角度来看，人们不仅需要满足自身的需求，同时还希望能在这一过程中付出最小的成本。所以，在进行语言学习的过程中，哪一种语言越有用，就越可能成为学习者学习的主要内容。汉语学习也是如此，虽然有人会因为兴趣学习汉语，但大多数人仍然是为了满足自身的实际利益。因为进行汉语学习不仅需要花费大量的金钱，同时还需要花费很多时间和精力，所以人们需要对付出与收获进行一定的衡量，只有在收获更大的情况下，学习者才会更加努力地学习。也就是说，要想让更多的学习者学习汉语，就需要将学习汉语所需要付出的成本和收益保持平衡，这样才能让学生更加积极主动地学习。

（二）受众参与程度分析

伴随着相关技术和新型媒介在汉语国际教育当中的应用，汉语学习者的自主意识得到了不断的提升和强化。相关媒介为了能够实现自身的不断发展，希望能够在传播过程中得到受众的有效反馈；而受众在通过媒介了解自己想要的信息的同时，也会希望能够通过这些媒介来传达自己的观点，而不是只能被动地学习或者接受。在一个完整的传播过程当中，不论是传播者还是传播受众，都是传播行为当中的主体，两者存在双向互动。不仅传播主体和传播受众存在双向互动，受众和媒介之间也存在着双向互动的关系。受众使用媒介，并且需要通过媒介满足自己的需求，这就是"使用与满足"理论当中的主要观点。受众会从自身的实际情况出发，主动选择传播媒介和传播内容。在这一过程中，受众自身主体性得到提升，他在使用媒介时往往能够获得更加强烈的满足感。

在汉语国际教育当中，汉语教学作为主要的传播行为，离不开传播者、传播媒介、受众。传播者需要对受众有一个明确的了解，并且积极帮助受众解答各种问题和疑惑。在这一过程中，受众也需要积极表达自己的意见，及时进行信息反馈。汉语学习和其他课程的学习并不相同，需要学生在学习的过程中不断互动，而新媒体的互动性可以满足学习者的需求，进而取得更好的学习效果。由此可见，汉语国际教育过程中的传播媒介不仅要帮助受众接收汉语知识，同时还要帮助受众积极进行知识与信息的

反馈。

在整个传播过程中，受众不只是被动的学习者和知识的接受者，也有参与传播的权利。而不同的媒介具有不同的特征和规律，所以在不同的媒介作用下，受众的参与度也会有所不同。受众在参与的过程中，不仅会受到媒介的影响，同时也会受到自身的影响。一般来说，在人际传播的过程中，受众参与程度是最高的；而在大众传播媒介当中，受众的参与程度则会相对较低，而且在不同的大众传播媒介当中，受众参与度也会有所不同。但是相对来说，新型的媒介往往会有更高的受众参与度。

从纸质的传播媒介来看，最早的汉语国际教材就是以纸质媒介为主的，在进行传播时受众几乎没有参与的可能性，所以利用纸质进行传播更像是单向传播。在这一过程中，传播者会将汉语教学的相关内容印刷在纸上，然后进行装订，最终传递给受众。但是因为传播渠道的不便，受众无法及时与传播者进行互动，所以受众对整个传播过程的影响也非常有限。总之，在纸质媒介时代，因为传播方式本身的滞后性，受众无法及时进行反馈，受众的整体参与度非常低。

广播一般是传播者传播信息和受众接收信息同步。传播者（也就是播音员）在传播信息的时候需要借助无线电波和收音机，受众通过收音机获取信息，在传播者传播的同时，受众就可以直接接收。而受众还可以通过拨打热线的方式与传播者进行实时的沟通。但是广播节目存在很大的局限性和不确定性，比如因为节目时长的限制，很多受众没有参与互动的机会，另外也有很多受众不愿意参与互动。在汉语教育的过程中，很多时候节目为了方便和可控，并不会提供电话热线，使得很多受众无法与节目取得联系。而且有一些广播类的节目是提前录制好的，受众是否参与互动意义不大。就比如朝鲜的一个广播节目《每日汉语》，这一节目每期只有10分钟左右，而且节目都是提前录制好的，所以在节目当中根本没有设置与观众的互动环节，受众要想进行反馈，只能在节目结束之后打电话或者写信。

电视和广播在很多方面都非常相似，因为很多电视节目也是提前录制好的，直播方式使用并不多。电视能够向观众展现图像，当使用直播的方式进行节目播出时，节目与观众之间的互动会给观众带来更加强烈的感觉。但是因为电视节目大多是录播，很多受众无法直接与电视节目进行互动，对整个传播过程造成了一定的影响，尽管在电视节目播放之后，受众仍然可以通过打电话和写信的方式与电视节目进行一定的沟通与交流，但是这样的方式仍然无法满足受众的需求。

在互联网出现，并且成为一种传播媒介之后，受众的参与度发生了极大的改变。在互联网诞生的开始阶段，它就是作为一种双向通信的工具出现，互联网可以帮助人们传播信息，也可以帮助人们接收信息。因为互联网技术的应用，受众的主体性得到了极大的提升。比如在汉语国际教育当中，学习者可以从自身的喜好出发，选择学习的内容以及内容的呈现方式，并且通过网络及时进行信息反馈，进行问题咨询等。纸质媒介、广播媒介、电视媒介等，需要借助其他的方式才能够进行信息反馈，最终因为反馈不及时而使传播的内容无法及时修改和调整。互联网则不同，能够帮助受众及时进行信息反馈，保证传播者可以根据反馈及时调整传播内容，因此互联网似乎比其他的传播媒介更加具有亲和力。比如在汉语国际教育当中，由国家汉办主办的网络孔子学院，在进行教学内容传播时就充分考虑到了学习者的存在，并且在这一过程中充分体现出了学习者的主体性地位和作用，利用互联网具有的交互性特点，为受众提供了各种反馈渠道，可以帮助受众及时进行信息内容反馈。比如在直播课堂当中，学习者可以通过编辑弹幕的方式与教师进行实时沟通；如果是在录播教学的过程中，学生则可以留言，然后工作人员在看到之后就会及时进行解答。网络孔子学院还设置了专门的交流区域，供学习者进行讨论和交流，如今还有官方微博、微信公众号等社交账号，学习者可以通过任意的方式进行交流和信息反馈。

在实际的信息传播过程中，如果受众可以产生强烈的参与感，受众就能感受到自身的主体性地位。比如在汉语教学过程中，通过教学者和学习者之间的积极互动，教师不仅能够在一定程度上对学生进行一定的约束，同时还能够帮助学生集中注意力，从而进行更加高效的学习。相反，如果受众的参与度较低，受众则会产生一种与之无关的感觉，学生的学习效果自然会受到影响。因此在之后的汉语国际教育当中，要积极提升学习者的参与度。

（三）受众想象力的调动

媒介不仅会影响受众的参与度，甚至能够对受众的想象力产生一定的影响。因为媒介是进行内容传递的重要载体，而传递的内容是由各种不同的元素和符号共同构成的，受众要想对传递的符号有一个明确的认识，就需要充分理解这些符号，因此，受众的想象力也至关重要。而在传播过程中，不同的传播媒介也会对受众的思维活动产生不同的影响，最终影响学生的汉语学习效果。在学习一门语言的过程中，学习者往往需要熟练掌握这一门语言的词汇、语法、语意、语音等多项内容，学习者的想象力越丰富，对于学习内容的掌握就会越熟练。

在汉语学习的过程中，如果使用纸质教材进行内容传播，学习者只能进行阅读，很显然这会给学习者的想象力带来很大的挑战。因为汉语本身就是非常抽象的，阅读教材本身就需要学习者充分调动自身的思维，如果还要对这些内容进行想象、理解和记忆，那么无疑会给学习者带来更大的困难。

广播和纸质教材不同，广播主要是依靠受众的听觉进行内容的传播。在进行汉语学习时，学习者需要在听广播的时候，充分调动自身的想象力和大脑思维，对广播的内容进行视觉形象的补充。比如，当播音员在广播当中说到生日快乐的时候，大家的脑海可能就需要想象一幅生日聚会的场景。当然，传播者并不会要求学习者的想象局限于某些内容或者某些方面，而是要让学习者可以充分调动自身的思维，想象可以天马行空，但也要符合实际情况。和纸质媒介相比，广播媒介好像更加适合学习者进行想象和思考，这正是广播独特的魅力，因为当人们在听广播的时候，脑袋当中就会不自觉地想象出一个精彩的画面。

电视在进行内容传播时会将文字、画面、声音等不同的传播元素进行融合并呈现到受众面前。因为电视节目传递给大家的内容都是非常直观的，所以电视面前的受众往往不需要进行过多的思考。虽然电视这种传播方式能够将很多画面和需要传达的内容真实地呈现给受众，让受众迅速了解传播者传播的内容，但是这也会让受众产生一定的惰性。尤其是在汉语国际教育过程中，长期使用这样的方式会让学生的思考能力越来越弱，甚至在遇到问题时不进行认真思考。

互联网融合了前几种媒介的优点，但是又与前几种传统媒介不同。在互联网技术的作用下，电子书籍、网络广播、网络视频等几种新的传播形式出现了。受众在使用网络时可以主动选择不同的信息呈现方式，比如单纯选择声音或者文字，也可以选择视频。不同的信息呈现方式调动受众想象力的效果自然也有所区别，所以对于网络环境下的不同传播方式也需要进行具体分析。互联网技术的应用和发展，网络向受众提供了海量的信息，可以让受众进行更加主动地选择，并且极大地提升了受众的主动性。但是互联网中的教学资源本身的深度有限，学习者学习到的内容都比较浅显，不利于学习者对所学内容进行深入的思考。所以网络的发展让人们的思考能力变得越来越肤浅，人们的想象力也开始变得更加薄弱。另外，因为互联网技术的逐渐成熟，开始有越来越多的软件和平台出现。进行汉语教学的网站和软件琳琅满目，汉语学习资源的质量参差不齐，无法得到有效保证。

媒介能够充分调动受众的想象力，那也在一定程度上表明，媒介可以提升受众的参与度。在汉语国际教育过程中，学习者在使用媒介时可以让自身的头脑不断运转，不断活跃思维，学习效率自然会得到提升。所以，在开展汉语国际教育的过程，需要对各种媒介进行一定的分析和衡量，充分利用可以调动学习者想象力的相关媒介。使用汉语教材进行教学的过程中，虽然受众的参与度较低，但是仍然可以充分调动学生的想象力；而利用电视进行汉语教学，虽然可以提升学生的参与度，但是却会削弱学生的想象力。通过对几种不同的传播媒介进行比较可以发现，互联网是受众参与度最高的一种媒介，在使用互联网技术进行汉语教学的过程中，凭借传播内容的丰富性和传播形式的多样性充分调动学习者的兴趣，进而提升学习者的参与性。在利用互联网进行汉语教学时，保证教学资源的广度的同时，还需要保证深度；另外需要教师对于线上资源进行认真筛选，合理安排教学内容，给学习者留下思考空间，这样才能在提升学习者参与度的同时，还可以对学习者的想象力和思维能力进行有效的锻炼，最终帮助学习者养成良好的学习习惯。

第二节
汉语国际教育文化传播的形式和长效机制

一、汉语国际教育文化传播的有效形式

在汉语国际教育当中，会借助各种方式与途径进行中国文化传播。通过传统的课堂进行教学，本身也是一种文化传播活动，同时课堂之外的各种形式的文化主题活动也属于中国文化传播活动。中国文化传播的过程中，传播方式不同，传播内容不同，受众不同，最终产生的传播效果也会有所不同，所以需要对中国文化传播的形式进行研究。我们可以从第一课堂、第二课堂的角度以及两者的区别，对汉语国际教育过程中中国文化的传播进行深入的分析。

（一）第一课堂当中的对外中国文化传播

顾名思义，第一课堂主要就是指传统意义上的教学课堂，是我国开展对外汉语教学的主要教学方式。在进行教学时，我们可以按照一定的方式将学生进行划分和组合，最终划分成几个不同的班级，然后根据不同班级学生的能力、学习水平、学习进度等特点，对学生进行特定的教学安排。在汉语国际教育的过程中，第一课堂主要是让教师根据教材和教学大纲的相关要求进行教学，并且要在规定的时间内对特定的班级和留学生进行中国文化传播。比如苏州大学的文学院海外教育中心，每年都会对外招收一

大批留学生，包括硕士和本科的留学生。在开学之前学校对这些留学生进行汉语水平的测试，按照学生的不同汉语水平，将学生分到不同的班级当中。针对不同层次的留学生情况，学校还开设了不同的课程，以此来帮助留学生进行中国文化的学习。设置的教学课程主要包括汉语精读课、书法与生活艺术、中国与民俗等相关的课程。

有一部分学校在开展对外汉语教学的过程中，正是充分利用第一课堂的特点，在传统的教学课堂上，教师通过理论教学的方式将中国优秀的文化知识传递给学生。比如南开大学就在对外汉语教学中设立了"一课三读"的机制，开展了优秀传统文化研习的育人工程，其中"一课三读"中的"一课"就是第一课堂。南开大学在"国学经典导读"当中设置了很多公选课程，以保证留学生能够选择到自己喜欢的课程内容，并通过课程真正感受到中华优秀传统文化的特殊魅力。江苏师范大学在我国语言文字研究方面的成果非常突出，该校同时还是我国语言文字研究的先进单位。在开展对外汉语教学的过程中，江苏师范大学能够充分利用现有的教学资源对留学生开展教学，学校还对相关的教学资源和课程内容进行了一定的调整，以此保证教学内容能够充分满足留学生的学习需求，以取得更好的教学效果。尤其是中文、汉语等相关的专业，教师在课程内容选择方面需要着重进行考虑，保证在教学的过程中能够让学生的专业能力得到不断提升，为学生学习汉语打下一个良好的基础。当然，在进行课程选择和课程设置时，还需要尽可能考虑到学生的实际需求，只有这样才能提升汉语教学的实际效果，促进中国文化的推广。

第一课堂在中国文化传播过程中具有其独特的优势，但是也存在多方面的问题。第一，通过第一课堂进行教学，会受到时间和空间的限制，教学不够灵活，这给留学生的学习造成了一定的不便。第二，在传统课堂上进行教学，教学形式过于单一，学生长期在这样的环境下学习，会逐渐产生强烈的厌倦情绪。第三，通过第一课堂进行教学，教学内容的理论性非常高，学生对内容的吸收率会比较低，而且很容易出现教学与理论相互脱节的情况。第四，整个教学过程过于统一，无法充分考虑到不同学生的需求差异。第五，目前在传统教学过程中还存在着师资队伍不健全的情况，高校师资力量无法满足中国文化传播和文化课程教学的需求。所以在这样的情况下，进行中国文化传播的第二课堂开始出现。

（二）第二课堂当中的对外中国文化传播

第二课堂与第一课堂不同，《高等学校管理》中对第二课堂的解释和阐述是，第二课堂是在教学计划之外由教师组织引导的由学生参与的各种积极的课外活动，这些课外活动的性质非常多样化，既可以是一些学术性的、政治性的，也可以是一些娱乐性的。而在汉语国际教育当中，中国文化传播的第二课堂主要就是指留学生和海外的汉语学习者参与的以中国文化为主要内容的相关课外文化活动。但是从狭义的角度来看，高校在汉语国际教育当中的中国文化第二课堂是指留学生利用自己课外时间，自愿参加或者有组织地参与的各种校内外的文化活动。

第二课堂是第一课堂的延伸，第二课堂能够对第一课堂进行有效的补充。第一，第一课堂相对更加严谨，而且模式化比较严重；第二课堂更加活泼，能够营造一个更加强烈的文化氛围，让学生在参与的过程中产生更加强烈的沉浸感。第二，学生在第一课堂当中学习，会受到时间、空间等不同因素的限制，导致留学生在学习的时候没有更多的选择余地；但是在第二课堂当中，学生不仅不会受到教学计划和教学大纲的限制，而且在进行内容选择的时候还能够从自己的兴趣爱好出发，学生的主动性得到了极大的提升，可以更加深入地参与到相关的活动当中。第三，在第一课堂当中进行教学，教师通过知识的讲授来帮助学生了解中国文化，文化的传播

形式非常固定，而且过于单一，能够传播给学生的内容非常有限；但是第二课堂则有所不同，不仅能够帮助学生巩固第一课堂学习的内容，还能让学生通过更加多样化的方式学习其他内容，满足学生更加多样化的学习需求。在高校的汉语国际教育当中，通过积极开展第二课堂，能够形成第一课堂和第二课堂互补的局面，让中华优秀传统文化的传播渠道更加丰富。

前文"礼敬中华优秀传统文化"系列活动中，相关高校开展第二课堂活动的形式就非常多样化，不仅包括一些参观类的活动，还包括一些知识竞赛、游戏类型的活动。比如可以在学校内部举办一些以中国文化为主要内容的知识竞赛、演讲比赛、作文比赛，还可以定期组织学生到博物馆和一些景点进行参观学习等。

比如，浙江大学就以人文学院的特色学科为核心，结合学校现有的文化资源开展了很多相关的文化活动。例如以"人文经典·四季歌行"为主题的文化活动，可以让学生在参与的过程中具有极深的参与感和体验感，进而获得更好的学习效果。在这一系列活动当中，选择了一年四季当中四个不同的中国传统节日，举办了四期不同形式、不同内涵的艺术活动，分别是三月三诗会、仲夏校园民歌会、秋季师生原创文化展和冬至传统艺术赏读会。这些文化艺术活动和第一课堂当中的传统授课模式形成了鲜明的对比，第二课堂的活动充分展现出了学习者的主体性原则，能够充分提升学生的参与度；通过教师和学生之间的积极互动，学生也得到更加迅速的成长。

上海海洋大学则是在学校内部的一条主干道上建立了一条以历史文化为主的长廊，留学生从这里走过的时候，能够亲身感受到我国传统文化所具有的魅力，并且被良好的文化氛围所感染，进而投身于中国文化的学习当中。2012 年是上海海洋大学的百年校庆，学校为了庆祝学校百年的历史，还对学校的历史进行了深入的挖掘，并且鼓励学校的教师和学生积极进行创作，推出了 20 多个具有历史性和人文性的景观雕塑，放置在文化长廊中。学校对历史文化和艺术进行了深入的融合，将学校的发展历史展现在了学生的面前，同时还营造了一个浓厚的校园文化氛围。

苏州大学的中国传统文化工作坊也是一个典型的传统文化活动形式。苏州大学中国传统文化工作坊能够始终围绕学校本身的优势和特点，结合实际情况，开展相关的文化活动。工作坊还会积极与学校内部的学生社团进行合作，借助学生社团这一特殊群体进行合作教学。苏州大学还经常聘请校外的非物质文化遗产传承人到学校进行专题讲座，大学内部经常会出现昆曲、苏州刺绣、苏州评弹等多种文化内容，学生可以在学习的过程中感受到民族传统手工艺的浓烈气息。这些活动不仅能够帮助留学生提升自身的汉语能力，同时还能让他们感受到我国丰富的非物质文化遗产，认识到中国文化的博大精深。在这一过程中，苏州自身的文化底蕴也会逐渐体现出来，并且对学生本身的价值观也产生积极的影响。

武汉大学每年都会开展一些书法比赛、绘画比赛、龙舟赛等文化活动，这些活动充分体现了当地的地域特色，能够让中华优秀传统文化淋漓尽致地展现出来，在丰富留学生业余生活的同时，帮助他们加深对中国文化的认识和理解。

（三）第一课堂与第二课堂的融合

教育界针对教学过程中的第一课堂和第二课堂进行了非常深入的研究，并且比较了两者之间的区别。通过对比发现，在汉语国际教育当中进行中国传统文化的传播，第二课堂所展现出的内容明显要比第一课堂展现出的内容更加丰富，而且在第二课堂当中，学生的主动性和独立性更强，整个过程都非常开放。在这样的环境下学习，学习者能够得到充分的锻炼和实践，教学的整体效果更加突出。

首先，从内容方面来看，第二课堂能够呈现到学生面前的教学内容非常多元化。这是第一课堂无法比拟的，比如在第二课堂当中，可以开展文化讲座、名作欣赏、优秀作品展示、文化作品创作比赛等，丰富的内容还能够满足不同学生的学习需求。

其次，从时间和空间的角度来看，第二课堂还具有极强的开放性。传统的教学课堂当中，不论是时间还是地点都是固定的，学生只能按照计划进行学习。第二课堂则有所不同，不仅时间不固定，而且地点也非常灵活，第二课堂打破了第一课堂在时间和空间方面的局限性，使得每一位学生都能够根据自己的时间自由安排学习。

再次，参与主体第二课堂中变得非常独立、主动。在第一课堂中，留学生会被各种纪律和制度约束，只能按照教师的要求来进行相关知识的学习，学生只能进行被动的学习；而且第一课堂的内容理论性较强，导致很多时候学生都没办法进行实践，动手的机会不足。但是在第二课堂当中，教师不会对学生进行强制干预，大多数活动都需要学生亲身参与到实践当中，学生自己动手动脑，这样一来，学生就能够真正体会到中国文化所具有的魅力，而学生的汉语水平也能够获得明显的进步和提升。

最后，第二课堂的学习效果也是非常明显的。通过第一课堂的学习，学生有了扎实的理论基础。然后再进行第二课堂的学习，留学生又会接触到更加广泛的学习内容，而中国文化的呈现形式也会非常丰富。在这样的环境下，学生便可以将在第一课堂当中学习到的理论知识进行一定实践，最终加深自己的理解。

通过对第一课堂和第二课堂进行研究比较，可以发现两者之间存在一定的关系，具体包含以下几种。

第一，第一课堂和第二课堂存在着统一的关系。比如第一课堂和第二课堂具有统一的教学目标、统一的教学内容、统一的教学主体。在第一课堂的教学过程中，教师需要按照教学大纲进行教学，教学目标就是让学生认识和了解中国的文化知识。而第二课堂当中开展的活动，其实始终都是围绕第一课堂的教学目标来进行的，因为第二课堂的教学内容在第一课堂基础上的深化，能够让学生对中国的优秀文化知识进行更加深刻的认识。

第二，第一课堂和第二课堂存在互补的关系。从实际的教学内容来看，第一课堂传递给学生的中国文化知识只能让学生进行理论知识的学习，学生没有很好的机会进行实践和深度思考。但是第二课堂则有所不同，能够给学生提供充足的机会让学生实践和锻炼，加深对第一课堂所学内容的理解。可见，第一课堂和第二课堂的教学内容之间存在着互相补充的关系。

第三，第一课堂和第二课堂存在矛盾的关系。比如，当教学资源有限的时候，教学资源分配就会出现矛盾，第一课堂和第二课堂如何进行资源分配就成为一个重要问题。无论过度考虑第一课堂还是过度考虑第二课堂，都很容易出现顾此失彼的情况。而且如果在开展第二课堂的时候，过于追求形式，很容易导致第二课堂的开展脱离中国文化传播的核心与初衷，最终导致中国文化的传播受到影响。

所以，在汉语国际教育过程中，要促进第一课堂和第二课堂的相互融合。对教学过程当中的教学资源进行合理有效的利用，保证两者的统一性和互补性得到充分的体现，同时还要尽可能克服彼此的矛盾，保证两种不同的课堂可以实现完美融合，最终实现两者的共同发展。

在汉语国际教育当中进行中国文化的传播和推广，很多学校都将第一课堂和第二课堂进行融合，最终取得不错的效果。比如苏州大学的中国传统文化工作坊，就在中国传统文化传播和推广的过程中取得了很好的成绩，将中国的优秀文化传播给了全球各国的学子。在课堂当中，设置了大学生传统文化教育课程、留学生语言文化教学课程等。在开展活动方面，能够始终遵循"理论与实践相互结合""中外学生互动""校内校外共同参与"等原则，开展了文化主题讲座、传统文化选修课、课外实践活动、文化活动比赛等很多不同类型的活动。通过第一课堂和第二课堂之间的相互融合，最终让整个传播过程取得良好的效果。在 2014 年 12 月 26 日，苏州大学还举办了留学生双语展示活动，学校内部的留学生可以将自己的日常生活展现出来，在专业教师的帮助之下，留学生将自己的生活改编成了小品和话剧等作品，作品受到了学校师生的极大欢迎。以上这些不同类型的活动和内容，还充分展现出学校师生之间以及中外学生之间的深厚情感。

北京财贸职业学院在开展传统文化教育宣传活动的时候，也非常注重第一课堂和第二课堂的相互融合。学校不仅通过第一课堂教学的方式来进行中国传统文化的传播，同时还在学校内部开展了非常多样化的实践活动，比如举办专业讲座、沙龙、文化节等，让学生可以在这一过程中得到足够的锻炼。

华东理工大学在进行中国传统文化传播的时候，以中国的龙舟文化为基础，对龙舟文化背后所蕴含的文化内容进行深入挖掘，取得了良好的教育效果。比如在学校当中，首先可以开设龙舟课程，进行龙舟裁判员、龙舟培训员的培训，让学生对龙舟有一个基本认识的同时，还掌握一定的划龙舟技术。然后和全国很多的学校共同举办了龙舟比赛，这也为留学生提供了一个感受中国传统文化活动的机会。总之，通过第一课堂和第二课堂的相互融合，龙舟比赛成为华东理工大学的一个重要文化名片，是很多国外友人了解中国文化的一个重要内容。

（四）第二课堂与第一课堂并重的有效形式——以苏州大学为例

苏州大学在开展中国文化传播的过程中，第一课堂和第二课堂并重，取得了非常不错的教学效果。尤其是苏州大学的中国传统文化工作坊，在工作时始终遵循"理论与实践相互结合""中外学生互动""校内校外共同参与"三个主要的原则，并且保证这一理念可以在学校讲座、教学课程和课外活动当中得到有效贯彻。同时传统文化教育、留学生语言文化教学、中国学生和外国学生之间的文化交流等，已经逐渐成为苏州大学的重要项目和活动。除了这些内容，中国传统文化工作坊还进行国学研究、中国书法、中国绘画、中国音乐、中国建筑、中国武术等内容的研究，并以这些内容为核心开展相关的活动。

在苏州大学的中国传统文化工作坊当中还有五个以中国文化为主要内容的子项目，分别是中国传统文化课堂、中国手工艺作坊、中国影视艺术播映厅、汉外双语角、中外大学生伙伴计划工作站。这五个子项目具有极强的互动性特征，能够让学生充分参与到丰富的相关文化活动中。第一，中国传统文化课堂的第一课堂，每周都会邀请一名专业的艺术家进行中国传统文化内容的讲解。艺术家针对某一种艺术门类进行专业的讲解，并且与学生进行深入的交流，让留学生可以逐渐了解更多的中国文化。如今，工作坊举办的讲座越来越多，比如其中以"书法与生活"为主题的相关系列讲座，充分将书法和我们的日常生活进行了一定的结合，让人们可以从一个新颖的角度重新看待书法。其实不仅仅是书法这一门艺术，其他的艺术类型也是如此，都应当与我们的生活保持紧密的联系，只有这样才能实现艺术的持续发展。这样的活动，实际上是将理论教学内容和相关文化活动进行深入的融合，让学生对中国文化有深刻的体验。第二，中国手工艺作坊则经常会开展一些课外活动，比如定期聘请一些手工艺领域的专家到学校，为学生进行一些非物质文化的讲解。讲解的内容主要包括苏州刺绣、苏州评弹、昆曲、苏州古琴以及其他的一些传统艺术类型。这些艺术种类能够展现出苏州地区独有的特色技艺，让留学生在学习的时候，可以真正被这些不同的文化内容吸引。第三，中国影视艺术播映厅则会为学校内部的学生开设一些专业的课程，讲解和放映一些我国优秀的影视作品。这一方式能够帮助国外的学生对中国的历史发展、社会历程等多方面内容有更深入的了解，能够使学生在学习的过程中受到中国独有的文化熏陶。第四，汉外双语角也是一个很有特色的项目，能够为很多中外学生提供一个进行交流的场所和环境，进而激发海外留学生对汉语学习产生兴趣，帮助留学生提升汉语水平的同时还能够加深不同文化之间的相互交流和促进。而开展双语角活动的形式也是非常多样化的，设计的内容非常广泛，比如可以进行日常的交流，也可以进行自己兴趣爱好的交流等，因为内容的丰富性，可以保证整个交流的过程非常有趣。而且为了能够保证交流的实效性，双语角还可以要求每一位留学生与本校的中国学生建立固定的交流关系，让留学生可以对汉语语言、中国文化加深了解，并且也能帮助中国的学生对留学生所在的国家和相应的文化背景有所认识。尤其是通过彼此的交流与合作，能够逐渐加深自己对不同语言表达习惯等细节的内容进行学习，为自己之后的学习和工作提供一定的帮助。第五，中外大学生伙伴计划合作站也为苏州大学的留学生以及国内的学生提供了交流学习的机会。在这一平台当中，来自不同国家的学生可以随意进行互动交流，主动向他人分享自己国家的文化和特色内容，在帮助学生提升自身交际能力的同时，还可以拓展每一位学生的视野。此外，中国传统文化工作坊为了能够顺应时代的发展和趋势，还开展了中文金曲大赛、中韩联欢晚会、中法篮球赛等比赛和活动，为中外学生之间的交流与合作提供了非常多样化的形式和机会。

其实除了中国传统文化工作坊的五个子项目之外，苏州大学还有很多其他的活动和项目，比如工作坊会针对很多留学生开展专业的文化推广和文化培训活动。比如其中的汉语俱乐部举办了"汉语之星"风采大赛，这一活动可以让学校的留学生对自己的汉语水平进行充分的检验，得到了学校很多领导和教师的支持，并且在苏州很多校外的媒体当中进行了报道。另外，苏州大学还举办过太极拳表演活动、传统服饰礼仪活动等。总之，多样化的活动可以将中国文化的多样性充分展示出来，让留学生充分感受中国文化的魅力，并且还能不断提升学生的汉语水平。

中国传统文化工作坊主要是以传统文化内容为主题开展相应活动，并且在后续的过程中进行相关文化体验。在进行对外文化传播的过程中，苏州大学甚至还与韩国外国语大学、香港大学、马来西亚马来亚大学、香港中文大学等一流大学签订了相关的合作协议，在苏州大学开创了很多其他类型的重大项目。在世界上其他的一些国家和地区，每年都会有很多学生来苏州大学进行学习，这些合作都为汉语教育和中国文化传播起到了重要的推动作用。总之，中国传统文化工作坊已经成为苏州大学与世界其他国家学校进行交流的一个重要平台，工作坊能够在这一过程中充分结合自身的优势开展相关项目，并且为学校中的留学生营造了一个浓厚的学习传统文化的氛围。

总之，在苏州大学的中国传统文化工作坊成立之后，学校先后开展了非常丰富的中国文化传播活动，这为留学生了解中国文化提供了非常多样化的渠道。如今，已经有多门相关的课程被纳入到了公选课学分体系当中，而且每年都会开展上百场的讲座和社团活动，参加这些活动的人数都会有上万人，包括很多的留学生。可见，第一课堂的教学和第二课堂的课外活动并重，两者相互补充、相互融合，这是目前在汉语国际教育过程中进行中国文化传播的有效形式。

二、汉语国际教育文化传播的长效机制

从目前来看，在汉语国际教育中进行中国文化的传播已经取得了很好

的效果，但是因为当前的传播过程中没有一个完善的、持续性的长效机制，所以在传播的过程中仍然会存在一定的问题，这制约了传播效果的进一步提升。因此，高校有必要在今后的中国文化传播过程中建立完善的长效传播机制。通过建立长效的传播机制，中国文化传播过程中的各个具体环节和部分能够更加高效的运转，而其中的各个子系统和要素也能够在中国文化传播的过程中充分发挥积极的作用。在建立长效机制的过程中，还需要遵循整体性原则、实际性原则和系统性原则，只有这样才能保证相关机制能够充分发挥自身的运行作用、监督作用、评估作用和激励作用，确保中国优秀的文化循序有效地进行传播。

（一）中国文化传播的运行机制

运行机制发挥作用的过程，需要保证机制内部各个要素之间能够产生相互作用，在联系的基础上还会相互制约。在运行机制发挥作用的过程中，如果出现了资源配置差异或者组织形式不同的情况，都会导致运行机制的运行过程出现差异。运行机制会对决策产生一定的影响，进而导致整个运行过程中的各个要素发生相应反应。运行机制的创建需要遵循以下几个原则：第一个原则是操作简单和设计全面的原则。因为运行机制的整体内容要足够全面，但是在操作的时候又要简单明了，只有这样才能充分发挥运行机制本身的作用。第二个原则是整体性原则。通过运行机制，可以将整个传播过程的作用展现出来。第三个原则是制度规划和制度落实相互结合的原则。在运行机制发挥作用的过程中，不仅需要相关的制度进行有效保障，同时还需要保证相关的制度能够落到实处。第四个原则是重点和整体相互结合的原则。运行机制的建立既要尽可能全面，还要突出重点，将运行机制当中的点和面进行有效的结合，只有这样才能及时发现中国文化传播过程中各个环节存在的问题，进而帮助学生解决这些问题。第五个原则是目前和未来相互结合的原则。运行机制的构建需要保证能够满足当前中国文化传播的需求，能够具体解决当前问题，但同时还要树立长远的眼光，对中国文化传播在未来可能遇到的一些问题进行预测，最终形成规范有效的制度体系。

在高校进行运行机制构建的过程中，要从内部运行机制和外部运行机制两个方面进行构建，这样才能为中国文化传播提供稳定有效的保证。内部运行机制和外部运行机制的相互作用，能够为传播过程提供良好的运行节奏。高校文化传播的内部运行机制主要包括权力运行、教学运行、科研运行等几个部分，外部运行机制则包括市场、企业、媒介等。

很多高校在开展中国优秀文化传播活动时，就是因为建立了一整套灵活、高效的运行机制，所以才取得了非常显著的成果。比如苏州大学的中国传统文化工作坊，在对中国文化进行传播时，就是以文学院为主体，带领工作坊内部各项工作的稳定进行。在中国传统文化工作坊当中，有 12 家固定的合作单位，工作坊会以这 12 家单位为基础，与校内校外的其他部门进行合作。中国传统文化工作坊与校内外部门合作开展中国传统文化相关活动的时候，正是因为运行机制的作用，所以才保证各个环节能够稳定有效地发挥作用。另外，苏州大学还在工作坊当中成立了专业的领导小组，组建了专业的工作团队，此外还有办公室、联席会议等，任何项目和活动的开始都要进行慎重的会议决策，这些都是运行机制在发挥作用的体现。

2013 年，西安电子科技大学建立了中南文化书院，这一书院的建立是从学校自身实际情况出发的。在书院成立之后，学校对于书院的进一步发展非常重视，针对书院构建了专门的组织运行机制，并且配备了相关的教学设施和活动场所。书院文化传播的内容具有强大的开放性。书院在开展相关传播活动的时候，与文学院进行了密切的合作与联系，最终创造出了一个具有极高文化价值的育人品牌。

（二）中国文化传播的监督机制

监督机制就是要求监督系统当中的各个构成部分之间，既要相互协调、相互配合，又要相互制约，最终实现监督目标。一般来说，在一个完整的监督机制当中，会有监督主体、监督客体、监督方法、监督程序等多个不同的部分，在这些部分的相互作用下，可以形成一定的规范和作用，最终发挥监督机制的作用，完成监督任务。监督机制在发挥作用时也需要遵循必要的原则：第一是民主性原则，即在整个监督机制当中，所有的监督方式和监督程序的进行，都需要建立在民主的基础上。第二是有效性原则，监督机制在发挥作用的时候，需要保证监督工作能够取得实际的效果，在任何一个环节和部分，都不能敷衍了事，而要秉着认真的态度开展工作。第三是独立性原则，即在进行文化传播的整个活动当中，监督工作要和文化传播之间保持一定独立性，只有这样才能保证监督工作公正客观地开展，最终保证监督工作的实际效率。

在汉语国际教育当中进行中国文化的传播，其实监督机制的应用相对比较少。我们可以发现，虽然有一部分高校在传播中国传统文化的过程中取得了很好的效果，但是并没有一个完善的监督机制。在中国优秀文化对外传播的过程中，高校是一个重要的传播主体，也是传播中国文化的重要组织，为了能让高校在汉语国际教育当中充分发挥应有的传播作用，有必要建立一个完整的监督机制，对传播主体、传播客体、传播内容等进行有效的监督。

（三）中国文化传播的激励机制

激励机制是指在整个系统中，主体需要通过采取一定的激励措施，来激发主体和客体的潜力，让整个系统的工作动力更加充足。激励机制的意义在于，它可以在短时间内对客体的思想进行一定的激励，激发客体的内在动力，进而将其转化为外在动力，让客体在整个系统当中发挥自身的作用。激励机制一般包括以下几种方式：第一是奖励激励，奖励激励又包括物质层面的激励和精神层面的激励两个方面。物质层面的激励是指通过给被激励者一定的物质支持，从而激发被激励者的动力，比如奖金和奖品等就是最直接的物质奖励。精神激励则是指在精神层面对学生进行一定的激励，主要包括情感激励、榜样激励、荣誉激励等。在精神激励方面，大多是需要对被激励者进行一定的口头表扬，然后让被激励者的内心可以得到一定的满足。第二是参与激励，比如在中国文化传播活动当中，要让受众充分参与到各种活动当中，进而调动学生的主观能动性。第三是目标激励，目标激励主要是高校在进行文化传播的过程中，将文化传播的目的和参与者自身的利益进行结合，从而让受众认识到自己参加活动的重要性，进而更加积极地参与到传播活动当中。第四是政策激励，即要在政策的引导下，把握文化传播的趋势和特点，从而利用政策对学生进行引导，充分激发学生的积极性和动力。

在"礼敬中华优秀传统文化"的系列活动当中，激励机制就发挥了极大的作用，并且有效提升了中国文化传播的效果。比如中南大学在"传承和弘扬中华优秀传统文化"系列活动当中，就进行了物质层面的激励，学校为活动提供了经费支持、场地支持，还进行了大量宣传，极大地提升了这一活动的影响力。中山大学在学校举办的"蒹葭杯"诗词大赛当中，学校教务处也专门划拨了专项资金进行支持，而且大赛的获奖名单还在学校官方网站进行了公示，通过物质激励和精神激励的相互结合，极大地扩大这一活动的影响力度，也在一定程度上对参与者进行了激励，提升了参与者本身的积极性。很显然，这些激励机制都在一定程度上对中国文化的传

播与推广起到了积极的促进作用。

在汉语国际教育当中，激励机制主要包括内部激励和外部激励两个部分，内部激励主要是指在开展汉语教学的过程以及开展相关活动的过程中，针对学习者和受众制定相应的激励制度和措施。外部激励则是指政府部门、社会企业、社会组织以及相关的媒体为学校提供的激励帮助。从当前开展汉语国际教育的大背景来看，进行对外汉语教学本身就是为了能够让我国的文化在国外可以得到有效的传播，而建立激励机制，则可以让我国文化在国外的传播效果得到进一步的提升。尤其是在传播过程中，将国家层面的政策激励，学校的制度激励、环境激励，对学生的物质激励和精神激励等进行一定融合，在进行文化宣传的过程中巧妙地利用各种激励措施，最终能够提升实际的传播效果。

（四）中国文化传播的评估机制

评估机制其实就是要对活动的价值进行判断，其实在日常的生活和工作当中，存在很多不同的评估行为，比如企业价值评估、资产评估和房地产评估等。而在进行评估时，具体的评估方式主要包括形成性评估和总结性评估两种。形成性评估的发生一般是在不同活动的进行过程中，主要是在过程中找到可能存在的问题。而总结性评估，顾名思义则是在活动结束之后对活动的整体情况进行评估，从而考察活动是否达到了理想的效果。在整个评估机制当中，评估主体、评估内容以及评估制度等，都是构成整个评估机制的要素，这些不同的要素和外部环境之间具有联系，一起反映出评估机制的系统方式和过程。为了认识到评估的价值，并且能够对整个传播过程进行准确的评估，在建立评估机制的过程中，需要遵循以下几个原则：第一是可行性原则，即建立的评估机制需要符合实际情况，并且符合活动的实际需求，既不会显得过于浮夸，又不会因为过于保守而无法进行准确的评估。第二是方向性原则，即建立的评估机制不仅要对活动进行一定的评估，还需要凭借其本身的评估方式和评估内容对活动的进一步开展进行引导，从而保证活动能够取得最终的效果。第三是科学性原则，即在构建评估机制的过程中，要保证机制实事求是、科学客观。第四是激励性原则，即在活动进行的过程中，通过评估机制的作用，在一定程度上调动评估对象的积极性，从而让其更加积极地参与到活动当中。

在进行中国优秀文化传播的过程中，需要从实际情况出发，针对教学以及相关的课外活动制订完善的计划，并且严格遵循相关的评估机制，只有这样才能保证各个环节和方面稳定进行。在汉语国际教育当中，评估机制有着承上启下的作用，会对文化传播活动的各个环节产生影响。比如北京第二外国语学院以"中国传统文化"为主题的读书文化节活动、"兰亭杯"书画大赛等，都已经连续举办了很多届。在举办这些活动的时候，学校会邀请一些专家到学校，对学生的作品进行一定的点评，这种方式能够帮助学生有效提升自身的文化素养。教师的点评也可以在一定程度上调动学生的积极性，然后让学生在活动当中充分发挥自己的主观能动性，从而获得更大的提升。

通过对这些不同的高校进行分析可以发现，虽然很多学校在汉语国际教育过程中进行中国文化的传播，但都缺乏健全的评估机制，而且缺乏统一的评估标准。所以针对这一情况，各个高校应当加大对评估机制的研究力度，从学校自身的实际情况出发，构建评估机制，从而使中国优秀传统文化得到更好的传播。

（五）多方参与和协作的长效机制——以苏州大学为例

在汉语国际教育的过程中，为了能够进一步提升中国文化传播的实际效果，苏州大学以中国传统文化工作坊为基础，加强了工作者、场地、宣传工作、规章制度等几个部分之间的联系，通过各个环节之间的协作，最终形成促进中国优秀文化传播的长效机制。

中国传统文化工作坊以古典建筑为基础，为进行汉语国际教育创建了一个良好的文化氛围。从工作坊本身的设计来看，工作坊在场所功能划分、设计装修等多个方面都非常巧妙。比如对联和条幅的设计，用料为红木，然后用传统竹刻的方式进行制作。工作坊当中的"中国传统文化课堂""汉语国际教育中心""中外大学生国际文化交流中心""海外汉学研究中心""跨文化研究中心"五块招牌，就是用这种方法进行制作的，而且这五块招牌的字还是由贾平凹、莫言、张充和、华人德和王尧五位知名文人写的。这些外在的设计，让苏州大学的中国传统文化工作坊形成了非常浓厚的传统文化氛围，当留学生身处其中的时候，会被其中的氛围深深地影响。

从工作人员这一角度来看，工作坊成立了专业的汉语国际教育领导小组，同时还成立了由青年教师和学生组成的专业工作团队。同时还有由兼职教授、兼职教师、海外教师等构成的教师团队。在工作坊当中，有相对全面的管理制度、值班制度、考核制度和绩效管理制度等，其中的每一位工作人员都会对相应留学生的档案进行负责，并且同时要对留学生的文化教育进行负责，总体来说，工作坊当中的每一位工作人员都有相应的责任，他们都需要对自己的工作内容进行负责。

从规章制度来看，工作坊针对留学生的课程实施方案和人才培养计划定期进行调整与完善，尽可能保证在对外教学的过程中取得更好的效果。而且工作坊还在全球很多个国家和地区建立了专业的实习基地，可以让每一位当地的学生直接进行实习，让学生可以得到充分的锻炼和实践。每年学校的工作坊还会开展一些汉语展示、才艺展示、伙伴帮扶、留学生辅导讲座、各种节日活动等。这些内容的设置，能够让学校内部的大学生、硕士生和博士生都可以获得自己想要了解的知识和内容。在留学生的课程设置方面，中国传统文化工作坊还为学生开设了很多公共选修课程。另外，工作坊当中还有针对留学生的长期发展规划和管理规定、学生学分认定方法等。总之，教学和管理的双重作用，对中国文化的传播提供了良好的保障体系。

从宣传工作来看，工作坊还非常鼓励教师到国外进行学习与交流，同时加强学校和国外学校之间的联系。工作坊还通过制作学院宣传片、设计工作坊徽训、设计留学生文化衫等形式，与留学生办学机构、招生机构积极进行合作。工作坊还制作留学生的简章和宣传资料、留学生的生源信息等。为了促进中外文化之间的交流，苏州大学中国传统文化工作坊公众号还积极向国外其他的大学提供学校的招生宣传材料，向海外的媒体投放招生广告等。

从档案工作来看，中国传统文化工作坊的档案工作也非常重要。工作坊针对留学生在学校当中的各方面内容分别建立了相关的档案，这样就可以对留学生的实际情况有一个全面的了解。工作坊举办的所有活动，都有纸质的专业文件和通知，每一项活动也都会进行记录，而且一般活动在结束之后，都会在官网进行一定的报道，报道之后也进行档案记录，这些做法充分展现出了工作坊工作流程的科学合理。在学校与海外一些国家进行交流与合作的过程中，来往的一些礼品，也都会放在工作坊活动中心进行展示和收藏。

在汉语国际教育当中进行中国优秀文化的传播，工作坊与校外十几家单位进行了固定的合作。在工作坊首批共建单位当中就有 6 家校外的单位和 6 个校内的部门。比如工作坊当中的子项目"中国传统文化课堂"，就是在校内联合海外教育学院、艺术教育中心、东吴书画院、教务部，在校外联合苏州市书法家协会、虎丘书院、青年书法家学会等多个单位共同创办的。在这一个子项目当中，会经常开设书法相关的讲座，基本上每周都会聘请专家进行专题讲座，甚至还会让学生在现场参与互动。

苏州大学的中国传统文化工作坊具有非常优秀的教师资源，同时还有非常顶级的教学设备，最重要的是，苏州大学拥有来自世界很多国家的留学生，所以通过合理地利用这些资源，在学校内部开展中国文化的传播是可行的。工作坊为我国进行中国文化的对外传播提供了一个良好的渠道和平台，可以让众多的国外留学生对我国丰富的文化加深了解，进而感受到中国文化独有的魅力。当然，也可以让国内的学生对其他国家和地区的文化进行认识。工作坊正是以学校的管理活动体系为基础建立起的长效机制，伴随着工作坊的成熟，其中的长效机制也越来越完善，可以对工作坊当中的各个项目开展提供帮助。尤其是在学校的领导下，工作坊对校内外的各种资源进行了一定的整合，并且积极与校内外的各种部门和单位进行联系与合作，逐步将工作坊内部开展的五个子项目发展壮大。在这一过程中，工作坊始终都能够有效贯彻协同发展的理念，通过多方主体共同参与，形成合力，最终构建了一个完善的长效机制，让工作坊这一平台的作用得到了充分的发挥。

第七章

"互联网 +"背景下的汉语国际教育文化传播策略——以孔子学院为例

第一节
孔子学院文化传播现状

一、孔子学院的发展过程

孔子学院是中国和外国通过合作共同建立的，不具备营利性质的教育机构，这一机构的创办能够满足世界多个国家汉语学习者的学习需求，并且让汉语学习者能对中国文化进行一定的了解，促进中国文化和世界上其他国家文化的交流合作，促使中国和其他国家之间形成良好的文化交流关系，最终构建一个和谐的世界。伴随着时代的发展，我们可以发现孔子学院本身的责任也在不断增加，现如今，孔子学院不仅需要帮助国外的学生进行汉语教学，让他们学习汉语；另外还会培养大量的汉语教师，通过不断培养师资力量，可以为孔子学院提供教师资源支持，从而保证汉语教学可以有效开展。当然，孔子学院也需要进行中国文化的传播，所以孔子学院需要将中国教育、中国文化等多方面的内容传播出去。除此之外，孔子学院还能够开发汉语教学资源、帮助学生开展汉语考试、进行汉语资格认证、开展中外文化交流活动等等。总之，在中外文化交流的过程中，孔子学院发挥着巨大的作用。全国各地在开办孔子学院时，都要从当地的实际情况出发，不能对其他地方的孔子学院进行模仿和照搬，否则不仅无法取得理想中的教学效果，甚至会因为不符合当地实际情况而造成资源浪费。如果全球各地创办孔子学院都可以从实际情况出发，相互交流，那便可以举办形式多样的文化活动，从而形成多样化的办学模式。最重要的是，能够在这一过程中不断促进中国文化和其他文化之间的交流与融合。

孔子学院正式在海外建立是在2004年。2004年3月，中国国务委员陈至立将我国在海外其他国家设立的，非营利性的汉语机构正式定名为孔子学院，孔子学院创办的宗旨是进行汉语的教学和中国文化的对外传播，在这一过程中向国外的学习者提供多元化的服务。至于在创办机构的过程中为什么要用孔子学院来作为最终的名称，是因为孔子在中国人的心目中是文化思想的代表，他以人为本、以和为贵的思想影响了我国几千年的发展历史。至今，这些文化思想仍然是我国社会思想当中的主要内容，尤其是以和为贵的思想，不仅是我国社会思想当中的基础内容，甚至是我国与其他各国相处的重要原则。将其命名为孔子学院可以充分体现出我国文化的博大精深，并且也展现出了我国文化融入世界潮流的趋势。在2004年6月，乌兹别克斯坦塔什干孔子学院就举行了签字仪式，这也是我国和国外合作的第一所孔子学院，并且在2005年正式挂牌成立。在2004年11月，韩国首尔孔子学院也挂牌成立，是世界上第一家正式挂牌成立的孔子学院。在2005年7月，国家汉办在北京召开了第一届世界汉语大会，本次会议的主题是"多元文化架构下的汉语发展"，共有600名中外代表参加会议，中国国务委员陈至立在会议上发表讲话并且举行了海外孔子学院的授牌仪式。从2004年到2013年年底，将近10年的时间，我国通过与其他国家的合作在全球建立起435所孔子学院和644个孔子大课堂，相关的学校和课堂分布在全球范围内的100多个国家和地区，其中亚洲地区有93所孔子学院，分布在31个国家和地区；非洲有35所孔子学院，分布在26个国家和地区；欧洲有148所孔子学院，分布在36个国家和地区；另外美洲的16个国家和地区还有142所孔子学院；大洋洲的3个国家还有17所孔子学院。另外，644个孔子大课堂也分布在全球的48个国家和地区，其中亚洲有 49 个，非洲有 10 个，欧洲有 153 个，美洲有 383 个，大洋洲有 49 个。截至 2019 年年底，孔子学院和孔子大课堂的数量又实现了增长，中国先后在 162 个国家和地区建立了 550 所孔子学院和 1172 个孔子大课堂，孔子学院在全球范围内的推广和发展，不仅促进了中国文化的推广和传播，同时还成了大家进行研究的热点。

从目前对于孔子学院的研究和探讨，可以发现大家主要是从传播学、教育学、汉语教学等几个角度对孔子学院进行研究和分析的。主要研究和探讨的内容包括孔子学院内部教育项目的开发、孔子学院宣传和文化外交、国家软实力之间的关系、如何在国际范围内进行汉语推广、不同国家孔子学院环境调研等。在跨文化传播的视角下对孔子学院进行分析研究，需要从两个方向出发进行，第一个是汉语教育当中的跨文化信息传播，第二个是中国文化通过孔子学院在全球范围内进行传播的策略。因此，可以从这两个角度出发对孔子学院的跨文化传播现状进行研究分析。如果可以在这一理论的基础上对跨文化信息进行研究，则可以找到学习者的兴趣点，进而有效激发学习者的学习兴趣。第一个方向相关的研究者认为，在进行跨文化传播的过程中，需要帮助学习者培养跨文化学习的意识和能力，只有这样才能在接受中国文化的过程中尽可能消除不同文化差异所带来的负面影响，保证学习效率稳步有效的提升。但是第二个方向的研究者则描绘了国家软实力、国家话语权和孔子学院之间的关系。在文化传播的过程中，跨文化传播的发展历史相对较短，再加上孔子学院也比较年轻，所以孔子学院当中的跨文化传播其实就是一种全新的尝试。伴随着汉语国际教育的不断发展和跨文化传播的兴起，对于孔子学院的研究势必会成为一个热点。

二、孔子学院不断发展的原因

某一种事物的兴起和发展必然有一定的原因，孔子学院之所以能够出现并且发展，就是必然性和偶然性的相互结合，通过进行一定的分析发现主要包括以下几方面的主要原因。

（一）我国经济实力的提升

改革开放以来，我国的经济实力得到了稳定持续的增长，现如今我国的国民生产总值已经位居全世界第二。在改革开放政策的引导下，我国对外贸易活动越来越频繁，也在一定程度上为我国与其他国家之间的交流合作提供了条件。基于这一现状，汉语的实用价值也越来越高。因为现实的发展状态，使得中国政府不得不加大汉语国际教育的开展，并且积极进行中国文化的推广，保证我国可以和世界其他国家的人们进行友好的交流，并且能够在这一过程中满足更多海外学习者的需求。现如今我国在海外建立孔子学院的方式主要有四种：第一种是中国和海外的高校共同合作创办；第二种是中外高校与跨国公司共同合作创办；第三种是国外的政府和中国高校共同创办；第四种模式是国外的一些社团机构和中国高校合作创办。在文化传播的过程中，语言传播是重点。孔子学院通过几年时间的实践和探索，现如今已经成为了进行汉语教学和中国文化传播的一个重要名片，是中国文化走向世界，与其他文化进行交流的一个重要方式。孔子学院之所以能够拥有如此之快的发展速度，与中外合作创办的方式有着很大的关系，但根本上还是因为我国的经济实力不断提升。因为孔子学院仅仅开办了8年时间，国家就已经在孔子学院这一项目当中投资超过了5亿美元。而且中国在全世界其他国家和地区建立孔子学院的脚步并没有停下，反而一直在前进。我国创办孔子学院不仅仅是为了进行语言教学，更重要

的就是向全世界传播中国文化，从而让全世界对我国的价值观有所了解。虽然现如今我国的经济实力已经提升到了全球第二，但是将汉语作为工作语言的国家和地区却不多，所以导致其在政治、经济、外交等多个方面的使用也比较有限，这与我国目前的实力很显然是不符的，甚至还会影响其他国家对汉语以及中国文化的认同。因此，我国应当推动汉语和中国文化在全世界范围内的推广，尽可能扩大中国文化的传播范围，让中国文化的吸引力不断提升。在其他国家和地区建立孔子学院、进行汉语教学，正是目前顺应我国发展的有效措施。

（二）中国文化博大精深

我国地大物博，历史悠久，形成了非常丰富的中华传统文化，我国的文化不仅具有鲜明的民族性特征，同时还具有世界性。在经济全球化和文化多元化的发展格局下，中国文化的价值越来越明显，要想在当今社会更好地生存下去，就必须对我国的传统文化进行深入剖析，吸取其中的智慧和影响。之所以使用孔子的名字来命名孔子学院，正是为了能够在这一过程中不断吸取孔子智慧。即使是在当今社会，中国传统文化和智慧仍然具有非常强大的生命力，尤其是其中的"以人为本""以和为贵"等理念，不仅成为孔子学院品牌的重要内涵，甚至为世界文化的多元化发展做出了非常积极的贡献。

（三）世界汉语热的现实需求

目前，汉语热的潮流仍然在不断持续，虽然我国已经在全世界很多国家和地区建立了孔子学院，并且开设了相关的汉语课程，学习中文的人数也越来越多，但是这一热潮似乎并没有衰减的趋势，比如在美国，因为中美在经济贸易和文化交流方面越来越频繁，使得汉语在美国非常受欢迎，美国政府也为了能够顺应这一趋势，将汉语教学当成了国家发展的一项重要战略，并且进行拨款，鼓励各地民众进行汉语学习，所以美国是现如今建立孔子学院最多的国家之一。

（四）中外政府对孔子学院的支持

中国政府对孔子学院的大力支持也是让孔子学院得以在全世界范围内不断发展的重要动力。首先是国家领导人的重视和支持，在很多学校的挂牌签约仪式上，都有国家主席和总理出席的情况。另外，还有国家汉办的高效运作，使得孔子学院可以高效率的运行，比如汉办出台的《孔子学院章程试行》《孔子学院中方资金管理办法暂行》等规章制度，都为孔子学院在国外的稳定发展提供了重要的保证。除此之外，汉办还会定期为海外的孔子学院提供优秀的汉语教师、提供优秀的汉语教材和资金帮助。外国政府也会给予孔子学院一定的帮助，很多国外的政府机构会对当地的孔子学院提供一定的资金帮助和政策扶持。比如美国的阿巴马州政府就在 2008 年一年向特洛伊大学孔子学院提供了 800 万美元的资金支持。

三、孔子学院发展现状

（一）师资力量较强

孔子学院是进行汉语教学和中国文化推广的重要渠道，而在进行汉语教学和中国文化推广的过程中，教师就是最直接的传播者，所以教师的水平将会直接影响到文化传播的效果。因此，孔子学院正在不断加强师资力量的建设，目前孔子学院的师资队伍水平已经得到了一定的提升，为对外汉语教学和中国文化传播提供了良好的保障。

国家向海外孔子学院委派的教师和志愿者汉语教师是孔子学院当中的主要教师队伍，国家在选择委派教师的时候，一般会选择具有两年之上教学经验的在职教师。但是在选择志愿者教师的时候则是以应届毕业生为主。国家在向海外孔子学院委派汉语教师和志愿者汉语教师的时候，需要保证每一位教师都符合条件，并且需要经过省教育厅的选拔，最终推荐给国家汉办，国家汉办在经过评选之后教师需再参加孔子学院总部的考试。考试是由国家汉办统一组织的，总共包括三个部分：第一是面试，主要是对候选人的专业、教学技能、跨文化交际能力等进行一定的考察。第二是对候选人的口语交际能力进行考察。第三是笔试，需要学生在规定的时间内完成相应的题目，这一部分内容主要是对候选人的心理素质进行考验。如果候选人在考核的过程中没有经过第三部分的考核则会被直接放弃。只有在以上三部分考核全部通过之后，学校才会根据实际的情况对候选人进行委派。由此可见，汉语教师的选拔是一个非常漫长的过程中，只有经过严格的筛选才能成为孔子学院的教师。这一严格的选拔过程直接保证了孔子学院教师的素质和质量。

在经历了严格的选拔之后，孔子学院总部还会对这些候选人进行专业的培训，在培训结束之后还要进行最终的考核，这样才算是完成了整个考核过程。在岗前培训阶段，孔子学院总部会对这些教师进行严格管理，并进行岗前培训。岗前培训的主要内容除了汉语教学和教学方法的训练之外，还会对学生进行中国文化、中华才艺、涉外教育、跨文化交流等多方面内容的培训，这些内容的培训可以让汉语教师在国外孔子学院的教学过程中更快地适应国外的环境，并且充分展现出自己的能力，取得良好的教学效果和文化传播效果。

孔子学院总部对汉语教师的严格选拔和专业培训，不仅保证了教师的基本素质，同时还保证了孔子学院的整体教师水平。就目前来说，全球大多数孔子学院的教师都是经过了专业的选拔才委派的，而且其中不乏一些具有丰富教学经验的教师，这些教师力量有效提升了孔子学院的办学质量，并且提升了孔子学院的文化传播水平。每年都会有新的教师被委派到各个国家的孔子学院，委派的汉语教师有部分刚毕业的学生，他们没有教学经验，但是通过专业培训可以帮助他们在之后的教学过程中更快适应，还会安排经验丰富的教师指导新教师，从而让新教师在实践的过程中不断提升自己。在实际的工作过程中，汉语教师难免会遇到一些问题，但是孔子学院当中都设有帮助新教师解决问题的相关部门和平台，可以让汉语教师健康成长。汉语教师的特殊成长机制，使得孔子学院的汉语教师质量得到了有效的保障。

除了这些统一的考核和培训之外，不同地方的孔子学院还会根据当地的实际情况采取相应的措施，来促进教师的进步和发展。比如韩国大真大学的孔子学院，为了能够提升汉语教师的教学能力和专业水准，每年都会组织汉语教学协作会议，让教师在与其他教师相互交流的过程中实现提升。每一位教师都可以分享自己的心得，也可以分享自己在教学过程中遇到的困难和问题，通过共同交流进行解决。因为在岗前培训阶段会对这些教师进行专业的培训，保证教师可以对中国文化和中国才艺有一定的了解，比如培训中国的书法艺术、绘画艺术、传统戏曲等内容。但是因为考虑到很多教师无法在很短的时间内对这些内容进行深刻的记忆和掌握，所以各地的孔子学院会在学校内部定期举办相应的培训活动，或者相关讲座和文化活动，帮助他们进一步学习中国文化和中国艺术。总之，孔子学院已经形成了相对完善和全面的促进汉语教师发展体系，能够保证汉语教师自身实力的不断提升，最终肩负起关于教学和文化传播的重任。

（二）文化传播方式多样化

伴随着孔子学院的不断发展，很多建立时间比较久的孔子学院已经形成了相对完善的汉语教学体系，能够在教学的过程中尽可能满足更多学生的学习需求。如今，大多数孔子学院当中都已经形成了包括零基础汉语、中级汉语和高级汉语的不同班级，甚至还为学生进行 HSK 考级提供了完善的渠道。在整个孔子学院当中，汉语教师可以从自身实际情况出发进行特色教学，并且承担起不同班级的教学任务。孔子学院当中的汉语教学课程从入门级别到高级的教学内容都有涉猎，整个教学难度循序渐进，同时还安排了专业的汉语口语教学课程和针对性的汉语水平考试课程，汉语教学效果逐步提升，并且有效保证了汉语教学的影响力。

举办文化艺术交流活动是当前孔子学院的一项重要活动，包括剪纸、书法、绘画等中国传统的文化和艺术相关活动，这些活动的举办极大地促进了中国文化的传播。比如韩国的大真大学孔子学院，为了能够让学生对中国文化进行深刻的体验，还在教学的过程中让学生近距离进行观察，并且亲自动手参与实践，充分激发了学生学习汉语和了解中国文化的兴趣。海外的孔子学院一般会利用寒暑假的时间组织学生到中国进行文化体验，让学生感受到真实的中国环境。孔子学院还会组织学生参观中国的一些景点，当学生置身于景点之中的时候，他们往往会对中国表现出更加强烈的兴趣，这样的体验活动促使中国文化传播取得更好的效果。很多国外的孔子学院还会经常举办一些中文歌唱比赛、演讲比赛等活动，并且鼓励学生主动参与，让学生在激烈的竞争过程中进行汉语的学习，感受中国文化的魅力。总体来说，海外孔子学院开展中国文化传播活动的方式非常多样化，不论是传统的教学活动还是形式多样的文化艺术交流活动，都在一定程度上提升了国外学习者对中国文化的认知度，让中国文化得到了进一步的传播和发展。

为了顺应互联网的发展趋势，孔子学院还利用网络进行中国文化传播，此举极大方便了世界各地的汉语学习者。比如孔子学院总部建立了网络孔子学院，进一步拓展了文化传播的范围和影响力。而且海外的孔子学院也根据自身的实际情况建立了自己的官方网站，并且通过各种网络手段进行了中国文化的宣传。但是，在中国文化的实际传播过程中发现，网络传播也存在一定的问题。比如在网络孔子学院当中进行内容传播，为了能够体现出中国文化的民族特色，往往会通过汉语的方式将这些内容传播出去，但是类似于中国书画、剪纸艺术、陶瓷艺术等内容难度比较高，在缺乏翻译的情况下，国外的学习者很难深入地了解这些内容的内涵。针对这个问题，有一些海外的孔子学院在自己的传播平台中将传播内容进行了翻译，但是翻译的语种也只有世界上比较常用的几种语言，无法考虑到更多国家学习者的学习需求，这样的情况会在一定程度上影响中国文化的传播效果。

另外，网络孔子学院的汉语教材非常丰富，但是孔子学院总部针对不同的国家和地区，开发设计的其他语言的教材，却比较有限，没有涵盖所有的汉语教材，与孔子学院相比仍然存在一定的欠缺。而且网络教材需要教师先录制完成，然后进行上传，这样的方式会导致网络上的教材内容参差不齐。很多课程在教学的过程中都是以英语的方式进行教学的，以中国文化为主要内容的课程非常少，学生即使想在网络教学的过程中了解中国文化，也会受到现实状况的制约。尤其是非洲和南美洲的一些国家，虽然这些国家建立了孔子学院，但是因为经济和科技的制约，他们可使用的教学资源非常有限，加上在线移动教学平台和官方网站的建设进程也比较缓慢，无法充分满足所有汉语学习者的需求。

（三）传播受众相对复杂

传播受众的复杂主要体现在受众的构成复杂、受众的学习动机多样两个方面。首先从受众的构成来看，孔子学院当中的学习者在年龄、身份、文化背景等多个方面都各不相同，所以受众群体的整体情况比较复杂。通过分析可以发现，孔子学院的受众主要包括以下几种类型：第一种是学校本身的在校学生，在孔子学院学习是为了提升自身的汉语水平。第二种是政府部门的工作人员，他们在孔子学院学习是为了提升自身的汉语水平，从而更好地开展相关工作。第三种是参加 HSK 考试的考生，在孔子学院当中针对 HSK 的考生设置了专门的课程，通过这些课程的教学可以有效提升学生的汉语水平。而参加这些考试的学生一般都是在校的中小学生，当然也包括一部分因为工作需要不得不进行学习的上班族。第四种就是社会类学生，因为汉语的实用性越来越强，学习汉语尤其是要提升汉语口语表达能力和听说能力，这一群体中的学生来自各种岗位和各个阶层，人员构成非常复杂。

从受众的学习动机角度，也可以将学习者划分为几种不同的类型：第一种是孔子学院寒暑假提高班的学生。很多地区的孔子学院在寒假和暑假开设了提高班，目的就是帮助这些喜欢汉语、想要了解中国文化和想留学的学生，不同年龄段的学生都可以通过申请来参加这一课程的学习，在课程结束之后，成绩优异的学生还能够获得奖学金。在实际的教学过程中发现，孔子学院在寒假和暑假开始的这些课程反而更受欢迎。而且参加这些课程的学生在学习的过程中非常主动，他们因为有着明确的学习目标，所以充满学习动力。第二种是为了提升自身语言能力的中小学生。这些学生主要是通过汉语学习进而参加 HSK 的等级考试，这样不仅能够提升自身的语言能力，还能够为自己之后的学习提供语言方面的优势。但是这一类型学生的上课时间通常会比较集中，而且学习内容比较多，难度比较高，学习重点主要是在听力和写作方面。第三种是因为工作需要而学习汉语的学生，比如在政府部门工作的公务员，以及开展对外贸易的商人，他们在学习汉语和了解中国文化的时候也具有比较明确的目标，即从自身所在的岗位需要出发进行相关文化的学习。比如贸易行业的人员就会主要进行经济知识和商业贸易知识的学习，但是在政府工作的人员则会将学习的重点放在政治上。因为这些工作人员会经常和中国人打交道，所以为了能够提升工作效率，选择进行汉语的学习。第四种是出于兴趣进行学习的人。除了具有一定的目标进行学习的学生之外，还有一部分人是因为喜欢汉语和中国文化才进行学习的，这一部分群体对于学习汉语有着极大的渴望，他们可能是学生，可能是参加工作的人，也有可能是家庭主妇。这一部分人在学习汉语的时候会更加愿意将重点放在旅游景点和名胜古迹上，因为了解这些内容不仅可以拓展自己的视野，还能为自己以后到中国旅游做好准备。虽然这一类型的学习者年龄差异和社会背景差异比较大，但是他们全部拥有很高的兴趣，并且愿意主动学习。

从以上内容可以发现，孔子学院当中的汉语学习者和文化传播受众构成是非常复杂的，他们学习汉语、了解中国文化都拥有一定的目的。这也要求孔子学院在进行文化传播的过程中要具有更加清晰和明确的目标，了解不同受众的需求，并且及时进行教学内容的调整，只有这样才能逐渐提升受众的满意度。

（四）缺乏完善的传播反馈机制

孔子学院在进行文化传播时，尤其要注意文化传播的实际效果，只有了解了传播效果才能为进一步开展工作提供参考。但是，分析传播效果需要从受众接受程度、受众使用情况、受众满意度、受众 HSK 等级等多个方面出发，所以受众的反馈机制就显得尤为重要。但是就目前的实际情况而言，我们可以发现很多孔子学院并没有形成一个完善的受众反馈机制，进而导致孔子学院无法及时掌握受众对汉语知识的学习和理解情况，这对孔子学院进一步的文化传播规划带来了困难。

伴随着孔子学院文化交流传播活动的开展，有越来越多的传播受众对中国文化背后所传达的思想有了一个更深的认识，反过来，这些活动又进一步提升了受众进行汉语学习的兴趣。受众在参与文化交流的过程中不仅可以提升自身的语言能力，还可以对中国文化的细节更加清楚。另外，参加 HSK 考试的学生规模正在不断扩大，这一情况从侧面体现出了受众对中国文化的认知程度，也体现出了国外孔子学院的办学效果。因为反馈机制的缺失，所以教师无法及时得到学生的反馈，就无法及时吸取经验，文化活动的开展也会更加盲目，甚至有可能因此造成资源浪费的情况。

第二节

"互联网 +"背景下孔子学院文化传播策略

不同地区的孔子学院在进行文化传播时会具有一定的差异，但是整体布局上基本相似，因此在研究"互联网 +"背景下的孔子学院文化传播策略时，会以某所孔子学院为例进行分析。

一、利用互联网和移动设备，研发以移动平台进行文化传播的 App

（一）成熟的互联网技术和移动终端是研发文化传播 App 的重要基础

凭借互联网技术和移动终端设备进行文化传播 App 的研发，最典型的还是韩国的孔子学院，因为韩国在全球范围内的互联网基础设施建设都非常完善，而且移动设备也非常发达和先进。早在金大中执政期间，韩国就已经制定了要大力发展宽带等信息技术的国家战略方针。经过一段时间的发展，韩国的网络技术得到了大力的发展，不仅宽带的普及率非常高，而且网络的传输速度也在世界上遥遥领先。据经济合作与发展组织的相关数据，早在 2011 年，韩国的无线宽带普及率就已经达到了 100%，而且在经济合作与发展组织当中连续 6 年居于首位。仅韩国的网络传输速度就已经达到了全球平均网络传输速度的 7 倍。为了能够稳定自己的网络建设在全球范围中的领先地位，韩国始终在网络建设方面不断发展，并且不断突破。虽然韩国本土的市场相对较小，但是因为拥有 SK、KT、LG 三大电信运营商，KT 公司使用的移动网络下载速率高达 1.17Gbps，传输一部高清画质的电影一般只需要 10 秒钟左右的时间即可。如果我们身处韩国，便可以发现在商场、咖啡馆、地铁等多个场所都能够轻松地连接上无线网络，从而进行办公或者学习。由此可见，韩国的无线网络和网络传输速度能够为孔子学院进行文化传播 App 的研发提供一个良好的网络环境。

韩国的信息科技产业和电子移动设备也非常发达，韩国的移动设备品牌在全世界有着非常大的市场占有率，尤其是韩国的三星和 LG 品牌，在世界上拥有极大的知名度。因为相关技术的不断发展和成熟，韩国移动设备的更新换代速度非常快。而且在韩国购买手机一般都要和通信公司签订相应的协议，进而保证能与通信业务进行联系。在韩国，人们可以免费或者每个月花少量的钱就能拥有新的手机。因为手机业务和通信业务之间的合作，所以有的用户只需要每个月支付相应的话费即可免费使用新手机；用户还可以在购买手机的时候选择分期付款，只需要在两年或者三年之内付完手机的款项即可。这些措施让韩国人的手机拥有量非常高。总之，无线网络的普及和移动设备的普及，为韩国的孔子学院进行文化传播移动平台的建设提供了很好的保障。

韩国的孔子学院可以充分利用国内高度发达的互联网和相关设备的优势，进行文化传播平台的研发，最好能够充分发挥互联网的作用，利用网络对多元化的资源进行整合，并且合理利用。建设文化传播移动平台其实就是通过与网络进行连接，打造一个开放的平台，然后让所有的人、资源、服务等都可以通过网络进入平台，进而提升整个平台的价值。这一平台的出现给我们生活与学习方式带来了极大的影响。比如韩国大真大学的孔子学院，就顺应了互联网的发展趋势，利用本国的网络优势和移动设备优势，构建了一个包含汉语教学、文化传播和服务等多样化功能的文化传播移动平台。这一平台不仅弥补了孔子学院在以往文化传播过程中存在的传播模式单一的问题，同时还为受众提供了一个非常便捷的了解中国文化的平台，能够使汉语学习者学习到更多的中国文化。

（二）研发文化传播 App 符合互联网时代的文化传播规律

如今，城市化的进程越来越深，而且因为网络技术的发展和普及，人们的生活节奏越来越快，使用移动设备更加符合当今时代人们的生活节奏，在这样的节奏下，人们学习以及获取资源的方式也发生了极大的改变。因为人们的生活和工作节奏快，人们很少有完整的时间来进行学习或者了解感兴趣的文化内容，相比之下，人们更愿意利用坐地铁、喝咖啡的零散时间进行学习。而互联网时代的移动设备正好为人们碎片化的学习提供了较大的便利。在内容方面，人们更愿意直接去寻找那些自己喜欢的内容和想要了解的内容，因为这些内容更能吸引大家的注意力。比如美国的孔子学院，就通过博客软件向学生提供针对性的内容，这种提供个性化服务的方式更加受学生欢迎。学生只需要通过相应的手机软件订阅自己感兴趣的内容，软件就会定期向学生发送更新的内容。只要学生所处的环境有网络，学生就可以随时进行学习。在博客这一软件当中的内容，大多是以视频或者音频的形式呈现的，学习时长相对来说也比较灵活，最长也不会超过一个小时，学生在学习的时候可以根据自己的时间进行选择。很显然，博客的方式充分解决了受众学习时间碎片化的问题，也充分满足了受众对知识趣味性和娱乐化的需求。这种寓教于乐的方式，在文化传播的过程中明显更受大家欢迎，也更容易被大家接受。尤其是在互联网时代，凭借互联网的大数据技术优势，对受众进行分析，把握受众的喜好，进而不断推送受众感兴趣的学习内容，提升受众的满意度，保证文化传播的效率。

在一些交通不够便利的地区，因为受到了时间和空间的限制，所以在实际教学的过程中很多学生无法按时进行上课，有些学生就不得不因此放弃学习。有一些孔子学院为了保证学生能够稳定上课，专门进行了相关App 的研发，学生只需要在 App 上面注册和报名，就可以直接通过手机进行学习，并且拥有学习 App 平台上面的大量学习资源。对于那些已经录制好的视频，学生不仅可以随意选择、随时观看，在遇到不懂的地方时还可以进行反复观看。这样的方式为学生提供了极大的方便，孔子学院进行文化传播的范围和影响力也因此得到了极大的提升。

因为互联网在文化传播领域当中的应用，文化传播过程中传播者和受众之间的界限越来越模糊，在一个完整的传播过程中，信息员既可以是传播者，也可以是受众。网络的发展让每一个人都可以成为传播过程中的主体，借助各种媒介和平台进行文化内容的传播。如今，基本上每个国家的孔子学院都有了自己的官方微博和微信公众号，学院完全可以利用自身的权威性，通过这些平台来发布一些汉语学习的资料、中国文化内容等。学院的教师也可以创建自己的公众号和微博，将学生在课程学习中遇到的问题进行一定的总结，然后通过这些多样化的方式传播给学生，帮学生解决问题。当然，为了能够在教学的过程中取得更好的文化传播效果，学校还可以从自身的实际情况出发，建立文化品牌，不仅可以扩大文化传播的影响力，获得大家的认可和关注，同时还能够拥有一个更加完善的产业链，开拓自己的资金来源。

在孔子学院当中，所有的学习者都可以相互分享，那么在学校内部就可以形成一个相对完整的文化传播网络，这个网络越大，它的影响力就越大，就越能够吸引更多的人。所以如果充分发挥移动设备和互联网的作用，以汉语教学和文化传播为基础构建一个网络，就会逐渐有更多的汉语学习者、对中国文化感兴趣的人参与其中。在网络时代，相关技术更新换代的速度越来越快,知识的更新速度也在加快,因此我们更需要借助专业的移动平台进行文化传播,只有这样才能保证文化知识进行不断更新,并稳定、准确、及时地呈现在受众面前。总之,进行文化移动传播平台的研发和构建,是互联网时代进行汉语教学和文化传播的趋势,也是一项重要的措施,能够在文化传播过程中发挥极大的作用。

(三)增加社交功能,通过互动获取学生的反馈

孔子学院进行文化传播,还需要为学生提供一个良好的交流互动的机会,所以在研发文化传播软件的过程中,还可以在 App 当中增加社交专区,让教师和学生、传播者和受众之间可以进行充分的交流与互动。另外,学校还可以与一些社交软件进行合作,共同进行文化传播。比如韩国的聊天软件 Kakao Talk,这一款软件与中国的微信比较相似,需要通过真实的电话号码进行注册登录,并且根据号码管理好友,同时还具有信息和图片的收发、语音发送、免费电话、群聊等功能。早在 2016 年,这一软件在韩国国内市场就已经拥有了高达 95% 市场占有率,很显然,这一软件已经成为韩国最受欢迎的一款聊天软件。孔子学院在中国文化传播的过程中,通过与聊天软件 Kakao Talk 合作,可以形成一种全新的文化传播模式,让受众被动地接受文化转变为主动接受。每个国家都有不同的社交软件,通过孔子学院和社交软件的相互融合,为学生提供了有效的反馈机制,在文化传播过程中存在的问题也能够及时发现和解决。在以往进行汉语教学的过程中,孔子学院首先会将汉语课程划分为几个不同的等级,然后再根据学生的能力让学生进行不同等级内容的学习,但是在这一过程中教师和学生无法进行足够的交流,学生无法及时将自己的情况反馈给教师,最终导致教学内容无法及时进行调整,教学效果受到了严重影响。但是通过在线移动教学平台,实现教师和学生的双向互动,就可以让教师及

时掌握学生的学习情况，并且及时帮助学生解疑答惑，还能够将汉语学习从课堂上延伸到课堂下，最重要的是，受众也可以参与到信息传播的过程中，并且主动表达自己的观点。

因为互联网技术和移动设备的飞速发展，现在几乎所有人都在使用网络进行社交，每一个人都可以凭借自媒体进行信息传播，自媒体在当今社会的影响越来越大，甚至直接改变了我们的生活学习方式。这些社交软件具有简单、及时、便捷的特点，可以支持人们随时进行点赞和评论，这些功能和特点都让自媒体的吸引力得到了进一步的提升。比如我国的微信、微博，韩国的 Kakao Talk，还有美国的 Twitter、Facebook 等，都是进行文化传播的有效工具和方式。而且有的国家的社交工具，在其他的国家可能也非常受欢迎，比如我国的微信在韩国的市场也很大，当然，这与中国文化的传播有着一定的关系。在韩国的孔子学院当中，很多时候教师进行汉语教学时都会使用微信，一方面是因为中国人使用微信的频率比较高，教师通过使用微信与学生交流更加方便；另一方面是微信的朋友圈有分享功能，并且对好友开放，教师进行资料的分享，可以通过朋友圈发现学生在学习过程中遇到的难题，并帮助解决，这样的方式能够帮助汉语学习者尽快提升自身的能力。如果教师和学生能够进行及时的交流和沟通，那么教师和学生之间就可以很快建立起深厚的感情，从而形成一个稳定的师生关系，这样一来，教师传递的内容也就具有更高的可信度。由此来看，如果汉语教师能够在教学的过程中合理利用自媒体，就可以在文化传播的过程中取得更好的效果。

所以孔子学院在进行教学的时候也是这样，教师首先可以凭借相关媒体如公众号、官方平台等方式进行内容推广，这样一来，教师还能够树立一个良好的教师形象，并且实现教学渠道的拓展。受众可以点赞、评论和转发，让中国文化进行二次传播，让传播效果实现进一步提升。越来越多的孔子学院在教学过程中将文化传播 App 和社交网络进行了一定的融合，用这种方式进行文化传播，之后再让学生进行评分，了解受众的满意度。当然为了能够充分听取学生的意见，学校还要在教学的过程中广开言路，充分征求学生的建议，逐渐形成一个完善的文化传播反馈机制。

（四）与电商合作构建文化传播产业链

文化的核心，其实就是要让人们产生一种分享的冲动和欲望。如今，将文化传播和电商进行融合已经成了一种新的文化传播方式，不仅仅是国外的孔子学院，我国的孔子学院总部在极力探索一种将文化传播和电商文化进行融合的新方式。电商的参与，能够让单一的文化传播活动变成一个完整的产业链，并且有效地提升文化传播的影响力。比如我国拥有独特的美食文化，具有丰富的食材和口味，不同地域之间的美食也都有差异。我们发现很多国外的学生都对中国的美食非常感兴趣，他们甚至会通过一些其他的方式来主动了解中国的饮食文化。因此，我国的孔子学院总部可以以中国的饮食文化为主要内容进行相关文化内容的制作，通过菜谱、课件等多种方式进行中国美食文化的传递。而且因为国外对中国文化感兴趣的人非常多，所以中国文化的市场非常大，通过"互联网＋电商"的方式进行中国文化的传播，是一种非常可行的方式。比如在韩国，就通过互联网和移动平台的方式开办了中国饭店，不仅可以让学习者能够品尝到中国美食，还对中国的饮食文化进行一定的了解。中国饭店还和中国本土的外卖订餐电商进行了合作，人们通过相关平台可以选择自己喜欢的食物进行品尝。在国外的孔子学院当中，学生都可以根据自身的实际情况选择自己喜欢的文化类型进行了解，从而满足自身学习中国文化的需求。

孔子学院总部每年都会向全世界各个国家和地区的孔子学院提供书籍等相关的教学资源，在这一过程中耗费了大量的人力、物力、财力，但是

教学资源却没有得到很好的利用，导致没办法取得良好的文化传播效果。而且在国外的孔子学院当中，很多 CD 类型的教学视频内容都过于陈旧，无法满足学生的学习需求。基于此，国外的孔子学院可以加深与电商行业之间的合作，从自身实际情况出发，邀请专业的教师进行教学视频的录制，同时通过电商平台进行出售，可以满足其他地方的孔子学院的需求。通过这样的方式不仅可以丰富我国的教学资源，同时还能够满足学生的学习需求，并且还能获得一定的经济收益。这种一举多得的方式可以在孔子学院当中推广实施，逐渐形成一条完整的文化产业链。

二、积极整合在线教学资源，为受众提供多样化的文化服务

（一）利用大数据对受众进行精准文化传播

在互联网环境下进行中国文化的传播，有必要为学生构建一个开放的传播环境，不断提升受众的主体性，让受众在这一过程中选择自己感兴趣的内容进行了解和学习。这就充分体现出了文化传播过程中"以人为本"的特征，将提升趣味性以及满足受众学习需求作为文化传播时考虑的重要因素。如今快节奏的生活方式，使得文化不得不进行"短、平、快"的传播，尤其是和那种在固定时间和固定地点进行内容传播的模式相比，受众更可以接受这种碎片化学习的方式。从受众的需求出发，进行文化传播与互联网时代的文化传播从本质上来说是相似的，因此，有必要在进行文化传播时加强互联网及相关技术的应用，实现文化传播的智能化发展，通过精准的文化传播，满足更多受众的需求。

互联网大数据技术能够对用户的记录和习惯进行精准的记录与分析，并且对学生之后的行为进行一定的预测，从而为学生进行固定内容的推

送。这是大数据技术的特点。韩国大真大学的孔子学院就是如此，该学院通过将互联网技术与文化传播进行一定的融合，借助大数据技术对文化传播过程中受众的年龄、职业、教育背景以及相关的偏好等内容进行了解，通过对这些数据进行分析可以了解到不同受众感兴趣的内容，进而向每一位受众提供他们需要的内容。比如，通过大数据分析技术发现有一位学生经常在移动平台当中浏览经济类的内容，平台在向这一学生推送中国文化内容的时候，就可以以中国贸易文化和商务汉语等内容为主；如果通过大数据分析技术发现另一位学生比较喜欢旅游，那么平台在向这位学生推送信息和相关文化内容的时候，就可以以中国的旅游景点、名胜古迹等内容为主，同时平台还可以与酒店和门票购买等服务供应商进行合作，为国外的学习者提供一站式文化传播服务。总体来说，通过利用大数据技术对受众进行分析，最终为受众提供精准的文化服务。

（二）打造精品文化课程，提升文化传播的影响力

很多孔子学院在开展汉语教学的过程中都是在使用传统的教学模式，即在固定的时间和地点进行教学，再加上孔子学院当中的汉语教学并不是学历教学，教师在教学的过程中并不会对学生进行过多约束，所以经常会出现学生请假、旷课的情况。学生一旦缺课，就很难再跟上教学进度，甚至有的学生最终不得不选择放弃汉语学习，造成孔子学院的学生逐渐流失。

所以，孔子学院在进行文化传播时要合理利用文化传播移动平台，打破线上平台和线下平台之间的壁垒，突破传统教学过程中的时间和空间的限制，让学习者的汉语学习有更好的持续性。

具体来说，孔子学院如果能在教学的过程中搭建一个完善的在线教学平台，并且不断进行精品课程的研发，则可以更有效地改变上述情况。如

果教师能够将每一节课教学的内容录制成视频，并且发布到网上，学习者就可以通过移动平台进行自主学习，通过学习这些教学视频及时查缺补漏，进行复习和巩固。当然，最好每一个班级都可以通过在线平台创建一个班级群，让学生在班级群内部积极讨论和交流。学生如果有自己解决不了问题，还可以通过交流群的方式让大家一起讨论和解决。这样的方式还有利于教师及时掌握学生的学习情况，从而进行教学内容的调整。值得注意的是，每一所学校的教学资源都是有限的，在教学过程中并不一定能够满足所有学生的需求，但是在文化传播的移动平台上，其他学院的在线课程资源也可以上传到平台上，促进教学资源的丰富，最大限度地满足受众的学习需求。而且在孔子学院的成人学生当中，很多学习者学习汉语是出于商业合作和外交的需求，但是孔子学院当中这些方面的教学内容却比较有限，所以网络孔子学院需要在构建移动学习平台的时候不断研发精品课程，并且进行课程整合，丰富当前孔子学院的课程体系，在吸引更多受众的基础上，满足更多学生的学习需求。

（三）开展 O2O 模式，提升用户体验

在文化传播和交流的过程中，通过将文化内容上传到移动平台中，并且借助移动平台进行传播，这样就可以打破传统文化传播模式当中的时间和空间等方面的局限性。比如很多孔子学院都会定期举办中国文化艺术节，在节日期间会进行各种表演，比如中国戏曲、中国舞蹈、中国话剧等表演。这些表演如果只是在线下开展，那么活动的影响力就会比较小，影响时间也比较短，但是如果可以在现场进行录制，之后再将录制好的作品上传到文化传播移动平台当中，让学习者和汉语爱好者进行欣赏，文化传播的广度、深度和持续性也会增加。当然，不仅仅是文化艺术节的这些表演活动，凡是涉及中国文化的信息内容，都可以在开展的过程中进行录

制，然后上传到移动平台，以供喜欢中国文化的受众欣赏。总之，通过移动文化传播平台进行中国文化的传播，将会取得更好的效果。

在互联网的发展背景下，韩国大真大学的孔子学院，正是认识到了传统文化传播方式和线上传播方式的不同特点，以互联网为基础进行了线上文化传播模式的探索，最终实现了线上传播模式和线下传播模式的相互融合。除此之外，线上传播平台还能够积极与其他的一些产业进行合作，利用各自的优势，实现双方共赢。比如在进行中国旅游文化的推广和传播时，孔子学院不仅可以借助移动平台进行名胜古迹和旅游景点等内容的传播，同时还可以与一些旅游相关的平台进行合作，比如"去哪儿""携程"等。利用大数据对用户经常浏览的信息进行一定的分析，便可以对用户的旅游目的地进行一定的预测，从而主动向受众推送一些相关旅游地的天气、住宿、美食、交通等信息，让受众享受到一站式的全方位服务。当然，移动平台除了可以和这些平台进行合作之外，也可以直接和线下的旅行社进行合作，为受众提供线下服务。对于那些喜欢自由行的受众来说，还可以提供租车服务，向他们推送一些旅游攻略。总之，凡是涉及旅行衣、食、住、行的各个方面，都可以通过线上的方式进行安排。伴随着各种科学技术的不断成熟，VR、AR等技术也可以应用到旅行当中。通过这些技术，先拍摄一些旅游景点，再通过文化传播平台进行传播，国外的受众足不出户就可以线上欣赏中国的一些景点风光，从而感受到中国的魅力。显然，在"互联网+"的环境下，利用各种技术进行文化传播已经成为一种必然的趋势，通过线上线下相互结合的方式，能够给受众带来更加全面的体验，满足不同受众的多样化需求。

（四）促进传受主体的联系，丰富文化传播内容

在进行文化传播的过程中，如果能够加强传播者之间、传播者和传播

271

受众之间的联系，让两者共同进行文化内容的传播，或许能够取得更好的传播效果。如果能将这一理念运用到孔子学院的文化传播当中，则可以进一步提升孔子学院的文化传播动力。这一理念和"众筹"概念有点类似，众筹就是指将大家的力量结合在一起共同办一件事。基于此，孔子学院在进行移动文化传播平台研发，并且借助移动文化传播平台进行文化传播的过程中，就可以贯彻这种理念，加强传播者和受众之间的联系，两者共同参与文化传播，让传播内容尽可能丰富。电子移动平台可以与中国的一些音乐平台进行合作，共同为国外的学生提供中国的音乐。同时还可以与中国的腾讯视频、爱奇艺等视频网站进行合作，将我国的影视资源传播出去，帮助他们在进行汉语学习的同时通过这些影视资源了解我国的文化，了解中国的日常生活。在国外开展的孔子学院当中，我们可以发现有很多学院会经常开展各种文化活动，但是其中的艺术品展览却相对较少，归根结底是因为举办艺术展会受到场地、技术等多方面因素的限制，而且进行艺术品的展览需要从国内向国外运输艺术作品，这个过程不仅对艺术作品的运输和保存要求比较高，而且需要投入大量的人力、物力、财力，最终导致这些活动很难经常开展。但是如果通过众筹的方式，让各个地区将自己本地区的优秀艺术作品进行拍摄，然后上传到移动平台上，就可以让更多的国外学习者欣赏到中国的艺术作品。同时，因为不同传播主体的合作，还能够实现传播内容的不断丰富。利用在线移动平台，能够让我国优秀的艺术作品走向世界，与其他各国文化之间进行交流。比如韩国大真大学的孔子学院，就与哈尔滨师范大学进行了合作，哈尔滨师范大学的美术学院、传媒学院、音乐学院等，会与孔子学院共同合作并提供传播资源，甚至受众还能够与传播者之间进行深入的交流与合作，比如传播者在进行传播内容创作时，可以与受众进行一定的交流，参考受众的意见，这不仅为艺术创作者提供了展示艺术作品的平台和机会，同时因为受众的参与还能够让受众产生自豪感，进而更加积极主动地进行中国文化的学习和传播。

（五）实现娱乐性与功能性的相互统一

在进行文化传播的过程中，为了能够促进文化传播效果的不断提升，需要尽可能地消除语言障碍，或者将语言障碍降到最低。如今，开展线上中国文化传播已经成为当前网络孔子学院进行中国文化传播的主要渠道和方式。因为网络技术的支持，在线传播的资源内容变得越来越丰富，但是在传播过程中，传播内容仍然是以中文和英文为主，这样的情况会导致其他国家的汉语学习者面临很大的学习障碍，尤其是那些刚入门的汉语学习者，因为自身的汉语能力相对较差，甚至连无障碍沟通都无法实现，进行中国文化的了解和学习更是难上加难。由此可见，语言障碍会在线上文化传播的过程中对传播效果带来一定的影响。虽然一些地区的孔子学院会在文化传播的过程中结合当地的语言环境进行传播资源的翻译，但是因为能力有限，所以相关的学习资源十分匮乏，这样的情况也很难满足受众的需求。基于此，最好可以在孔子移动传播平台上增加翻译功能，根据移动平台的所在地，实现汉语、英语和其他所在地语言的相互翻译。在传播平台提供翻译服务，不仅可以帮助学习者进行语言学习，还方便他们了解中国文化，在一定程度上降低语言障碍所带来的不良影响，进而让学习者获得更好的满足感和成就感。

在线移动文化传播平台还可以与游戏开发公司进行合作，将中国传统文化中的内容融入一些游戏中，并且鼓励学习者去尝试这些游戏，学习者在玩游戏的同时，还可以了解中国文化。比如在学习汉语初期会进行汉语拼音的学习，孔子学院就可以和游戏商进行合作，共同研发一款可以辅助拼音学习的游戏，帮助学习者掌握汉语拼音，并且规范学习者的发音。将文化传播与游戏进行一定的合作，会让原本枯燥的内容变得充满乐趣，实现娱乐性和功能性的统一，这样的文化传播方式更加科学。还有很多国外的学生对中国的歌曲比较感兴趣，但是在国外的 KTV 当中很难听到中国歌曲，所以为了能够让喜欢中国歌曲的国外学习者更好地欣赏中国歌曲，外国的孔子学院就可以与中国的相关 K 歌软件进行一定的合作，开发相应的歌曲演唱软件，这样就可以在提升趣味性的同时帮助学生学习汉语和了解中国文化。总而言之，孔子学院通过加强与不同平台的合作，将线上传播和线下传播两种不同的传播模式融合在一起，实现优势互补，最终发挥出 $1+1 > 2$ 的效果。综上所述，利用在线移动文化传播平台进行中国文化的传播，不仅节省了大量的人力、物力、财力，吸引了参与者的注意力和关注度，更让中国文化的传播效果得到进一步的提升和发展。

第三节
"互联网+"背景下孔子学院文化传播未来发展趋势

一、进行文化传播模式创新，不断提升传播受众的满意度

在进入互联网时代之后，凭借大数据分析技术，可以对受众进行深入的分析，并且通过学生之间的交流互动，对学生的需求进行一定的预测。这样，在进行中国文化传播的过程中，选择更加符合学生需求的传播内容，更好地为受众提供全方位、立体化的服务，受众在学到知识的同时，还可以获得更加充分的满足感。因为网络的支持，中国文化传播模式不断创新，线上和线下相结合的模式，能够使传播效果更加突出。从海外很多的孔子学院当中我们可以发现，文化传播移动平台的建设已经基本实现了普及，语言限制受到了一定的削弱，文化传播内容也越来越丰富。通过网络的方式进行内容传播，不仅可以丰富传播内容，还能够满足受众的需求，让学生在一个相对轻松的环境下进行学习。在互联网时代进行中国文化的传播，需要充分发挥互联网的作用，继续将公开的、准确的内容进行传播，并且通过建立浙江网络、融合电商平台等方式，让受众在学习的过程中逐渐加深对中国文化的了解。最重要的是，通过全新的文化传播模式，让国外的学生认识更多的学习伙伴，拓展自己的视野，不断提升自身的满意度。

二、有效丰富文化传播内容，降低文化传播成本

如今，我国在全世界范围内建立的孔子学院越来越多，为了保证每一所孔子学院在这一过程中进行更加高效的文化传播，孔子学院总部每年都会给海外的孔子学院提供大量的汉语教学和中国文化传播所需要的物资。平均每一年都会提供将近 100 万册的专业教材，同时还针对教材提供配套的教学设备和资金，以此保证海外的孔子学院正常地运转。比如在 2015 年，孔子学院总部就向海外的孔子学院机构提供了约 2.29 亿美元的支持，这一数据足以表明孔子学院的投资数量之大。利用互联网进行教学的一个优势就是可以降低投入成本。比如通过传统的方式进行教学，就需要保证印刷大量的专业教材，这无疑需要消耗大量的资金，但是通过互联网进行网络教学则有所不同，只需要定期录制相应的教学视频，就可以满足所有学生的学习需求。如果孔子学院能够从总部投入的资金中拿出一部分来进行网络教学建设，就可以推进网络教学的进一步开展，并且让教学内容越来越丰富，并且逐渐降低之后的文化传播成本。总体来说，进行网络教学和传统教学，很显然网络教学的投入成本相对更低，而且教学内容会非常丰富，同时能够降低成本，所以在孔子学院建设的过程中可以积极进行专业网络平台的建设，实现资源共享，最终降低孔子学院的文化传播成本。

三、完善孔子学院的文化产业链

孔子学院在利用互联网开展教学的过程中，不仅要借助网络构建一个开放的网络环境，同时还可以利用网络加强与电商平台的合作，在满足学生学习的同时进行文化产品的输出，形成一条自身独有的产业发展链。随着孔子学院的文化产业链的不断完善，必然可以在这一过程中带动孔子学

院和相关企业的共赢。就以网络孔子学院和电商平台之间的合作来说，首先建立孔子学院的目的是为了给全世界喜欢汉语和中国文化的学习者提供一个专业的学习平台，在互联网技术应用到孔子学院之后，孔子学院的教学效果实现了进一步的发展。尤其是在线教学这一方式的出现，为教师教学和学生学习都提供了极大的便利。网络孔子学院每年都会创作大量的在线教学资源，这些教学资源不仅可以在孔子学院内部用于教学，还能够通过电商平台进行出售，让那些喜欢中国文化但是却没有时间进行专业学习的人购买相关的课程，然后自由安排时间进行学习。在这一过程中，电商的作用就体现了出来。通过网络的方式进行这些教学资源的出售，必然能够获得不错的收益。这样，孔子学院就可以在开展教学的同时拥有文化产业市场，拓宽资金来源，为学校的教学与研究提供资金支持。由此可见，孔子学院可以不断完善学校自身的文化产业链，将企业和受众联系在一起。再加上国内孔子学院和国外孔子学院之间的联系，使得国内的生产也有着很大的商机，国内的文化产品生产线可以为国外的孔子学院提供大量的文化产品。因此，孔子学院可以在开展网络教学的过程中不断完善自身的文化产业链，从而增加自身的经济实力，不断提升自身的影响力，进一步助力于中国文化的传播。

四、实现孔子学院数字化发展

互联网技术的支持，孔子学院还应当朝着数字化建设的方向发展。在数字化发展的过程中主要包括三个步骤：第一是面向未来，面向世界。因为互联网技术和计算机技术的成熟，云技术、物联网、大数据、人工智能以及 AR、VR 等技术相继出现，并且逐渐融入孔子学院当中，在孔子学院的汉语教育、文化传播、学院管理等多个方面都发挥了积极的作用。如

今，全球的数字鸿沟越来越大，我国要想在全球化发展的过程中不断缩小自身与其他国家之间的差距，就需要面向全球的汉语学习者，从全球的汉语学习者出发进行网络教学平台的建设，以此来满足更多学习者的需求。所以有必要在这一过程中构建一个多元化的网络学习环境。第二是要实现资源共享，要在合理的情况下构建资源共享的开放性机制，并且不断完善相关的文件和审核机制，对教学资源的质量进行保障。同时孔子学院自身还要加强产权意识，尤其是伴随着孔子学院规模的不断扩大以及教学资源的不断丰富，更需要保证相关体制的完整，形成一个全面的现代化教育模式，让数字化教学成为常态。第三是伴随着数字化程度的不断加深，对于网络孔子学院教学平台的管理也需要进一步提升。尤其是在在线资源建设、在线资源管理、学生管理、在线师资建设、技术人员培训等多个方面都需要加强力度，并且要严格遵循国家的网络信息与安全相关的政策法规，确保孔子学院的数字化建设进程有条不紊地推进。

五、形成成熟的"互联网＋孔子学院"的文化传播模式

将孔子学院与互联网进行一定的结合，充分发挥两者的优势，已经成为孔子学院在互联网时代发展的一种新方式。通过这一新型的平台，将网络教学资源进行高度整合，最终形成一个具有高度开放性的文化服务生态系统。通过这样的方式不仅可以将教学资源进行一定的融合，同时还能够将教师力量进行一定的整合，尽可能满足更多学习者的需求。尤其是伴随着相关技术的成熟发展，智能手机和平板电脑等便携设备已经逐渐得到了普及，学习者在进行汉语学习的时候，已经不会再受到时间和空间的限制。如果学习者没有足够的时间进行学习，只有零碎的时间，那也可以根据自己的时间安排，灵活地进行汉语学习。因为网络孔子学院的教学变得

更加灵活和自由，所以受众也会越来越多。很显然，这样的学习方式更加符合现代社会学生的学习特点。借助互联网进行教学，孔子学院呈现的文化内容会越来越丰富，更能满足学生的个性化需求，从而弥补实体孔子学院教学当中存在的问题。"互联网＋孔子学院"的个性化移动平台建设，可以有效降低孔子学院进行教学和文化传播的成本。因此，孔子学院在建立互联网平台的过程中，需要充分展现出互联网的力量和优势，上线互联网和孔子学院两者之间的优势互补，形成一种全新的文化传播模式，以此顺应时代发展的潮流，满足各国学习者的需求，并且不断提升孔子学院的影响力。

结　语

伴随着相关技术的不断成熟，国内的教育技术也越来越先进，并且在教育行业当中的应用逐渐加深。但是整个开展过程并不是顺利的，即使是在目前阶段，仍然有很多现代教育技术的作用没有充分发挥出来，尤其是在汉语国际教育和中国文化传播当中，很多技术的使用率仍然有待提升。因此，有必要对互联网技术进行更加深入的研究和探析，探索全新的教学模式。

近几年，智能手机、平板电脑等智能终端也实现了极大的发展，再加上无线移动通信技术的发展，更为移动学习的普及提供了一个良好的社会条件。但是因为目前移动学习的概念仍然没有深入人心，所以大家对移动学习始终抱着怀疑的态度。但我们不可否认的是，只要你有一部智能手机，就可以解决你在生活当中遇到的各种问题，智能手机的出现和发展，已经将人们的生活方式和工作方式完全改变，甚至改变了人们的思维方式。在这样的环境下，各种汉语学习的手机 App 层出不穷。因此，利用移动智能设备进行汉语国际教育和中国文化的传播与推广，不失为当下的一个好方法，尤其是这些手机软件可以超越时间和空间的限制，无视用户之间年龄和国家的区别。而且移动设备的操作非常简单，能够真正满足学习者学习的需求，充分体现出了学生的自主性和主体性特征。

通过调查研究发现，我国在开展汉语国际教育和文化推广的过程包括国内和国外两个主要的市场，国内是以各大高校的留学生教育为主，国外则是以孔子学院为主。首先来看国内高校汉语教学，我们可以发现除了传统课堂上的汉语教学之外，很多高校都在校内校外开展了非常丰富的文化体验实践活动，最典型的就是苏州大学的中国传统文化工作坊，在每年举办的以"中国传统文化"为主题的相关活动当中，参与人数都会上万，整体效果非常好，尤其是中国文化沉浸式体验项目，吸引了大量国外留学生的参与，不仅调动了留学生的参与兴趣，而且取得了非常深刻的文化传播效果。其次来看国外的孔子学院，孔子学院是非营利性的教育机构，创办至今已经取得了不错的成果，甚至在线下教学机构的基础上还建立了网络孔子学院。孔子学院总部以实体孔子学院为基础，以网络孔子学院为新动力，形成了立体化的汉语国际教育体系。尤其是网络孔子学院的建立，节省了大量的传播成本，为孔子学院的长远发展提供了新思路。

总的来说，我国在"互联网＋"环境下的汉语国际教育和文化传播，已经取得了很大的成就。本书探索互联网技术和汉语国际教育进行结合的新型教育模式以及文化传播推广新策略等，为更好地发展我国汉语国际教育与中国文化传播事业提供了一些启示和参考。本书同时获海南省省级一流本科专业特色项目"汉语国际教育专业"、海南省省级一流本科课程专项项目"对外汉语教学法"、三亚学院2021年精品教研活动示范项目"国际中文教学教研室"（SYJSJY202103）、三亚学院"一专业一课程"建设项目"对外汉语教学法"（SYJKZ202121）、三亚学院青年教师专项培养教学改革项目"对外汉语教学'线上＋交际任务'个性化模式探讨"（SYJJYQ202129）及三亚学院横向课题（海南归薁网络科技有限公司）"面向东南亚线上线下混合式国际中文教育研究"六项基金支持。

但是，因为汉语国际教育、文化传播两方面设计内容非常广泛，所以本书也只能从相对浅显的角度进行一定的分析研究。再加上笔者时间和能力等方面的限制，在某些方面的认识都不够成熟，比如最后一章中针对孔子学院的研究，也没有为后续的发展提供切实有效的发展思路。书中尚有不足之处，因此还请大家多多批评指正，如此方能让笔者不断进步，并且在之后的研究和工作当中避免出现类似的错误。

参考文献

安亚伦、段世飞：《"一带一路"倡议下的汉语国际教育：现状、问题及对策》，《湖南师范大学教育科学学报》2018 年第 6 期。

鲍秋红：《从文化在当今国际政治格局中的作用看汉语国际教育》，《重庆科技学院学报》（社会科学版）2011 年第 5 期。

柴雪松、高淑平：《汉语国际教育本科专业"汉语 +"开放式实践教学模式构建研究——以哈尔滨理工大学为例》，《高教学刊》2020 年第 6 期。

常峻、黄景春：《"非遗"保护理念在汉语国际教育中的传播与应用》，《浙江师范大学学报》（社会科学版）2015 年第 1 期。

代丽丽、朱宏：《面向"一带一路"的汉语国际教育专业创新应用型语言人才培养研究》，《河北职业教育》2018 年第 5 期。

郭瀚齐：《汉语国际教育专业本科生中华文化传播能力自我培养模式研究》，《辽宁教育行政学院学报》2016 年第 4 期。

郭宪春：《论汉语国际教育中文化传播的"调适"策略》，《现代交际》2016 年第 17 期。

何磊：《汉语国际教育专业教学中的跨文化传播策略》，《海外英语》2018 年第 21 期。

胡范铸、刘毓民、胡玉华：《汉语国际教育的根本目标与核心理念——基于"情感地缘政治"和"国际理解教育"的重新分析》，《华东师范大学学报》（哲学社会科学版）2014 年第 2 期。

黄鸿业：《跨文化传播的价值观选择——兼谈汉语国际教育专业的媒介素养教育》，《传媒》2018年第2期。

金学丽：《汉语国际教育视野下中华文化传播的思考——以沈阳师范大学孔子学院为例》，《沈阳师范大学学报》（社会科学版）2017年第6期。

况野：《全球化背景下的汉语国际教育与中华文化传播》，《汉字文化》2019年第4期。

李鸿亮、杨晓玉：《全球化时代的汉语国际教育与中华文化传播》，《新疆职业大学学报》2013年第2期。

李玮：《汉语国际教育教学模式在互联网影响下的转变》，《国际公关》2019年第12期。

李雅、夏添：《"一带一路"背景下中亚汉语国际教育与中华文化传播机遇与挑战》，《当代教育与文化》2019年第6期。

刘家思：《"汉语+"：固本强基　多维协同——浙江越秀外国语学院汉语国际教育专业"汉语+"人才培养模式的改革与探索》，《现代教育科学》2019年第9期。

刘利等：《汉语国际教育知识体系的特色与构建——"汉语国际教育知识体系的特色与构建研讨会"观点汇辑》，《世界汉语教学》2019年第2期。

陆俭明：《汉语国际教育与中华文化国际传播》，《同济大学学报》（社会科学版）2015年第2期。

陆俭明等：《"新冠疫情下的汉语国际教育：挑战与对策"大家谈（下）》，《语言教学与研究》2020年第5期。

吕军伟、张丽维：《基于"互联网+"的汉语国际教育在线互动教学平台建设现状研究》，《前沿》2017年第8期。

牛莉：《跨文化背景下来华留学生教育策略研究——评〈汉语国际教育视域下的跨文化传播〉》，《科技管理研究》2021年第14期。

戚德祥：《基于语言与文化传播的国际汉语教材出版研究》，《科技与出版》2019 年第 6 期。

亓华：《论汉语国际教学中的"敏感话题"及其应对策略》，《北京师范大学学报》（社会科学版）2013 年第 2 期。

曲凤荣、张衡：《汉语国际教育视域下中华文化传播中存在的问题》，《语文教学通信·D 刊》（学术刊）2017 年第 3 期。

施华阳：《汉语国际教育中以我国文化传播为主的文化教学》，《才智》2019 年第 15 期。

宋婧婧：《"互联网+"背景下的汉语国际教育》，《语文建设》2015 年第 36 期。

宋阳、黄宣方：《"一带一路"背景下的汉语与中国文化传播研究综述》，《才智》2017 年第 4 期。

苏文兰：《人类命运共同体理念下的汉语国际教育变革及走向》，《武汉理工大学学报》（社会科学版）2020 年第 3 期。

孙隽杰熠、陈碧泓：《汉语国际教育专业"融媒体+国学双语"文化传播形式的研究与实践》，《互联网周刊》2022 年第 8 期。

唐蕾：《"互联网+"背景下汉语国际教育的机遇与挑战》，《科技资讯》2019 年第 16 期。

王敬艳、赵惠霞：《论"一带一路"建设对汉语国际教育专业硕士人才培养规格的新要求》，《黑龙江教育（高教研究与评估）》2019 年第 2 期。

王楠楠：《汉语文化国际传播对汉语国际教育发展的影响研究——评〈汉语文化国际传播实践与推进策略研究〉》，《新闻爱好者》2020 年第 9 期。

王晓爱：《互联网背景下汉语国际教育在跨文化交际中的应用》，《汉字文化》2019 年第 4 期。

温可佳：《汉语国际教育视角下区域文化的传播研究》，《新闻研究导刊》2020年第22期。

吴小华：《汉语国际教育与中国文化传播平台搭建——评〈中国当代文化传播与汉语国际教育〉》，《中国教育学刊》2021年第7期。

许有胜：《汉语国际教育领域文化传播的理论与实践——评〈汉语国际教育视域下的跨文化传播〉》，《领导科学》2021年第9期。

杨本科、王淑婷、侯月：《汉语国际教育视阈下中国国情以及"敏感话题"的对外阐释》，《东南传播》2017年第1期。

杨伟奇：《浅谈"一带一路"建设中的汉语国际教育及其发展启示》，《法制与社会》2018年第9期。

杨文艳：《文化实体与文化理据——汉语国际教育背景下的文化教学》，《中华文化论坛》2015年第1期。

于明娇：《沉浸法在泰国汉语文化传播中的应用研究——以普吉府蒙塔朗中学为例》，《今传媒》2019年第4期。

张春燕：《汉语国际教育中文化审美观念的跨文化传播——以服饰和化妆为例》，《云南师范大学学报》（对外汉语教学与研究版）2016年第2期。

张芳：《面向朝鲜半岛的汉语国际教育与中国文化传播研究——以辽东学院为例》，《亚太教育》2015年第20期。

张红梅：《中华文化在汉语国际教育中的传播策略研究——基于"一带一路"建设背景及国际新形势》，《汉字文化》2020年第23期。

张会、陈晨：《"互联网＋"背景下的汉语国际教育与文化传播》，《语言文字应用》2019年第2期。

张婧婧：《生态位视角下汉语国际教育专业本科生就业问题探析》，《湖北成人教育学院学报》2020年第5期。

张晓慧：《河南民间音乐在中华文化传播中的作用研究——以汉语国际教育为例》，《北方音乐》2016年第6期。

张辛、蔺永刚、孔晶：《"一带一路"背景下汉语国际教育传播中国传统文化能力调研与对策分析》，《科技视界》2020 年第 20 期。

张艺：《汉语国际教育中的安徽文化传播——以安徽某大学为例》，《安徽农业大学学报》（社会科学版）2016 年第 4 期。

郑通涛：《汉语国际教育与文化传承、文化传播的协同创新——在 2013 年东亚汉学学会第四届学术年会暨首届新汉学国际学术研讨会上的发言》，《海外华文教育》2013 年第 4 期。

周燕飞：《基于国际中文教育视角的"文化走出去战略"探究》，《文化创新比较研究》2020 年第 32 期。